この1冊で決める!!

秘書検定
合格教本

準 **1・2**級

クロスポイント代表 山田敏世

新星出版社

はじめに

あなたは、毎日生き生きと仕事をしていますか。

1日の活動時間のうちで一番長いのは会社で過ごす時間。ですから、毎日少しでも自分を成長させる、そんな時間にしたいものです。

秘書検定は、「人生の質を高めてくれる検定である」と私は考えています。

検定の勉強は、「今までの自分を見直す」きっかけとなり、豊かな知識を得ていくことは「自分磨き」につながるからです。そして勉強したことを日々の実務に活かしていきましょう。検定はあなた自身が「ステップアップ」できる大きなチャンスです。

検定では、言葉遣いや話し方などビジネス社会において必要な常識や知識、技能を学びます。3級・2級では秘書としての「感じのよい」対応や立ち居振る舞いが、準1級ではさらに一歩進んだ「格調の高さ」が求められます。これはものの受け渡しであったり、電話での受け答えであったり、日常の各場面で自然とにじみ出てくるもので、一朝一夕で会得できるものではありません。

また準1級では、筆記試験に加えて面接試験が行われます。面接では、相手に安心感、信頼感を与える表情や話し方、印象が重要です。これは机上の勉強では身につかないことですから、相手を受け入れる態度を普段から意識して実践しましょう。

秘書として一番大切なのは、あなたが「信頼でき安心して仕事を任せられる人」か、ということ。これは、このような身の振る舞い方から評価されるといっても過言ではないでしょう。

本書は、2級と準1級の出題範囲をまとめています。準1級は上級秘書レベルで出題内容も難しくなりますが、厳しい面接試験を通過した準1級合格者は即戦力として期待でき、資格としての評価も高くなります。ぜひ2級とあわせて勉強なさってください。

さあ、よりレベルの高い「自分」を目指すチャンスです。本書があなたにとって少しでも役立ち、合格への第一歩となることをお祈りします。

山田敏世

CONTENTS

第1章　秘書の資質　75

Section1　秘書が備えるべき要件　76

Section2　秘書の基本心得　84

第2章　職務知識　89

Section1　組織のなかの秘書　90

Section2　秘書の日常業務　97

第3章　一般知識　107

Section1　企業と経営　108

第4章 マナー・接遇 127

本文デザイン／株式会社ウエイド　高橋秀哉　イラスト／高橋芳枝

秘書検定 ガイダンス

秘書の仕事

　秘書は、企業や団体などの組織のなかで、上司が本来の仕事に専念できるように補佐をする職業です。組織や業種、上司の職務内容によって秘書の仕事は違ってきますが、日本の多くの企業では、「上司が本来の職務に専念できるように周辺の業務をこなし、間接的に上司を補佐する」立場に位置づけられています。日本の実情にあわせ、秘書技能検定では、この間接補佐型の秘書を念頭に置いて行われています。

　一方で、欧米企業では、専門知識を持って上司を直接的に補佐していく直接補佐型の秘書も活躍しています。秘書のあり方も変わりつつあり、この点もふまえて学習や実務を行うことが大切です。

◆秘書の一般的な業務

接遇	電話応対や来客応対。茶菓サービスなどの接待をする。「取引の50%は応対にかかっている」といわれるほど大切な業務。
日程管理	上司の了解を得たうえで、上司のスケジュール管理や出張手配を行う。
文書管理	自社の社員への通知文や、取引先に出す社交文書などのビジネス文書を作成し、発送する。
情報処理	仕事に関連する情報や資料を収集し、スクラップやファイリングして整理する。
交際業務	上司の公私にわたる関係者との交際業務。慶弔事参列の準備や受付を手伝うこともある。
環境整備	オフィスの整理整頓、室内執務環境の整備に気を配る。

　上記のように秘書の仕事は非常に広範囲にわたっています。そのため、社会人として自立し、人との関わり方や広い常識を身につけ、責任を持って仕事に臨んでいく姿勢が求められます。またそれに伴い、上司の仕事を裏で支える優れた補佐役として高度な判断力を身につけなければなりません。

秘書資格のメリット

秘書技能検定資格を持つことには以下のようなメリットが考えられます。

1
専門職には
不可欠

2
一般事務職に
有利

3
魅力ある
人間の形成

　秘書技能検定は、秘書業務に必要な知識や技能のレベルを測るものですが、出題内容は多岐にわたります。敬語の正しい使い方や来客応対・電話応対のマナー、ビジネス文書作成における知識、さらには人間関係づくりのコツまで、働くうえで必要な一般常識が問われます。秘書という職業を希望するならもちろんですが、一般職・事務職で働く際にも仕事に直結して役立ちます。

　また検定を通して学ぶことは、ビジネス上のみならず自らの世界を広め豊かな人間関係を築き、魅力ある人間として成長する手助けとなるでしょう。

各級のレベルと出題形式

　３級〜１級のレベルは次のようになっています。

3級 初歩的な秘書業務に必要な知識・技能を持っている。

2級 一般的な秘書業務に必要な知識・技能を持っている。

準1級 秘書の業務を理解し、専門的な秘書業務において知識・技能を発揮できる。

1級 秘書の業務を十分に理解し、専門的な秘書業務において高度な知識・技能を発揮できる。

　３級・２級は筆記試験のみで、内容の９割程度がマークシート方式の択一問題、１割程度が記述解答形式の問題となっています。準１級はマークシート方式の択一問題と記述解答形式の問題がそれぞれ５割程度。それに加え、筆記試験合格者を対象として、実務において実際に知識・技術の活用が図れるかどうかを判断する面接試験が行われます。１級では、筆記試験はすべて記述解答形式の問題です。また、準１級と同様に面接試験も行われます。

試験科目と判定基準

　筆記試験科目は、各級とも理論に関する3つの領域と、実技に関する2つの領域からなっています。各級とも出題される領域は変わらず、級が上がるにつれて内容が深まるという点が秘書技能検定の特徴です。理論と実技の範囲についてそれぞれ60%以上の正解が、合格ラインとして設けられています。

　合格率は実施回によって異なりますが、最近の試験では3級が約70%、2級が約50%、準1級が約35%、1級が約30%となっています。

理論	秘書の資質	上司の身の回りの世話や仕事の補佐を適切に行うために要求される人柄や、備えておかねばならない要件は何かが問われる。
	職務知識	上司が本来の仕事に専念できるように、秘書の仕事内容を理解し、補佐役として行うべき役割をきちんとわきまえているかが問われる。
	一般知識	経営者である上司を補佐するために必要な企業・組織・会計などの用語、社会常識、一般知識が問われる。
実技	マナー・接遇	電話・来客応対の際に秘書として心得ておかねばならないマナーや言葉遣い、立ち居振る舞い、また交際業務を理解しているかが問われる。
	技能	上司のスケジュール管理や文書の作成、会議の設営、オフィスの整備など、具体的な実務のしかたや知識が問われる。

面接試験について

　準1級、1級では筆記試験に加えて面接試験が行われます。試験内容に適切に答えられるだけでなく、上級秘書としてよりレベルの高い対応が要求されます。

具体的な審査対象	●姿勢	手の組み方、立ち方、座り方、姿勢などが相手によい印象を与えている。
	●動作	会釈、おじぎなどの動作が自然できびきびしている。
	●態度・表情	表情は暗く沈んでおらず、相手に親近感を与えるような雰囲気がある。
	●話し方	声の大きさが適切で張りがある。つかえたり、間が空きすぎたり語尾を伸ばさない。
	●言葉遣い	言葉の選び方や、相手に対する敬語の使い方が適切である。
	●身だしなみ	服装、髪型がビジネスに適したものである。

秘書検定の審査基準

*印の付いている項目は、準1級ではより専門的なことが問われます。

Ⅰ.秘書の資質	1.秘書として備えるべき要件	①仕事の処理能力がある＊ ②判断力、記憶力、表現力、行動力がある ③機密を守れる、機転がきくなどの資質を備えている
	2.要求される人柄	①身だしなみを心得ており、良識がある ②誠実、明朗、素直などの資質を備えている
Ⅱ.職務知識	1.秘書的な仕事の機能	①秘書的な仕事の機能を知っている ②上司の機能と秘書の機能の関連がわかる
Ⅲ.一般知識	1.社会常識	①社会常識を備え、時事問題に関する知識がある
	2.経営管理の知識	①経営管理に関する知識がある＊
Ⅳ.マナー・接遇	1.人間関係	①人間関係の理論を知っている＊
	2.マナー	①ビジネスにおけるマナーや一般的なマナーを心得ている
	3.話し方・接遇	①敬語の活用ができ、接遇用語が使える＊（準1級では状況に応じた言葉遣いも求められる） ②報告、説明、説得ができる＊（準1級では加えて苦情処理ができる） ③真意をとらえる聞き方ができる ④忠告が受けられる＊（準1級ではこれに加えて忠告のしかたを理解していること）
	4.交際の業務	①慶事・弔事の次第、それにともなう庶務・情報収集・処理ができる ②贈答のマナーを知っている＊ ③上司所属の諸会の事務を扱うことができる＊（準1級では加えて寄付に関する事務ができる）
Ⅴ.技能	1.会議	①会議に関する知識、進行や手順について知識がある ②会議の計画、準備、事後処理ができる
	2.文書の作成	①社内外文書が作成できる＊（準1級では文例を見ずに作成することが求められる） ②会議の議事録が作成できる ③折れ線グラフ、棒グラフ、円グラフを作成できる＊
	3.文書の取り扱い	①郵送方法、受発信事務に関する知識がある ②「秘」扱い文書の取り扱いについて知識がある
	4.ファイリング	①ファイルの作成、整理、保管ができる＊
	5.資料管理	①名刺、業務上必要な資料類の整理・保管ができる＊ ②要求された社内外の情報の収集・整理・保管ができる＊
	6.スケジュール管理	①上司のスケジュール管理ができる＊
	7.環境、事務用品の整備	①オフィスの整備・管理や事務用品の整備・管理ができる＊

受験の方法 ＊受験料・試験日など変更することがあるので試験要項を必ず確認してください。

受験資格	学歴・年齢・性別・実務経験などによる制限はなく、誰でも受験できる。
級別	3級・2級・準1級・1級に分かれている。3級と2級、2級と準1級は併願できるが、準1級と1級は併願できない。
受験願書	●電話かはがき、またはインターネットから検定協会に請求する。 ●全国の特約書店・大学生協で入手することもできる。
申し込み	●願書と受験料を現金書留で検定協会に郵送する。 ●全国の特約書店で、願書に受験料を添えて申し込むこともできる（コンビニエンス・ストアで振込可）。 ●インターネットからも申し込みができる。
受付期間	試験日の約2か月前から受付～約1か月前に締め切る。
受験料 （税込み）	3級／2,800円　　　　準1級／5,300円 2級／4,100円　　　　準1級・2級併願／9,400円 2級・3級併願／6,900円　　1級／6,500円
試験日程	●6月・11月・翌年2月の年3回実施される。 ●準1級と1級は6月・11月の年2回。
試験方法	●3級・2級／筆記試験（マークシート式＋記述式）のみ。 ●準1級／筆記試験（マークシート式＋記述式）のほか、筆記試験合格者に対し面接試験が行われる。 ●1級／記述式の筆記試験のほか、筆記試験合格者に対し面接試験が行われる。
試験時間 （筆記）	3級／110分　　2級／120分　　準1級／130分　　1級／140分 ※それぞれ正味時間。
試験会場	全国の検定協会指定会場。 ※面接試験は全国主要都市9カ所のうち、希望の会場を選んで受験。
合否通知	●3級・2級／3週間～1か月後に各人に通知。 ●準1級／筆記……約2週間後、面接……約3週間後に通知。 ●1級／筆記……面接試験の1週間前まで、面接……約1か月後に通知。 ※インターネットでも合否の確認ができる。
問い合わせ先	財団法人実務技能検定協会　秘書検定部 〒169-0075　東京都新宿区高田馬場1-4-15 TEL　03-3200-6675 URL　http://www.jitsumu-kentei.jp/

これだけは覚えておこう　　解答のポイント

◆マークシート式問題

1. 問題文のポイント部分にアンダーラインを引く

　実際の試験では、いくつかの領域にまたがる複合的な問題や、総合的な判断力を要する問題が多数出題されます。問題文を読むとき、ポイントとなる文章や単語にアンダーラインを引くようにすると、何を求められているのか見えてきます。

2. ひっかけ問題に注意

　問題のなかには、まぎらわしい語句や、どちらも正解に思えるような表現で、受験者の理解度を試すものもあります。まどわされないようにするには、多くの問題を解いて慣れておくことです。できれば模擬テストを受けておくとよいでしょう。

3. 時間配分に気をつける

　マークシート式問題は、1問に2分程度の時間をかけ、よほど迷ったもの以外は2度と見直さないつもりで取り組みます。特に理論分野の問題は8割は正解しなくてはなりません。1～2問の正解・不正解が合否を分けると思ってください。

4. ケアレスミスをなくす

「適当」なもの、または「不適当」なものを1つ選ぶ問題では次のようにするとケアレスミスを防ぐことができます。

①「適当」なものを選ぶ → 問題文の「適当」という文字の上に○印をつけ、はっきり不適当とわかる選択肢のヨコに×印をつける。

②「不適当」なものを選ぶ → 問題文の「不適当」という文字の上に×印をつけ、正しい内容とわかる選択肢のヨコに○印をつける。

③残った選択肢の番号をマルで囲む。

5. 「適当」か「不適当」か判断できない選択肢が複数あるとき

①問題文が長く、選択肢の文が短い

　→ 問題文のどこかにカギとなる表現があるので、問題文の表現を注意深く読む。

②選択肢の文が長く、問題文が短い

　→ 選択肢の文中にヒントがある。すぐに適当・不適当を判断できない選択肢に集中して、問題点を見つけること。迷ったら再び問題に戻る。

◆記述式問題

1. 白紙の部分がないように、解答欄はすべて埋める

2. 時間配分に注意する

3. 言葉遣いを問う問題では適切な表現を。知識を問う問題ではポイントをまとめて書けるようにする

4. 書き終えたら次の点をチェックする

①秘書としてふさわしい文章か

②誤字・脱字がないか

③誰が読んでもわかる文章か

④丁寧に書いてあるか

2級 準1級 練習問題

- 秘書の資質
- 職務知識
- 一般知識
- マナー・接遇
- 技　能

秘書の資質

●問題1　秘書に求められる資質
次は、秘書の資質について述べたものである。中から適当と思われるものを選べ。
(1) 教養が豊かで、知性がある人が適している。
(2) 何事も自分が納得してから行動できる人が適している。
(3) 何事にもひたむきで、熱心に取り組める人が適している。
(4) 上司の補佐役としての立場をわきまえ、謙虚な人が適している。
(5) ほかの人に頼ることなく、自分1人で仕事ができる人が適している。

●問題2　秘書の心構え
次は、秘書A子が日ごろ心掛けていることである。中から不適当と思われるものを選べ。
(1) 臨機応変な対応ができるように、常に柔軟な判断を心掛けている。
(2) 組織における自分の立場を意識し、出すぎることのないようにしている。
(3) いつも穏やかな態度で人に接し、感情の起伏を表面に出さないようにしている。
(4) 他部署の社員との関係が薄れないように、交流の場には積極的に参加している。
(5) 秘書としての立場をわきまえ、礼儀正しい態度、品位ある身だしなみを心掛けている。

●問題3　上司への気配り
秘書A子の上司が外出から戻ってきたので、お茶を持っていくと、上司は風邪をひいたらしく具合が悪そうにしている。このような場合、A子はどのように言うのがよいか。中から不適当と思われるものを選べ。
(1) 「私に何かできることはありませんでしょうか」
(2) 「今日のスケジュールを少し調整いたしましょうか」
(3) 「どうぞご無理をなさらず、お帰りになったらいかがですか」
(4) 「市販のものでよろしければ、お薬を買って参りましょうか」
(5) 「お茶でよろしいですか。何か冷たいものをお持ちいたしましょうか」

●問題4　上司への進言
秘書A子の上司（部長）は会議から戻ってきて、独り言のように「専務には困ったものだ。いつもあんなに強引なのか」と言って、ため息をついた。このような場合、A子はどのように対応するのがよいか。中から適当と思われるものを選べ。
(1) 上司は何か話したいのだろうから、「会議で何かございましたか」と尋ねる。
(2) A子に話しているのか、独り言かわからないので、聞こえないふりをする。
(3) 上司の言っていることなので、「さようでございますね」と言って、あいづちを打つ。
(4) 自分にとっては専務も上司なので、「普段はそのようなことはないと思いますが」と言う。
(5) 会議から帰ってきたのだから「お疲れさまでございました」と言い、それ以外は何も言わない。

●問題5　秘書の身だしなみ
次は、秘書A子が新人秘書に身だしなみについて話した内容である。中から適当と思われるものを選べ。
(1) 化粧は、特に顔色が悪くなければしなくてもよい。
(2) 靴は、動きやすいように、ヒールのないものがよい。
(3) 髪は、清潔感を与えられるように、束ねたり留めたりするとよい。
(4) 洋服は、上司のイメージを損なわない

ように、なるべく高価なものを選ぶとよい。

(5) アクセサリーは、華やかな印象を与えるために、できるだけつけたほうがよい。

● 問題6　守秘義務

　秘書A子は秘書課に配属された新人B子から、「機密を守るため、秘書課員としてどのような行動を心掛ければよいか」と聞かれた。次はA子がB子に教えたことである。中から不適当と思われるものを選べ。

(1) 社外の友人との会話の中で、会社の内部の話になったときは、話をそらすこと。

(2) 他部署の同僚と話していて、上司の話題が持ち上がったら、そっと席を離れること。

(3) 取引先の人から、機密に関することを聞かれたら、自分はよくわからないと言うこと。

(4) 機密を守ることは必須だが、そのために交友関係を狭めることのないようにすること。

(5) 機密書類を扱っているときに関係者以外の人が来たら、さりげなく書類を伏せること。

● 問題7　仕事の進め方

　秘書A子は上司から、大量の資料作成を指示された。毎日少しずつ進めていたが、このままだと指示された期間内に終わりそうもない。このような場合のA子の対処について、中から適当と思われるものを選べ。

(1) 同僚に事情を話し、早目に一部手伝ってもらう。

(2) 毎日残業し、自分1人の力で何とか期限内に終わらせる。

(3) 上司に現状を説明し、提出の期限の延長をお願いする。

(4) 上司に状況を話し、だれかに手伝ってもらってよいかを相談する。

(5) 資料作成を優先して進めるが、ギリギリになっても無理なときは上司に言う。

● 問題8　上司不在中の対応

　次は、秘書A子の上司（部長）が不在中にかかってきた電話へのA子の対応である。中から不適当と思われるものを選べ。

(1) 課長に、「来客中ですが、お急ぎですか」

(2) 専務に、「K社に出掛けていますので、戻り次第ご連絡いたします」

(3) 家族に、「本日、外出先から直接ご帰宅の予定でございます」

(4) 他部署の部長に、「風邪をひいて病院に行っていますが、まもなく戻られると思います」

(5) 取引先の人に、「あと1時間ほどで帰社の予定ですが、どのようなご用件でしょうか」

● 問題9　社外の人への対応

　秘書A子は、上司（営業部長）が外出中、取引先のK氏から「他部署の社員から、営業部長が海外支店に異動すると聞いたが本当か」と聞かれた。社内で上司の異動はうわさになっており、A子は上司から内示を受けたことを聞いて知っている。このような場合、A子はK氏にどのように言えばよいか。中から適当と思われるものを選べ。

(1)「どの部署の誰が話していたのか教えてもらえないか」と言う。

(2)「自分はいっさい聞かされていないし、うわさにすぎないのではないか」と言う。

(3)「まだ発表になっていない人事異動のことは、自分に聞かれてもわからない」と言う。

(4)「社内でうわさになっているようだが、正式に発表になるまで待つべきではないか」と言う。

(5)「内示があったことは上司から聞いているが、正式に発表されるまでは教えられない」と言う。

●問題10　秘書の判断

　秘書A子の上司（部長）が外出中、S氏から電話が入った。外出中と伝えると、「部長と直接話したいので、携帯電話の番号を教えてほしい」と言われた。このような場合、A子はS氏にどのように対応するのがよいか。中から適当と思われるものを選べ。

(1)　S氏は面識のある人なので、すぐに番号を教える。

(2)　「上司の携帯電話番号は教えられないことになっている」と言い、断る。

(3)　「上司から直接S様に電話をかけさせてもらえないか」と言い、S氏の連絡先を聞く。

(4)　「上司に番号を教えてもよいか確認するので、折り返しかけ直してもよいか」と言う。

(5)　「上司はまもなく戻ってくるので、もう少ししてから改めて連絡をしてもらえないか」と言う。

●問題11　求められる判断力

　秘書A子の上司が役員会議に出席中、上司の奥様から「息子が交通事故で入院した」と電話が入った。A子は上司から重要な会議なので電話は取り次がないようにと言われている。このような場合、どのように対処すればよいか。中から適当と思われるものを選べ。

(1)　奥様には上司は会議中であると伝え、そのまま待ってもらい、内線電話で上司を呼び出して取り次ぐ。

(2)　やむをえない緊急の電話なので、会議中の上司に「奥様から緊急の電話です」と言って電話をつなぐ。

(3)　奥様から、けがの程度や入院先などを聞いていったん電話を切り、メモにして会議中の上司に知らせる。

(4)　取り次がないようにと言われているので、けがの程度や入院先などを聞いておき、上司が戻り次第伝える。

(5)　奥様に、「上司は重要な会議に出席中で、取り次がないようにと言われている。どのようにしたらよいか」と尋ねる。

問題1＝（4） 一般的にはすべてプラス面として評価される資質だが、秘書の資質として考えると、⑴は絶対条件ではない。⑵秘書には自分が納得しにくい仕事も多くあり、⑶ひたむきさは、周囲が見えなくなる可能性があり、⑸強い責任感は必要だが、ほかの人の協力を得て行う仕事も多いため、⑷が適当である。

問題2＝（1） 秘書としての判断は柔軟ではなく、状況に応じた的確な判断が必要である。

問題3＝（3） 秘書は上司の補佐役であるため、上司の体調を気遣うのはよいが、帰ったらどうかというのは、上司の仕事に関わることになり、秘書が口出しすることではない。

問題4＝（5） 上司の独り言であっても対応したほうがよい場合もあるが、この場合は専務に対しての批判めいた内容なので、「お疲れさまでございました」と会議への労をねぎらうだけにとどめるのが妥当である。

問題5＝（3） ⑴化粧は、人前に出るときのエチケットとしてする必要がある。

問題6＝（2） 同僚との会話で上司の話題が持ち上がったとしても、機密事項を自分が口外しなければよいことで、席を外す必要はない。上司に関する情報を収集できるかもしれない。

問題7＝（4） 上司に指示された仕事を上司の了承なく、秘書が勝手に残業をしたり、同僚に依頼したりするのは不適切である。上司に事情を話し、ほかの人に手伝ってもらってよいかを確認してからお願いし、期限内に仕上げるようにする。⑸仕事の優先順位は、そのときによって変わる。また、ギリギリに報告したのでは間に合わない。

問題8＝（2） 部長の上司である専務に、秘書が「戻り次第連絡する」と判断して言うのは不適切である。緊急の用件かもしれないので上司の戻り時間を伝え、どうしたらよいかを専務に聞くのがよい。

問題9＝（3） ⑵Ａ子はすでに内示を受けたことを知っているのに、うわさにすぎないというのは不自然である。⑷取引先の人に「すべきではないか」という言い方は失礼である。

問題10＝（3） 上司から事前に、携帯電話の番号を教えてもよいかどうかを聞いていないときは、面識がある人でも教えてはいけない場合があるので、Ａ子から上司に連絡し、こちらから改めて連絡をするのがよい。⑷「教えてもよいか確認する」という言い方は相手に失礼である。

問題11＝（3） ⑷上司から取り次がないようにと言われていても、緊急事態においてはその限りではない。

職務知識

●問題1　秘書の機能と役割

次は、秘書の機能や役割について述べたものである。中から不適当と思われるものを選べ。

(1) 秘書の役割は、上司の期待と信頼に応えることである。

(2) 上司はライン、秘書はスタッフの機能をもつ。

(3) 秘書は上司の指示命令に従い、上司の責任の範囲内で仕事をする。

(4) 秘書は補佐役であるから、上司に代わって意思決定し、指示を行うこともある。

(5) 秘書の仕事は、上司が本来の仕事に専念できるように雑務を処理することである。

●問題2　上司との関わり方

次は、秘書A子が上司を補佐するうえで日ごろ行っていることである。中から不適当と思われるものを選べ。

(1) 上司に知らせておいたほうがよいと思う情報は、うわさでも伝えている。

(2) 上司の仕事を理解するために、業界紙や経済誌の関連記事に目を通している。

(3) 上司の私的な業務でも上司の社交上必要なことは、秘書業務として行っている。

(4) よりよい補佐をするために、上司には自分の性格も理解してもらうようにしている。

(5) 上司の人となりを理解するために、上司の趣味や嗜好、交際範囲までも知るようにしている。

●問題3　上司を理解する

A子は秘書課に配属になり、常務を担当することになった。次はA子が常務について調べたことである。中から不適当と思われるものを選べ。

(1) 所属している団体

(2) 家族構成と住環境

(3) 携わっている仕事

(4) 持病とかかりつけ医

(5) 社内外の人脈と人に対する好み

●問題4　秘書業務の進め方

次は、秘書A子が普段の仕事をする際に行っていることである。中から不適当と思われるものを選べ。

(1) スケジュールの変更は、少しのことでも上司の了解を得るようにしている。

(2) 仕事の途中でミスに気づいたら、すぐに上司に報告し、指示を得るようにしている。

(3) 仕事が重なったときは、処理順序を覚えておき、次からはその順序で行うようにしている。

(4) 上司からの指示があれば、上司の仕事でも指示の範囲内で上司の代わりをするようにしている。

(5) 突発的な仕事が入っても慌てないように、余裕を持った時間配分で仕事をするようにしている。

●問題5　秘書業務のあり方

秘書A子は日ごろの秘書業務を次のように行っている。中から不適当と思われるものを選べ。

(1) 上司の私的な用事を頼まれたときは、それも秘書の仕事として行っている。

(2) 上司の不在中に訪れた来客には代わりに用件を聞き、処理できるものはしている。

(3) 上司の留守中の電話はメモにして上司の机に置いておくが、帰社したら口頭でも伝えている。

(4) 他部署の上司から仕事を頼まれたときは、担当の上司に断ってから引き受けるようにしている。

(5) 上司宛に中元や歳暮が届いたときは、品物の内容を上司に報告し、礼状を出している。

●問題6　秘書の職務権限

次は、秘書A子が上司（部長）の留守中に行い、後から上司に知らせたことである。中から適当と思われるものを選べ。

(1) 上司がすでに承諾している稟議書が回ってきたので、上司の印を押した。

(2) 課長が秘文書の書類を見せてもらいたいというので、A子の席で見てもらった。

(3) 取引先の支店長が転勤のあいさつに来たので、代わりに課長に会ってもらった。

(4) 得意先から面会の申し込みがあったので、スケジュールを確認して受けた。

(5) 上司が所属する団体の会長が逝去したと聞いたので、ほかの団体メンバーに知らせておいた。

●問題7　上司へのアドバイス

次は、秘書A子が最近上司に言ったことである。中から適当と思われるものを選べ。

(1) 黙って離席することが多い上司に、「席を外すときは、必ず知らせてもらえないか」と言った。

(2) 上司からある部下の人物評を聞かれたので、「毎朝一番早く出社していて、仕事熱心な方だと思う」と言った。

(3) 上司が出先で、面会の予約をしてきたので、「スケジュールの管理上、事前にお知らせください」と言った。

(4) 出かけなくてはならない時間になっても席にいる上司に、「時間になりましたので、お出かけください」と言った。

(5) 外出することが多い上司に、「最近不在が多いので仕事が滞っている。不在中の代行者を決めてもらえないか」と言った。

●問題8　秘書の定型業務

次は、秘書A子が秘書業務として行っていることである。中から不適当と思われるものを選べ。

(1) 面会予約の受付、茶菓サービスなどの来客応対。

(2) 慶弔や季節の贈答品の決定、準備、手配などの交際業務。

(3) 社内外の文書作成、文書の受発信、文書整理などの文書事務。

(4) お茶や食事のサービス、健康管理などの上司の身の回りの世話。

(5) 上司の執務室や応接室の整頓、清掃、備品や消耗品の補充などの環境整備。

●問題9　情報収集

秘書A子は取引先のS部長が本社に栄転するという話を耳にした。そこでA子は、上司に報告するために次のことを確認した。中から不適当と思われるものを選べ。

(1) 異動発令日はいつか。

(2) 後任はだれになるのか。

(3) 新しい役職は何になるのか。

(4) 本社での所属はどこになるのか。

(5) 新しい連絡先はどこになるのか。

●問題10　上司不在時の仕事

次は、秘書A子が上司の不在中に上司の確認を得ないで行ったことである。中から不適当と思われるものを選べ。

(1) 上司宛に届いたお歳暮の礼状の草稿を書いた。

(2) 上司の受け取った名刺がたまったので、不要なものを破棄した。

(3) 上司の仕事に関連する新聞記事を見つけたので、切り抜いてファイルした。

(4) 祝賀会の案内状が届いたので、上司のスケジュールを確認し、出席の通知を出した。

(5) 上司宛に届いた郵便物を開封し、速達や急ぎのものを上にして、上司の机に置いた。

●問題11　適切な応対

秘書A子の上司のところに「アポイントをとっている」という来客I氏が訪れた。しかし、A子はI氏のことは何も聞いていない。I氏の話からは、上司が外出先で直

接約束をしたようである。このような場合、A子はどのように対応すればよいか。中から適当と思われるものを選べ。

⑴　Ⅰ氏には「少々お待ちください」と言って待ってもらい、上司に確認してから案内する。

⑵　上司にⅠ氏の来訪を伝え、「外で約束したときでも、必ず自分に伝えてもらいたい」と言う。

⑶　Ⅰ氏に「次回からアポイントをとるときは秘書である自分を通してほしい」と言い、上司に取り次ぐ。

⑷　Ⅰ氏に「自分は上司から何も聞いていないので、確認して来る」と言い、上司に確かめてから案内する。

⑸　Ⅰ氏に「自分は上司から何も聞いていなかったので、失礼した」と言い、通常の予約客と同じに取り次ぐ。

問題1＝⑷ 秘書はあくまでスタッフであり、補佐の範囲にとどまって仕事をする。上司に代わって、上司の本務を遂行することはない。

問題2＝⑷ 上司の性格を秘書が理解するのは必要なことだが、上司に秘書の性格を理解してもらうように心掛けることは不適切である。

問題3＝⑸ 上司の人に対する好みは知っておいたほうがよいが、すぐに調べて知っておくことではない。

問題4＝⑶ 仕事が重なったときの処理は、緊急性、重要性の高いものから行うのが一般的である。以前の処理順序に従うとは限らない。

問題5＝⑵ 秘書が上司の代わりに用件を聞き処理するのは、秘書の権限を超えることになる。

問題6＝⑶ 上司の許可なく、上司の印を押す、面会の申し込みを受ける、秘文書を見せるなどは、秘書の権限を超え、独断専行になる。⑸他メンバーへは事務局から知らせる。

問題7＝⑵ 人物評価について上司に聞かれたときは、悪口にならないように気をつけながら事実を答えてもよい。ほかは、秘書の助言としては行き過ぎであり、配慮が足りない。

問題8＝⑵ 贈答品を贈る場合、秘書は商品の選定を行い、決定は上司が行う。

問題9＝⑴ 上司に報告するのに、異動が発令された日はあまり重要ではない。転出日や着任日のほうが必要である。

問題10＝⑷ 秘書の日常業務は上司の指示を受けずに行うが、面会や会合などの出席は上司に確認してから返事をする。上司のスケジュールを確認しておくところまでにする。⑸「親展」「書留」や私信、秘文書は開封できない。

問題11＝⑴ ⑴秘書が来客の予定を聞いていなかったとしても、来客が「約束がある」と言えば、アポイント客として応対する。⑷⑸「自分は聞いていない」とするのは、上司のミスのように聞こえるので不適当である。

●問題1　株式会社の知識
次の株式会社の説明の中から<u>不適当</u>と思われるものを選べ。
(1)　不特定多数の株主から資本を集めることができる。
(2)　株主の責任は無限である。
(3)　株主は、株主総会を通じて会社の運営方針の決定に参画できる。
(4)　会社の最高意思決定は、株主総会で行われる。
(5)　株式会社は、資本と経営が分離している。

●問題2　経営管理に関する用語
次は、用語とその説明である。中から<u>不適当</u>と思われるものを選べ。
(1)「ミドルマネジメント」とは、係長や主任などの現場管理職のことである。
(2)「PDSサイクル」とは、経営管理の手法のことで、Plan、Do、Seeの頭文字である。
(3)「ライン部門」とは、生産・販売など利益に直接結びつく部門のことである。
(4)「ZD運動」とは、製品の品質向上を目的として欠陥防止に努力する運動のことである。
(5)「トップマネジメント」とは、最高経営管理者のことである。

●問題3　企業会計に関する用語
次は、用語とその説明である。中から<u>不適当</u>と思われるものを選べ。
(1)「社債」とは、株式会社が資金調達のために発行する債券のことである。
(2)「買掛金」とは、商品を仕入れた後で支払うことにした代金のことである。
(3)「引当金」とは、取りあえず帳簿を合わせるための一時的な借金のことである。
(4)「損益分岐点」とは、利益と損失の発生の分かれ目となる売上高のことである。
(5)「決算公告」とは、営業期の決算結果を広く一般社会に報告することである。

●問題4　手形に関する用語
次は、用語とその説明の組合せである。中から<u>不適当</u>と思われるものを選べ。
(1)　不渡手形＝預金不足で、期日に決済できない手形
(2)　当座預金＝日本銀行でのみ開設できる預金口座
(3)　手形の支払人＝銀行
(4)　手形割引＝支払期日前に、手数料を差し引いて銀行が手形を買い取ること
(5)　約束手形＝手形の振出人と受取人が銀行を介して行う2者間取引に使われる手形

●問題5　小切手の知識
次は、用語とその説明である。中から<u>不適当</u>と思われるものを選べ。
(1)「小切手」とは、現金の代用物で当座預金を持つ振出人が、銀行に支払いを委託する有価証券である。
(2)「先付小切手」とは、振り出しの日付を実際に振り出した日より先にした小切手である。
(3)「線引小切手」とは、振り出しに不安がある場合に要注意の印として線が引いてある小切手である。
(4)「小切手」には、一般的には有効期限がある。
(5)「小切手」は、刻印でなく手書きでも有効である。

●問題6　税金に関する用語
次は、用語とその説明である。中から<u>不適当</u>と思われるものを選べ。
(1)「所得税」とは、個人の所得に課せられる国税のことである。

(2)「住民税」とは、地方公共団体が個人・法人に課す地方税のことである。

(3)「法人税」とは、法人の所得に課せられる国税のことである。

(4)「消費税」とは、消費に対し課せられる直接税のことである。

(5)「事業税」とは、個人・法人の事業者に課せられる地方税のことである。

●問題7 印鑑に関する知識

次は、用語とその説明である。中から不適当と思われるものを選べ。

(1)「実印」とは、個人が市区町村に登録した印

(2)「認印」とは、印鑑登録していない印

(3)「割印」とは、文字を訂正したときに押す印

(4)「捨印」とは、文書の欄外に訂正印の代用としてあらかじめ押す印

(5)「封印」とは、封をしたところに押す印

●問題8 収入印紙の知識

次は、収入印紙についての説明である。中から不適当と思われるものを選べ。

(1) 記載金額が5万円以上の領収書には貼らなくてはならない。

(2) 収入印紙を貼り、消印を押すことで印紙税を納めたことになる。

(3) 収入印紙には有効期限がない。

(4) 印紙税を納めなくても法的には文書は有効である。

(5) 小切手には必ず貼ることが義務づけられている。

●問題9 人事・労務に関する用語

次は、用語とその意味の組合せである。中から不適当と思われるものを選べ。

(1) レイオフ ＝ 一時解雇

(2) ジョブ・ローテーション＝配置転換

(3) キャリアプランニング＝人事考課

(4) モラール＝労働意欲

(5) カフェテリアプラン＝福利厚生

●問題10 マーケティングに関する用語

次は、用語とその意味の組合せである。中から不適当と思われるものを選べ。

(1) シェア＝市場占有率

(2) コンシューマー＝消費者

(3) シルバー・マーケット＝高齢者市場

(4) ライフサイクル＝人生計画

(5) マーチャンダイジング＝商品化計画

●問題11 情報処理に関する用語

次は、用語とその意味の組合せである。中から不適当と思われるものを選べ。

(1) IT＝情報通信技術

(2) データベース＝情報の蓄積

(3) ブロードバンド＝電子商取引

(4) OA＝事務処理

(5) POS＝販売時点情報管理システム

●問題12 ビジネス用語

次は、用語とその説明の組み合わせである。中から不適当と思われるものを選べ。

(1) コンプライアンス＝法令や社会規範、業界の規定などを遵守すること。

(2) マーケティング＝店舗などにおいて商品やサービスを販売する行為のこと。

(3) モラール＝従業員の士気、労働意欲のこと。

(4) キャピタルゲイン＝株などの有価証券の売買で得られる利益のこと。

(5) ダンピング＝採算を無視した不当な廉売のこと。

●問題13 ビジネス用語

次は、用語とその意味の組合せである。中から不適当と思われるものを選べ。

(1) コンセプト＝意見の一致

(2) リスクマネジメント＝危機管理

(3) モチベーション＝動機づけ

(4) クライアント＝顧客

(5) オピニオン＝意見

●問題14 ビジネス用語

　次は、用語とその意味の組合せである。中から<u>不適当</u>と思われるものを選べ。

(1) アセスメント＝環境問題
(2) コンセンサス＝意見の一致、合意
(3) スキル＝技能、熟練
(4) エグゼクティブ＝経営幹部
(5) エージェント＝代理人、代理業者

●問題15 ビジネス用語

　次は、用語とその意味の組合せである。中から<u>不適当</u>と思われるものを選べ。

(1) クオリティー ＝ 品質
(2) ビジネスライク ＝ 事務的
(3) セクション ＝ 部門
(4) コミッション ＝ 勘定
(5) ロイヤリティー ＝ 権利使用料

2級 練習問題【一般知識】　　　　解答&解説

問題1＝(2) 株主の責任は出資額を限度とした有限責任。

問題2＝(1) ミドルマネジメントとは部長、課長などの中間管理職のこと。現場管理職はロアマネジメントという。

問題3＝(3) 引当金とは、特定の目的のための支出や、損失があったときの支出のために用意しておく資金のことである。

問題4＝(2) 当座預金は市中銀行で開設できる。

問題5＝(3) 線引小切手とは、いったん自分の口座に入れないと現金化できない小切手のことである。

問題6＝(4) 消費税は間接税である。

問題7＝(3) 割印とは、ある文書と他の文書の関連性を示すために2枚の書面にまたがって押す印のこと。

問題8＝(5) 小切手には収入印紙は不要である。(4)は、法的には有効だが、税務調査で発覚すると過怠税が課せられる。

問題9＝(3) キャリアプランニングとは、生涯計画のことで、専門的な仕事で能力を磨いていく経歴計画のこと。

問題10＝(4) ライフサイクルとは、商品が市場に出てから衰退するまでの過程のこと。

問題11＝(3) ブロードバンドとは、広帯域のことで、通信回線が持つ広い周波数帯を利用しインターネットへの高速接続や大量データのやり取りを可能にした技術のことをさす。

問題12＝(2) マーケティングとは、生産者から消費者に商品やサービスが渡るまでに行う一連の企業活動のこと。

問題13＝(1) コンセプトとは、もとになる考え方や発想のこと。

問題14＝(1) アセスメントとは、物事を行う前に、それによって生じる影響を事前に調査し評価すること。

問題15＝(4) コミッションとは手数料のこと。勘定のことは普通「アカウント」という。

マナー・接遇

●問題1　来客への言葉遣い

次は、鈴木部長秘書A子の来客に対する言葉遣いである。中から適当と思われるものを選べ。

(1) 上司から指示された資料を渡すときに「鈴木からこちらの資料をお渡しするよう承っております」

(2) 預かったコートを返すときに「お預かりしておりましたコートはこちらで結構でしょうか」

(3) 廊下で訪問先に迷っている様子のときに「どちらをお訪ねでしょうか。ご案内いたしましょうか」

(4) すまないが、また来てもらいたいと言うときに「申し訳ございませんが、改めて参られていただきたいのですが」

(5) よければ、メールアドレスを教えてもらえないかと言うとき「よろしければ、メールアドレスをお教えしていただけませんか」

●問題2　上司への言葉遣い

秘書A子が上司に外出時刻を確認するとき、どのように言うのがよいか。中から適当と思われるものを選べ。

(1)「何時ごろ、参られるご予定でしょうか」

(2)「何時ごろ、おうかがいになりますか」

(3)「何時ごろ、お出かけになられますか」

(4)「何時ごろ、うかがわれますか」

(5)「何時ごろ、お出かけになりますか」

●問題3　来客の取り次ぎ

次は、秘書A子が受付業務の際に心掛けていることである。中から不適当と思われるものを選べ。

(1) 転勤のあいさつにきた取引先の役員には、上司が会議中であってもできるだけ会ってもらっている。

(2) 予約客であっても、はじめての客のときには、名刺をもらえないかと頼んでもらっている。

(3) 予約のない客であっても、紹介状を持っている場合は、なかを確認させてもらい上司に取り次いでいる。

(4) 名前がわかっている客が来たときには、相手が名乗る前に「○○様でいらっしゃいますね」と言うようにしている。

(5) 上司からよく名前を聞いている客のときは、初対面であっても「いつもお世話になっております」とあいさつしている。

●問題4　適切な言葉遣い

次は、田中専務秘書A子が上司の伝言を、相手に伝えたときの言葉遣いである。中から不適当と思われるものを選べ。

(1) 取引先に対して「田中が今週中にお目にかかりたいと申しておりますが、ご都合はいかがでしょうか」

(2) 販売部長に対して「専務が、年間の販売推移の資料を至急そろえてほしいとのことですが、いかがでしょうか」

(3) 社長に対して「専務が、明日の午前中に打ち合わせをさせていただきたいとのことですが、ご都合はいかがでしょうか」

(4) 上司の家族に対して「会議が長引きそうなので帰宅が遅くなると申されていました」

(5) 出張予定の取引先に対して「明日は予定通り午前10時にはそちらにうかがうとのことでございます」

●問題5　電話応対

秘書A子は外出先の上司（鈴木部長）から電話で「用件が長引いて、今日は戻れそうにない。4時に面談を予定していたW社のF氏に連絡をして、よくわび、来週の都合を聞いておくように」との指示を受けた。次はA子が電話で名乗った後のF氏との会話である。中から不適当と思われるものを選べ。

(1)「本日4時にお約束をしておりましたが、鈴木に急な用件が入りまして、お目にかかることができなくなりました。大変申し訳ございません」

(2)「鈴木も、大変申し訳ない、くれぐれもよろしくお伝えするようにとおっしゃっておりました」

(3)「来週、F様のご都合のよい日に改めてお目にかかりたいと申しておりますが、いかがでしょうか」

(4)「来週の水曜日、4時でございますね、ありがとうございます。鈴木が戻りましたら、そのように申し伝えます」

(5)「本日は大変ご迷惑をおかけいたしまして申し訳ございませんでした。では、どうぞよろしくお願いいたします」

● 問題6　秘書の話し方
　次は、秘書A子が同僚と感じのよい話し方について話し合ったことである。中から不適当と思われるものを選べ。
(1)　丁寧な言葉遣いも大切だが、相手との話題によっては、少しだけ砕けた言い方もよいのではないか。
(2)　話をしているときは、相手に視線を向け、不自然に視線をそらすことのないようにするのがよいのではないか。
(3)　張りのある適切な大きさの声で話すと、安心感をもってもらえるのでよいのではないか。
(4)　大きな身ぶりで話すことは、生き生きとしたよい印象を与えるのでよいのではないか。
(5)　明るく、穏やかな表情で話をすると相手に不快感を与えないのでよいのではないか。

● 問題7　忠告の受け方
　次は、秘書A子が忠告を受けるときに心掛けていることである。中から不適当と思われるものを選べ。
(1)　誤解により忠告を受けたときでも、そ

のまま受け止めてわび、反抗的な態度をとらないようにする。

(2)　忠告されている内容がわからないときでも、その場では素直に聞いておき、思いあたることがないか後でよく考えるようにする。

(3)　忠告されたことを繰り返さないように、まずどのような経緯でそのようになったかを説明するようにする。

(4)　誤解により忠告を受けたときでも、その場ではそのまま受け止め、機会があったら誤解であったことを伝えるようにする。

(5)　忠告されたことについて、反省点は記録に残すなどして失敗を繰り返さないようにする。

● 問題8　贈り物のお返し
　秘書A子は、後輩秘書B子から贈り物を受け取ったときに返礼をしなくてもよいものについて教えてほしいと言われた。次はA子がB子に教えたことである。中から不適当と思われるものを選べ。
(1)　取引先の創立記念祝賀会の記念品や土産
(2)　上司が入院したときの取引先からの見舞い
(3)　就職先の紹介をしたときの礼
(4)　上司の友人からの香典返し
(5)　部下からの中元や歳暮

● 問題9　弔事の知識
　次は、弔事に関する用語とその意味の組合せである。中から不適当と思われるものを選べ。
(1)　弔問＝葬儀に参列すること。
(2)　密葬＝身内の人だけで内々に行う葬式のこと。
(3)　享年＝死亡したときの年齢のこと。
(4)　喪主＝葬式を行う際の執行名義人。
(5)　忌明け＝一定の喪の期間が終わること。

●問題10 弔事の心得

次は、秘書A子が上司の代理で葬儀に列席したとき、行っていることである。中から不適当と思われるものを選べ。

(1) 受付では「ご愁傷さまでございます」とあいさつをしている。

(2) 会葬者名簿には自分の名前を書き、その下に代理と書いている。

(3) 神式の告別式では音をたてずに拍手をし、拝礼している。

(4) 取引先の人に会ったら黙礼程度のあいさつをしている。

(5) 不祝儀袋はふくさに包むが、慶事のときと違う包み方をしている。

●問題11 パーティーのマナー

次は、秘書A子が後輩秘書B子に立食パーティーについて教えたことである。中から不適当と思われるものを選べ。

(1) コートや荷物などは、クロークに預け、会場には必要な身の回りのものだけを持って入る。

(2) 食べ終わった皿や箸は、テーブルにそのまま置いておけば下げてくれるので、次の料理は新しい皿にとる。

(3) 料理をとるときは、食べきれる量をとり、いろいろな料理を何回かに分けてとるようにする。

(4) 料理をとったら会場の端に置いてある椅子に座って食べ、食べ終わってから周囲の人と話すようにする。

(5) 開始時間と終了時間は決まっているが、時間の拘束はないので、遅れて行っても早く帰ってもよい。

●問題12 記述 来客への言葉遣い

次の言葉を、鈴木部長秘書A子が来客に言う丁寧な言葉に直せ。

(1)「すまないが、帰ってもらえないか」

(2)「上司が会えるか確認するので、少し待ってもらいたい」

(3)「自分ではわからないので、すぐに担当者を呼んでくる」

●問題13 記述 適切な言葉遣い

鈴木部長秘書A子が内線電話をとったところ電話は専務からで、部長にW社の資料を持ってくるように伝えてほしいとのことであった。次はそのときA子が専務に言ったことであるが不適当な言葉遣いが4箇所ある。それを書き出し、適当な言葉遣いに直せ。

「部長の鈴木はただいま席をはずしております。10分ほどで戻ると申しておりましたのでお戻りになりましたら資料を持参するようにお伝えいたします」

●問題14 記述 上書きの種類

次の場合、どのような上書きを書けばよいか。それぞれ2つずつ答えよ。

(1) 結婚の御祝

(2) 仏式の葬儀

(3) 病気見舞い

●問題15 記述 車の席次

秘書A子は上司に同行して取引先に出かけた。帰りは取引先の部長が運転する車で送ってくれることになった。このような場合、上司とA子は右の図の1、2、3のどの席に座るのが適切か答えよ。

●問題16 記述 弔事の心得

秘書A子が元上司の葬儀に参列するとき、どのようにするのがよいかそれぞれ簡単に書け。

(1) 服装と小物やアクセサリーで注意すること

(2) 受付に不祝儀袋を渡すときのあいさつの言葉

(3) 顔見知りの取引先の人に会ったとき

2級 練習問題【マナー・接遇】 解答&解説

問題1＝**(3)** ⑴承って→申しつかって ⑵結構でしょうか→よろしいでしょうか ⑷参られて→おいで ⑸お教えして→お教え

問題2＝**(5)** 上司に尋ねるのであるから尊敬にならないといけないが、⑴参られる・⑵おうかがいになる・⑷うかがわれる、は謙譲語になっているので不適当である。⑶は、二重敬語になっているので不適当。

問題3＝**(3)** 紹介状は、一般的に被紹介者の履歴や希望など個人的な内容のものであるから、当事者以外が確認するようなものではない。

問題4＝**(4)** 上司の家族に対して話すので、尊敬語になる。「申されて」ではなく「おっしゃって」となる。

問題5＝**(2)** お客様との会話では謙譲語をつかうことになる。「おっしゃって」ではなく「申して」が適当である。

問題6＝**(4)** 身ぶりとは、体を動かし感情や意思を相手に表すこと。生き生きとした話し方は活気に満ちた話し方のことで、身ぶりとは関係がない。

問題7＝**(3)** ミスを繰り返さないよう経緯を考え反省点をつかむことは大切であるが、結果としてミスを出しているので、説明よりもまずはわびることが必要。

問題8＝**(2)** 見舞いのお返しは「全快祝」とする。

問題9＝**(1)** 「弔問」とは、遺族にお悔やみを述べるために訪問することである。葬儀に参列することは「会葬」という。

問題10＝**(2)** 上司の代理で出席しているので、会葬者名簿には上司の名前を書き、その下に代理（代）と書く。

問題11＝**(4)** 立食パーティーの目的は、食事をしながら多くの人と知り合い、話をすることなので、話をしながら食べることになる。端にある椅子は、高齢者のためや疲れたときに少し腰掛けるために置かれているものである。

問題12＝⑴**「申し訳ございませんが、お引取りくださいませんでしょうか」** ⑵**「鈴木の予定を確認いたしますので、少々お待ちくださいませ」** ⑶**「私にはわかりかねますので、すぐに担当の者を呼んで参ります」**

問題13＝⑴部長の鈴木→**鈴木部長** ⑵おります→**いらっしゃいます** ⑶申しておりました→**おっしゃっていました** ⑷持参する→**お持ちする**

問題14＝⑴寿・祝御結婚 ⑵御霊前・御香典 ⑶御見舞・祈御全快

問題15＝部長→**3** A子→**2** 取引先の部長が運転してくれるので、見合うようにこちらも部長が隣の助手席に座る。

問題16＝⑴**服装は黒のスーツやワンピースにし、ストッキングや靴、バックも黒の物にする。アクセサリーはつけないか、つけても一連の真珠のネックレス程度。** ⑵**「ご愁傷さまでございました」「お悔やみ申し上げます」** ⑶**黙礼程度のあいさつをする**

技 能

●問題1 会議の準備

次は、秘書A子が上司主催の会議のときに行ったことである。中から不適当と思われるものを選べ。

(1) 会議中の電話の取り次ぎについて、事前に上司に確認した。

(2) 書記は参加者の扱いではないので、一番後ろの席にした。

(3) 茶菓や食事を出す時間について、上司に聞いておいた。

(4) 会議資料は当日配布でよいのか、上司に確認した。

(5) 会議に使う機材について、上司に聞いた。

●問題2 議事録の書き方

次は、秘書A子が、役員会議の議事録に記載した事項である。中から不適当と思われるものを選べ。

(1) 会議の名称

(2) 日時

(3) 食事の有無

(4) 出欠席者名

(5) 議題

●問題3 グラフの種類

次は、タイトルとグラフの組合せである。中から不適当と思われるものを選べ。

(1) 商品輸入高の推移 ＝ 線グラフ

(2) 製品別売上高の比率 ＝ 帯グラフ

(3) 年齢別平均貯蓄額 ＝ 棒グラフ

(4) 製品満足度の比率 ＝ 円グラフ

(5) 製品A・製品Bの生産量の推移 ＝ 線グラフ

●問題4 郵便の取り扱い

次は、郵便の取り扱いについて述べたものである。中から不適当と思われるものを選べ。

(1) 取引先に一般書留で商品券を送った。

(2) 冊子をゆうメールで送るときに、手紙を同封した。

(3) 祝賀会の案内状には慶事用の切手を貼った。

(4) 重要書類を簡易書留で送った。

(5) A4判の書類を折らずに送るときに定型外郵便で送った。

●問題5 郵便の取り扱い

次は、秘書A子が上司宛の手紙について行っていることである。中から不適当と思われるものを選べ。

(1) 内容によっては、上司ではなく担当者に渡している。

(2) 上司が出した手紙への回答には、発信した手紙の写しを付けて上司に渡している。

(3) 取引先から来た書留は、私信ではないので開封して上司に渡している。

(4) 速達や回答を急ぐ内容の手紙は、一番上にして上司に渡している。

(5) 「親展」と記してある手紙は、取引先からのものでも開封せずに上司に渡している。

●問題6 「秘」文書の取り扱い

次は、「秘」文書の取り扱いについて述べたものである。中から不適当と思われるものを選べ。

(1) 複数の人に配布するときは、通し番号をつけて配布先を控えておく。

(2) 不在者に配布するときは、取り扱いに注意してほしいので封筒の表面に赤で「秘」と書いて机に置く。

(3) コピーをとる場合は必要枚数のみをとるようにする。

(4) 貸し出すときは、貸出簿などに記載し所在がわかるようにする。

(5) 失敗したコピーは、シュレッダーなどで裁断処理する。

●問題7　ファイル用品の種類

　次は、ファイル用品とその説明である。中から不適当と思われるものを選べ。
(1)　フォルダー＝ファイルを整理するための引き出し
(2)　タブ（みみ）＝フォルダーにラベルを貼るための山形に突き出した部分
(3)　ファスナー＝穴を開けた文書を綴じる道具
(4)　第1ガイド＝大分類するためにキャビネット内に立てるもの
(5)　ハンギング・フォルダー＝上辺の両側から出た腕で、枠にぶら下げるタイプのもの。

●問題8　ファイリングの要領

　次は、ファイリングについての説明である。中から不適当と思われるものを選べ。
(1)　フォルダー内の書類は綴じないほうがよい。
(2)　フォルダーからはみ出す大きさの書類は別のフォルダーにファイルする。
(3)　カタログなどの厚みがあるものは、ハンギング方式で保管するのがよい。
(4)　書類を貸し出すときには、フォルダーごと貸し出してはいけない。
(5)　フォルダーの文書が増えてきたら、70枚を目安に新しいフォルダーを作るとよい。

●問題9　名刺の整理

　次は、名刺整理について述べたものである。中から不適当と思われるものを選べ。
(1)　大量の名刺を整理するには、名刺整理箱が便利である。
(2)　業種別に名刺を整理するには、名刺整理簿が見やすい。
(3)　肩書きなどが変わった新しい名刺をもらったら、古い名刺とステープラーで綴じて保管する。
(4)　名刺整理箱を使う場合、新しい名刺がガイドのすぐ後ろになるように保管す

る。
(5)　よく利用する名刺はクロス索引を用い、会社名でも個人名でも探せるようにしておくとよい。

●問題10　日程管理

　次は、上司のスケジュールを管理するときの心掛けである。中から適当と思われるものを選べ。
(1)　上司が疲れているようなとき、面会予定客には担当者に会ってもらっている。
(2)　いつも出席している業界の会合は、他の予定よりも優先してスケジュールに入れる。
(3)　移動する際の交通所要時間は、最長時間を想定して予定を組んでいる。
(4)　上司の予定は、他の人には漏らさないようにしている。
(5)　上司が不在時に入ってきた予定は、前例を参考にして決めている。

●問題11　日程管理

　秘書A子の上司は、最近疲れているようである。A子はスケジュール管理をするうえで、どうすればよいか。中から不適当と思われるものを選べ。
(1)　他の人が代行できるものは、上司と相談のうえ代行を依頼する。
(2)　少しでも休めるように余裕をもったスケジュールを組む。
(3)　移動時間などで上司に負担がかからないよう、スケジュールの組み方を工夫してみる。
(4)　業界の会合などは、予定に入れないようにする。
(5)　スケジュールの組み方について、上司の意向を聞いてみる。

●問題12　出張準備

　次は、秘書A子が上司の出張に際して行ったことである。中から不適当と思われるものを選べ。

(1) 出張費の仮払い金額は見積もりより余裕をもたせた。

(2) 宿泊先の手配は、上司の了承のもと現地の支社に任せた。

(3) 出張に持っていく資料や名刺などは、少し多めにそろえて渡した。

(4) 出張日程は、無駄な時間ができないように予定を詰めて入れた。

(5) 部内の人に、急ぎの決裁などは今日中に回してくれるように頼んだ。

●問題13　出張後の業務

次は、上司が出張から戻ったときに秘書が行うことである。中から不適当と思われるものを選べ。

(1) 関係部署や上司の帰社を待っていた人に連絡する。

(2) 留守中の出来事を要領よく報告する。

(3) 出張旅費の清算を行う。

(4) 言われなくても出張先の関係者宛に礼状を発送しておく。

(5) 上司が持ち帰った資料を整理する。

●問題14　環境整備

次は、環境整備について述べたものである。中から不適当と思われるものを選べ。

(1) 室内の明るさを均一にするために、自然光をブラインドなどで調節する。

(2) 上司の指示がすぐわかるよう、秘書の机は上司と向かい合わせにする。

(3) 上司の机は外から見えない位置にする。

(4) エアコンの風が直接上司にあたらないようにする。

(5) 応接室の壁紙は穏やかさを出すために落ち着いた色にする。

●問題15　記述　会議に関する用語

次は、何についての説明か。あてはまる用語を答えよ。

(1) 会議に提出されて審議される議題。

(2) 会議開催中に予定以外の事項について

議題を提出すること。

(3) 上位者が下位者に尋ねること。

(4) 上位者から聞かれたことに対して答えること。

(5) 会議成立や採決などに必要な最低限度の会議出席者数。

●問題16　記述　頭語と結語

次は、社内文書に用いる頭語と結語である。（　）に適当な語句を入れよ。

(1) （　　　）―― 敬具

(2) 拝復 ――（　　　）

(3) 謹啓 ――（　　　）

(4) （　　　）―― 草々

●問題17　記述　社交文書の作成

次は、お歳暮の礼状である。適切な慣用語を（　）に1つずつ答えよ。

拝啓　今年も余すところ少なくなりましたが、ますます（ a ）のことと存じます。

　さて、この度はお心のこもったお歳暮を（ b ）賜り、誠に恐縮に存じます。

　いつもお心遣いいただき、感謝申し上げますと共に、今後とも（ c ）を賜りますようお願い申し上げます。

　先ずは取り急ぎ書中をもって御礼申し上げます。（ d ）

●問題18　記述　グラフの作成

次の表は、M社における20X1年の各部署の男女社員数である。これを見やすいグラフにせよ。

部署名	男性（人）	女性（人）
営業部	40	24
生産部	70	13
総務部	10	15
管理部	23	7

●問題19　記述　郵便の知識

次のような場合、どの郵便方法を用いるのがよいか答えよ。

(1) 取引先へ現金を入れて香典袋を送りたい。

(2) アンケートの回答を返信してもらいたい（回収率10%）。

(3) 支店に手形を送りたい。

(4) 取引先へ重要文書を送りたい。

●問題20 記述 ファイリングの知識

次は、文書の保管と保存についての説明である。何についての説明か答えよ。

(1) 利用価値の減った書類を同一事務所内で移動すること。

(2) 事務所内で移し換えて活用できるようにすること。

(3) 古くなった書類を書庫などに移動させること。

(4) 書庫などに書類をしまっておくこと。

●問題21 記述 出版物の種類

次の出版物について簡単に説明せよ。

(1) 隔月刊誌

(2) 旬刊誌

(3) 季刊誌

　　　　　解答&解説

問題1＝(2) 書記の席は発言者がわかるよう、参加者全員が見通せる位置にする。通常は前方の端側など。

問題2＝(3) 食事の有無を記載してもよいが、絶対必要事項ではない。

問題3＝(2) 比率を表すには円グラフが適している。この比率を年度別に比較する場合は、帯グラフが適している。

問題4＝(2) ゆうメールには、添え状や送り状以外の通信文書は入れられない。

問題5＝(3) 親展や私信でなくとも、書留類は開封せずに上司に渡すか、上司の目の前で開封する。

問題6＝(2) 不在者の机に置くときは、他人が見て「秘」とわからないように、表面には記載しない。

問題7＝(1) キャビネットのこと。フォルダーとは、文書をまとめて挟んでおく紙挟みのこと。

問題8＝(2) 大きさが異なる書類は、左肩でそろえてファイルする。はみだす大きさのものは裏側を中面に折ってファイルするとよい。

問題9＝(3) ステープラーで綴じずに、新しい名刺の裏に古い情報を書き、保管は1枚のみにする。

問題10＝(3) (1)面会する、しないは上司が判断することなので秘書の独断で担当者を代理に立ててはいけない。(2)原則、優先するのは社内の会議や行事だが、必ず相談し、指示を受ける。(4)関連部署には上司の予定を知らせる必要が生じる場合もある。(5)予定を入れるか否かは上司が判断する。

問題11＝(4) 会合へ出席するか否かは、上司が判断することである。

問題12＝(4) 出張日程は、全体的に余裕をもったスケジュールにする。(1)仮払いの金額は、見積もり額ちょうどでは、足りなくなる場合があるので、少し余裕を持たせるのが一般的である。

問題13＝(4) 礼状は早めに出すべきであるが、上司の指示を受けて作成する。

問題14＝(2) 上司が仕事に集中できるよう、秘書と向かい合わないようにする。秘書の机は上司や来客の出入りがわかる場所にする。

問題15＝(1)**議案** (2)**動議** (3)**諮問** (4)**答申** (5)**定足数**

問題16＝(1)**拝啓** (2)**敬具** (3)**敬白** (4)**前略**

問題17＝a **ご健勝**　b **ご恵贈**　c **ご厚情**　d **敬具**

問題18＝

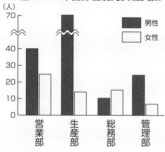

M社20×1年各部署別男女社員数

問題19＝(1)**現金書留** (2)**料金受取人払い** (3)**一般書留** (4)**簡易書留**

問題20＝(1)**移し換え** (2)**保管** (3)**置き換え** (4)**保存**

問題21＝(1)**1か月おきに発行されるもの** (2)**10日ごとに発行されるもの** (3)**年に4回発行されるもの**

秘書の資質

●問題1　優先順位のつけ方
秘書A子は上司からの指示で、午後の会議に使う資料を作成していたところ、外出から戻ってきた上司に、「明日の講演で話す内容を一部変えたい。すぐに原稿の訂正をするように」と言われた。今から原稿の訂正を行っていたのでは、会議資料の作成は間に合いそうにない。このような場合の対応について、中から適当と思われるものを選べ。
(1)　講演は明日なので、仕事の緊急性を考え、先に資料作成をしてから、原稿の訂正を行う。
(2)　上司の命令なので、A子は原稿の訂正にとりかかり、会議資料は同僚B子に手伝ってもらう。
(3)　今から原稿の訂正を行っていたのでは、会議資料が間に合わないと説明し、資料作成を優先する。
(4)　上司には上司の判断があるので、上司の指示に従い、先に原稿の訂正を行ってから、資料作成に戻る。
(5)　上司は現在行っている仕事の緊急さを忘れているかもしれないので、現状を説明し、優先順位の了解を求める。

●問題2　職場の人間関係
次は、秘書A子が職場の人と円滑な関係を築くために行っていることである。中から適当と思われるものを選べ。
(1)　仕事を円滑に行うために、仕事を離れての交流も大切にしている。
(2)　早く打ち解けるために、まず自分のプライベートな話をしている。
(3)　社内の序列や年齢などにはこだわらず、親近感ある態度で接している。
(4)　目上の人には、適度な距離をおき、個人的な話はいっさいしないようにしてい

る。
(5)　話しやすい印象を与えるため、仕事以外は誰に対しても、砕けた話し方にしている。

●問題3　上司への進言
秘書A子は上司から、「今度来たB子は、秘書に向いていないように思うが、きみはどう思うか」と尋ねられた。A子は、広報部から秘書室に異動してきたB子の教育を担当している。このような場合、A子はどのように答えたらよいか。中から不適当と思われるものを選べ。
(1)「向き不向きは、人の見方によって異なると思うので、私からは何とも言えない」と言う。
(2)「特に気にしていなかったが、不行き届きな点があったのは、教育担当として申し訳ない」と言う。
(3)「今後の指導に活かしたいので、B子のどういう所が向いていないと思うのか聞かせてもらえないか」と言う。
(4)「広報部と秘書室では仕事の性質が異なるので、その辺の理解が足りないのではないかと思っている」と言う。
(5)「今までの人も、異動してきたときはそのように感じたので、B子も次第に学んでくれるのではないか」と言う。

●問題4　橋渡し役としての秘書
秘書A子は上司（常務）から、「部長に、3時までに提出することになっていたS社の資料はまだか聞いてほしい」と言われた。この場合A子は、部長にどのように伝えればよいか。中から適当と思われるものを選べ。
(1)「常務が、S社の資料はまだかと言っている。至急提出し、謝りにきてもらいたい」と言う。
(2)「常務が、S社との資料はまだかと言って、困っている。3時までの提出ではなかったのか」と言う。

(3) 上司のことには触れずに、「部長、提出の時間が過ぎているS社の資料はまだか」と言う。

(4)「常務から、S社の資料はどうしたのかと聞かれた。今後はきちんと期限を守ってもらいたい」と言う。

(5)「常務から、S社の資料はどうなっているのかと聞いてくるようにと言われた。状況を教えてもらえないか」と言う。

●問題5 同僚との仕事のしかた

秘書A子は上司から、「来週から派遣社員B子に秘書として来てもらう。君より年上で秘書経験も長いが、うまくやってもらいたい」と言われた。このような場合、A子はB子とどのように仕事をするのがよいか。中から不適当と思われるものを選べ。

(1) 特にこだわらず、ほかの秘書と同じように、自由に話せる雰囲気を作るようにする。

(2) B子の経験を活かしてもらい、自分もそれが学べるような仕事のしかたを工夫する。

(3) 自分の下で働く人であっても、年齢を尊重して接し、経験を考慮して仕事をお願いする。

(4) 経験豊富であっても派遣社員なので、あまり深入りしないような雑務を中心にしてもらう。

(5) B子の性格や仕事への考え方がわかるまでは、必要なことを簡潔に教え、後は仕事ぶりを見て考える。

●問題6 後輩指導

次は、秘書A子が新人秘書B子の教育を担当するにあたり、行っていることである。中から不適当と思われるものを選べ。

(1) B子に仕事の指示を出すときは、必ず前例や見本を示すようにしている。

(2) B子が、自信がないという仕事でも、状況に応じて指示を出し、任せるようにしている。

(3) B子が慣れない仕事を行うときは、A子自身が最終的に目を通すようにしている。

(4) のんびりした傾向のあるB子の性格を考え、指示を出すときは必ず期限を伝えている。

(5) 仕事の進め方で気づいたことがあったときは、まずはA子に相談するようにと話している。

●問題7 秘書の心得

後輩秘書B子が秘書A子のところへ来て、「上司から、身だしなみについて注意された。直接仕事に関わることではないし、上司は自分の言い分を聞いてくれないので、先輩から話してもらえないか」と言った。このような場合、A子はB子にどのように対応したらよいか。中から不適当と思われるものを選べ。

(1)「上司は部下指導ということで注意したのだろうから、素直に受け入れるべきではないか」と言う。

(2)「あなたの身だしなみについては、自分も気になっていた。上司が注意するのは納得できる」と言う。

(3)「緊急を要するものではないので、個人的な相談のように話してみるから、少し待ってほしい」と言う。

(4)「上司に話してもよいが、プラスにはならないと思うので、助言を受け入れたほうがよいのではないか」と言う。

(5)「秘書の身だしなみは、上司や会社のイメージに影響を与える。上司が気になる点を指摘するのは当然だ」と言う。

●問題8 適切な応対

秘書A子の上司(鈴木部長)は3時終了予定の会議に出席していて、A子は上司から「会議中は取り次がないように」と言われている。2時を過ぎたころ、取引先の常務から「2時までに鈴木部長から電話をもらえることになっていたがどうしたのか」

という電話が入った。このような場合のＡ子の対応について、中から適当と思われるものを選べ。

(1)「申し訳ないが、鈴木は会議中で、電話は取り次ぐなと言われている。終わり次第連絡するがどうか」と言う。

(2)「それは申し訳ないことをした。ただ鈴木はあと１時間後に戻る予定なので、戻り次第連絡するがどうか」と言う。

(3)「迷惑をかけてすまなかった。鈴木は会議中だがメモを入れて呼び出すので、このまま待っていてほしい」と言う。

(4)「申し訳ないことをした。ただ鈴木は席を外しているので捜して電話をさせてもらう。もう少し待ってほしい」と言う。

(5)「大変申し訳ないが、鈴木は今会議中であと１時間したら戻るので、その頃改めて電話をしてもらえないか」と言う。

●問題９　求められる判断力

　秘書Ａ子の上司が外出中、「おたくの会社の経営内容について取材させてもらいたい。経理関係でよくない情報を聞いた」と言って、Ｓ氏と名乗る新聞記者が訪れた。このような場合のＡ子の対応について、中から適当と思われるものを選べ。

(1)　Ｓ氏に「上司は外出中」と言って待ってもらい、秘書課長に連絡し、代わりに会ってもらう。

(2)　Ｓ氏に「上司は外出中なので、後日こちらから改めて連絡する」と言い、連絡先を教えてもらう。

(3)　Ｓ氏に「上司は外出しているので、自分に内容を聞かせてもらえないか」と言い、Ａ子が用件を聞く。

(4)　Ｓ氏に「上司は外出しているので、経理担当者と直接話してもらえないか」と言い、経理部長に取り次ぐ。

(5)　Ｓ氏に「よくない情報というのは何かの間違いだと思うし、約束がないと取り次げない」と言って、帰ってもらう。

●問題10　記述　秘書の仕事のしかた

　秘書Ａ子が上司（部長）からの指示で明後日の会議に使用する資料を作成していると、常務が「至急この書類をＦ社に届けてもらいたい」と書類を持ってきた。このような場合のＡ子の対処について、順を追って箇条書きで答えよ。

●問題11　記述　秘書の判断

　秘書Ａ子は、上司（田中部長）から「今は忙しいので取り次がないように」と言われた。そこへ取引先の部長が転勤のあいさつに来た。このような場合、Ａ子は取引先の部長にどのように対応すればよいか。その言葉を答えよ。

●問題12　記述　秘書の気配り

　秘書Ａ子の上司は、最近多忙で体調がよくないようである。Ａ子が上司の体調を気遣ったスケジュールにするためには、どのようにすればよいか。箇条書きで答えよ。

問題1＝(5) 上司を理解し、補佐として業務を遂行するためには、上司の指示に盲目的に従ったり、秘書の判断で勝手に仕事の優先順位を変えたりするのはよくない。(2)仕事を割り振るときは、上司の了解が必要である。

問題2＝(1) 職場の人とよい人間関係を築くために、自分から積極的に交流を図ることはよいが、「誰に対しても砕けた話し方」「序列や年齢を考慮しない態度」「個人的な話をいっさいしない」というのは不適当である。

問題3＝(1) 上司から意見を聞かれたときは、自分の意見として述べてよい。ただし、「人の見方によって異なるので」というのは上司の質問に答えていないことになる。

問題4＝(5) A子にとっては、部長も上司である。部長に対して責めたり、注意したりする話し方は秘書として立場をわきまえていない。

問題5＝(4) 派遣社員であったとしても、はじめから雑務を中心にと考えるのではなく、年齢や経験を尊重し、仕事の内容に応じてふさわしい業務を依頼する。

問題6＝(1) 仕事の指示を出すときに、そのたびに前例や見本を示していたのでは、新人秘書の意欲や主体性が失われるおそれがある。自ら考えさせたり、任せたりすることも必要である。

問題7＝(3) 秘書の印象は上司の仕事や評価、会社のイメージにも影響することがあるので、秘書が身だしなみを整えることは仕事の範囲である。秘書に限らず部下の問題になる点があれば上司が注意するのは当然である。

問題8＝(2) 丁寧にわびたあと、1時間ほど待ってもらえるかどうかを確認して、待ってもらえるようならお願いするのがよい。「取り次がないように言われている」「会議中」というのは、こちらの事情なので相手には言わないほうがよい。

問題9＝(1) 会社の経営内容についてということなので、A子の判断では対応できない。代わりに会える人に話を聞いてもらうのが適当であり、まずは秘書課長など留守中の責任者に連絡する。

問題10＝1.常務が持ってきた書類を預かる。2.上司に常務からの指示を話し、了解を得る。3.常務の書類をF社に届けて、戻ったら常務と部長に報告する。4.会議資料の作成を続ける。明後日に使う資料の作成であるから、F社に届けてからでも間に合うであろう。常務からの依頼を受けることになるが、上司の仕事をしているため、上司の了解を得てから行うことになる。

問題11＝「ご丁寧にありがとうございます。田中はただ今立て込んでおりますが、聞いて参ります。少々お待ちいただけますでしょうか」上司には取り次がないようにと言われていても、取り次ぐ場合がある。転勤や退職のあいさつは、あまり時間がかかるものではなく、今後この取引先の部長には会えない可能性もあるため、上司に取り次ぐ。ただし会えない場合もあるため、「上司に聞いてくる」とする対応が望ましい。

問題12＝1.面会や会議の予約が集中しないようにする。2.上司でなくてもすむ面会や会議には、代理者を立てられるようにしておく。3.外出先の移動や社外の面談、会議の時間に余裕を持たせる。4.早朝の会議や面会はできるだけ避ける。5.夜の会合は連日にならないようにする。6.平日でも休める時間を作る。7.緊急でない仕事は、先に延ばすようにする。

職務知識

●問題1　上司への対応

次は、秘書A子が多忙な上司の補佐として行っていることである。中から不適当と思われるものを選べ。

(1) 急ぎでない連絡や報告事項は、口頭ではなくメモやノートを使うようにしている。

(2) 上司がイライラしているようなときは、気分転換になるようにお茶を入れている。

(3) 上司の健康管理については、昼食を手配するときもバランスのよいものを選ぶようにしている。

(4) 上司の仕事が立て込んだときは、「何か手伝えることはないか」と自分から申し出るようにしている。

(5) 上司の仕事内容や忙しさを把握し、急ぎでない面会は後日に変更するなど、スケジュールを調整している。

●問題2　上司へのアドバイス

秘書A子の上司（常務）の友人N氏は最近退職し、時間に余裕があるらしく頻繁に上司を訪ねてくるようになった。上司もはじめは快く会っていたものの、訪問が度重なり、なかなか帰らないので困ってしまい「どうしたらいいものか」とA子に意見を求めてきた。次は、このような場合A子が上司に言ったことである。中から不適当と思われるものを選べ。

(1) 「不意に来られたときは、断っても失礼にはならないのではないか」と言う。

(2) 「多忙なときは、私からそのことを伝えて、帰ってもらうようにしようか」と言う。

(3) 「仕事中に来られるのが困るようなら、昼食を一緒にするだけでもよいのではないか」と言う。

(4) 「私から、スケジュール管理に支障をきたすので、予約をとってほしいとお願いしようか」と言う。

(5) 「突然来られるのが困るようなら、来る前にお電話をもらいたいと、話してみてはどうか」と言う。

●問題3　異動による引継ぎ

今度の異動で、秘書A子が担当していた上司にB子がつくことになった。次はこのときA子が、B子に引継ぎ事項として伝えたことである。中から不適当と思われるものを選べ。

(1) K社との商談は長引くことが多いので、K社との面会の直後にはあまり予定を入れないようにすること。

(2) 上司は業界団体の事務局長をしているが、会社以外の仕事になるので、事務局の仕事はしなくてもよい。

(3) 上司は明るい部屋が好きなので、会議室などを予約するときは、できるだけ窓のある部屋を予約すること。

(4) 上司は半年に一度、健康診断をしているので、その日にはスケジュールを入れないように気をつけること。

(5) 上司は細かく指示を出さないので、指示を受けて行う仕事はそれに付随する仕事も含めて処理するとよい。

●問題4　取材の申し込み

秘書A子の上司（部長）が外出中に、新聞社から取材の申し込みがあった。A子は希望取材日時のほか、次のことを確認した。中から不適当と思われるものを選べ。

(1) 取材する時間はどのくらいか。

(2) どのようなことを取材したいのか。

(3) 記事のスペースはどの程度になるか。

(4) 写真や資料など用意しておくものはあるか。

(5) 上司の都合が悪かった場合、代わりの者でもよいか。

●問題5　秘書の判断

　秘書A子は上司が外出中、上司の知人K氏から「相談したいことがあるので、時間をとってもらいたい」と電話があった。上司は以前K氏から迷惑をかけられたことがあり、それ以来会うのを避けているようである。このような場合、A子はK氏に「上司は外出中」と言った後、どのように対応すればよいか。中から不適当と思われるものを選べ。

(1)「上司に確認して後ほど連絡をするが、もう少し詳しく用件を聞かせてもらえないか」と言う。

(2)「上司は今忙しくしているので時間はとれないと思う。またの機会にしてもらえないか」と言う。

(3)「上司は最近多忙なので無理だと思うが、K様のご都合のよい日時を教えてもらいたい」と言う。

(4)「上司が戻り次第確認し連絡するので、K様の連絡先と連絡できる時刻を教えてもらえないか」と言う。

(5)「上司に都合を確認してみるが、上司はこのところ仕事が立て込んでいるので難しいと思う」と言う。

●問題6　秘書の判断

　秘書A子の上司（部長）が外出中、課長から「得意先との接待に部長にも同席してもらいたい。先方は3日がいいと言っているが、部長の都合はどうか」と聞かれた。部長はその日、学生時代の友人が地方から出てきて、夕食を共にすることになっている。このような場合A子は、課長にどのように対応したらよいか。中から不適当と思われるものを選べ。

(1)　その日はすでに予定が入っているが、上司が戻ってきたら確認して連絡すると言う。

(2)　得意先の出席者やどのような接待なのか計画を教えてもらい、上司に伝えておくと言う。

(3)　得意先との接待なので出席すると思うが、返事は上司が戻るまで待ってもらえないかと言う。

(4)　予定が入っているが、掛け持ちができるかもしれないので、時間と場所を教えてもらいたいと言う。

(5)　その日はすでに予定が入っていて、変更できないと思うので、代理を探しておいてもらいたいと言う。

●問題7　不測の事態への対応

　秘書A子の上司（販売部長）が出張中に、取引先から「購入した商品が届いたが、梱包に問題があるので、直接部長と話したい」と苦情の電話があった。このような場合A子は、「上司は出張中である」と言った後どのように対応すればよいか。中から不適当と思われるものを選べ。

(1)　自分は販売部長秘書であることを名乗り、用件を聞く。

(2)　係の者に至急調査させ、対応できることはできるだけすると言う。

(3)　上司が出張から戻ったら、改めて連絡をさせてもらうと言う。

(4)　上司の留守中の代理者に、取引先からの苦情を知らせ、直接対応してもらう。

(5)　上司が出張から戻ってきたら、留守中の代理者に事情を説明してもらう。

●問題8　不測の事態への対応

　秘書A子は上司が出張中に、取引先のW部長が急逝したという連絡を受けた。上司とW部長とは旧知の仲で、プライベートでも付き合いがある。このような場合、A子はどのように対応したらよいか。中から不適当と思われるものを選べ。

(1)　社内外の関係者に、W部長の訃報を知らせる。

(2)　上司が葬儀に列席する場合のスケジュールの調整を行う。

(3)　W部長の逝去の日時、死因、通夜や葬儀の日時などを調べる。

(4) 香典の額や弔電など、社内での前例を調べておく。

(5) 上司の代理で通夜に向かうように指示された場合の代理者を探しておく。

●問題9 │記述│ **上司への対応**

今度ついた秘書A子の上司は、A子にあまり指示を出さず、自分で行ったりほかの同僚に依頼したりしているので、A子は秘書として信頼されていないのではないかと思うようになった。このような場合、A子はどのようなことを反省すればよいか。5つ箇条書きで答えよ。

●問題10 │記述│ **出張後の仕事**

秘書A子の上司は長期出張を終えて社に戻ってくる。このような場合、A子がしておかなければならないことを3つ箇条書きで答えよ。

準1級 練習問題【職務知識】　　　　　解答&解説

問題1＝(5) 秘書が勝手にスケジュールを変更するのは、行き過ぎであり、独断専行になる。

問題2＝(4) 友人の訪問に対し、スケジュール管理に支障をきたすというのは失礼であるし、友人に予約をとってもらうのも不自然である。

問題3＝(2) 秘書は上司を補佐するのが仕事であるので、上司が兼務している仕事や私的な用事を行うのも秘書の仕事の1つである。

問題4＝(3) 記事のスペースは取材内容や当日の紙面内容によって異なるだろう。秘書が聞かなくてはならないことではない。

問題5＝(2) 上司はK氏との面会を断ることが予測されるが、秘書の勝手な判断で面会を断るのは、秘書の権限を越えることになる。会うか会わないかの最終判断は、上司が行う。

問題6＝(5) 予定が重なったときは、上司に確認しなければならない。先の予定を変更できないと判断しても、秘書が代理を探してほしいというのは行き過ぎである。

問題7＝(5) 上司の留守中に、秘書の判断を越える事態が生じたときは、上司の代理者から指示を受けるか、その事態に対し直接対応してもらう。そして、緊急事態や重要な用件が発生したときは、出張先に知らせることになる。この場合、上司が戻ってきてから知らせるのではなく、A子は代理者の対応を聞いておき、上司と定時連絡をする際に簡潔に伝えられるようにしておく。

問題8＝(1) A子は社内関係者に知らせることは必要だが、社外の関係者に連絡する必要はない。

問題9＝ 1.仕事でミスを多発していたのではないか。2.上司の性格や好みを把握しようとしていたか。3.上司の意向に合わせた仕事の処理を行っていたか。4.秘書業務に慣れて、緊張感に欠けていたのではないか。5.上司から指示を受けるときの態度や素行に問題はなかったか。

問題10＝ 1.社内関係者に出社日時を知らせる。2.留守中の報告事項や受信物を整理する。3.留守中の代理者に出迎えの方法を確認し、準備をする（海外出張の場合、出迎えることもある）。

一般知識

●問題1　企業会計に関する用語
次は、用語とその説明である。中から不適当と思われるものを選べ。
(1)「為替手形」とは、振出人が支払いを支払人に委託した手形のことである。
(2)「手形裏書」とは、第三者に権利を譲渡するために、手形の所有者が裏面に所定事項を記入・押印することである。
(3)「複式簿記」とは、現金出納帳など、現金の出し入れを記録していく記帳方式である。
(4)「連結決算」とは、親会社と子会社がまとめて決算を行うことである。
(5)「経常利益」とは、営業利益に営業外収益・損失を加えたものである。

●問題2　企業会計に関する用語
次の（　　）に入る語を下から選べ。
事業年度末における、企業の（　1　）がわかるものを貸借対照表、（　2　）の企業の（　3　）がわかるものを損益計算書といい、これらをあわせて（　4　）という。
①決算公告　②財務状況
③減価償却　④財務諸表
⑤財務分析　⑥事業期間
⑦経営成績　⑧自己資本

●問題3　企業経営に関わる職種
次は、用語とその説明である。中から不適当と思われるものを選べ。
(1)「公認会計士」は、企業の財務書類の監査や証明を行う。
(2)「税理士」は、税務書類の作成や税務申告の代理を行う。
(3)「社会保険労務士」は、社会保険や労働保険に関する事務手続きを行う。
(4)「行政書士」は、役所に提出する申請書類の作成を行う。

(5)「司法書士」は、公正証書の作成や会社の定款の認証などを行う。

●問題4　印鑑に関する用語
次は、用語とその説明である。中から不適当と思われるものを選べ。
(1)「実印」とは、あらかじめ地方自治体に印鑑登録した個人の印のことである。
(2)「封印」とは、契約書が2枚以上になる場合に、同一文書だと証明するために押す印のことである。
(3)「認印」とは、文書の内容を承認したことを示すために押す印のことで、重要でない事柄にのみ使用するものである。
(4)「捨印」とは、文書の欄外に訂正印の代用としてあらかじめ押す印である。
(5)「訂正印」とは、訂正した行の欄外に「○字加筆、○字削除」などと記入して署名者が押す印のことである。

●問題5　マーケティングに関する用語
次は、用語とその説明である。中から不適当と思われるものを選べ。
(1)　シェア＝市場占有率
(2)　インセンティブ＝報酬・賞
(3)　クーリング・オフ＝契約解除
(4)　パブリシティ＝商品化計画
(5)　コンシューマー＝消費者

●問題6　マーケティングに関する用語
次は、用語とその説明の組合せである。中から不適当と思われるものを選べ。
(1)　バナー広告 ＝ パネルやポスターなど、店頭に設置される宣伝広告のこと。
(2)　アンテナショップ ＝ 消費動向を探るために作られた店のこと。
(3)　マーチャンダイジング ＝ 消費者のニーズを商品化するまでの計画のこと。
(4)　POSシステム ＝ 販売時に商品の情報収集ができる販売時点情報管理システムのこと。
(5)　キャンペーン ＝ 商品の販売促進のた

めに行われる宣伝活動のこと。

●問題7　ビジネス用語
　　次は、用語とその意味の組合せである。中から不適当と思われるものを選べ。
(1)　TOPIX ＝ 東証株価指数
(2)　社債 ＝ 企業発行の債券
(3)　プライムレート ＝ 換金比率
(4)　エージェント ＝ 代理人
(5)　オンブズマン ＝ 行政監査専門員

●問題8　略語
　　次は、略語と意味の組合せである。中から不適当と思われるものを選べ。
(1)　GDP＝国内総生産
(2)　TQC＝総合的品質管理
(3)　OJT＝企業外教育訓練
(4)　IMF＝国際通貨基金
(5)　M&A＝企業買収

●問題9　記述　金融に関する用語
　　次の用語を簡単に説明せよ。
(1)　社債
(2)　キャピタルゲイン
(3)　為替差益

●問題10　記述　ビジネス用語
　　次の用語の意味を簡単に答えよ。
(1)　登記
(2)　背任
(3)　出向
(4)　昇進
(5)　抵当

●問題11　記述　カタカナ用語
　　次の用語の意味を簡単に説明せよ。
(1)　イノベーション
(2)　アウトサイダー
(3)　デベロッパー
(4)　オーソリティー

準1級　練習問題【一般知識】　　　解答＆解説

問題1＝(3) 複式簿記とは、すべての取引を借方と貸方の二面から記入する簿記の方法のこと。問題文は単式簿記の説明。
問題2＝(1)②財務状況　(2)⑥事業期間　(3)⑦経営成績　(4)④財務諸表
問題3＝(5) 公正証書の作成や会社の定款の認証などを行うのは公証人。司法書士は、裁判所や法務局に提出する書類の作成を行う。
問題4＝(2) 問題文は、契印（割印）に関する説明。封印は、封筒の綴じ目に押される印である。
問題5＝(4) パブリシティとは製品や企業情報をマスメディアに記事として取り上げてもらうこと。
問題6＝(1) バナー広告とは、インターネットのHP内に貼られた帯状広告のこと。説明はポップ広告のこと。
問題7＝(3) プライムレートとは、優良企業に銀行が融資する際の最優遇貸出金利のこと。
問題8＝(3) OJTとは企業内で行う教育訓練のこと。On the Job Training の略。
問題9＝(1)企業が発行する債券。(2)固定資産や有価証券などを購入額以上で売却するときに生じる利益。(3)円と外貨のレートの差で生じた利益。
問題10＝(1)権利を確実にするため、登記簿に記載すること　(2)自分の地位を利用して、会社に損害を与えること　(3)従業員を子会社などに長期間派遣すること　(4)職位の上昇　(5)借金が返済できない場合に備え、相手に預ける物や権利
問題11＝(1)技術革新や市場開拓などを行い、新しいものに変えていくこと。(2)組織に関わりのない部外者のこと。(3)開発者や宅地開発業者のこと。(4)権威、または権威者のこと。

マナー・接遇

●問題1　来客への言葉遣い

秘書A子の上司（鈴木部長）は「ちょっと出てくる、約束の時間には戻る」と言って外出した。そこへ約束の時間（3時）より少し早く予約客F氏が来訪した。このような場合、A子は来客を応接室に案内し「申し訳ございません」と言った後、どのように言うのがよいか。次の中から不適当と思われるものを選べ。

(1)　「鈴木は、『約束の時間までに戻る』と申して外出いたしました。間もなく戻ると存じます」

(2)　「鈴木は出かけておりますが『3時までには戻るので、その前にF様が見えたらお待ちいただくように』と申しておりました」

(3)　「鈴木はお約束の時間を確認して出かけましたので、間もなく戻るかと思います」

(4)　「鈴木は、F様がいらっしゃることを承知しておりますので、間もなく戻って参ります」

(5)　「鈴木から、F様が3時に見えられたらお待ちになるよう申しつかっております」

●問題2　電話での言葉遣い

F商事の販売部長秘書田中A子は、上司（鈴木部長）から「取引先のY部長に電話をして、このメモの内容を伝えてほしい。Y部長が不在のときは秘書に伝言を頼むように」と指示された。次は、そのときA子が電話で言った言葉である。中から不適当と思われるものを選べ。

(1)　Y部長の秘書が電話に出たので名乗る。「私、F商事、販売部長鈴木の秘書の田中と申します」

(2)　上司の代わりに電話をしていると言

う。「鈴木の代理でお電話を差し上げております」

(3)　Y部長はいるかと尋ねる。「Y部長様はおいでになられますでしょうか」

(4)　Y部長は会議中とのことなので伝言を頼む。「では、ご伝言をお願いしたいのですが、よろしいでしょうか」

(5)　伝言は以上です、よろしく伝えてほしい、と言う。「以上でございます。どうぞよろしくお伝えくださいませ」

●問題3　忠告のしかた

次は、秘書A子が後輩に注意するときに気をつけていることである。中から不適当と思われるものを選べ。

(1)　注意することはメモしておき、タイミングを見計らってまとめてするようにしている。

(2)　注意したことに対して、何か言いたそうにしていたら、何か事情があるか尋ねるようにしている。

(3)　注意したことに反発心が起きないように他人と比較しないようにしている。

(4)　注意をするときには、相手が1人でいるときにするようにしている。

(5)　うわさがあることで注意するときは、うわさが本当かを確かめてからするようにしている。

●問題4　後輩への指導

次は、秘書A子が新人秘書B子の指導をするときに心掛けていることである。中から不適当と思われるものを選べ。

(1)　相手が納得できる事例を具体的に示しながら話す。

(2)　仕事のしかたを教えるときは、仕事の目的も話すようにしている。

(3)　仕事のなかで、新人には難しくて無理だと思われる部分だけはA子が引き受けるようにしている。

(4)　新しい仕事を教えるときは、わかりやすい言葉で話し、手本を示すようにして

いる。

(5) わからないことはすぐに尋ねるように言い、話し掛けやすいような雰囲気を作るようにしている。

●**問題5　注意の受け方**
　秘書A子は、新しい上司につくことになり、前の上司と同じように仕事をしていたが、ある日、上司から叱られた。A子は前の上司からは何も言われたことがないのに、なぜ叱られるのか内心不満を抱きながらもしかたがないことだと思った。次はA子が対応したことである。中から<u>不適当</u>と思われるものを選べ。

(1) 叱られるのを見ていた後輩に対して、あなたたちも気をつけるようにと話した。

(2) その場にいた同僚に対して、A子が叱られたことに対してどう思うか意見を聞いた。

(3) 上司に対して、前の上司と同じ仕事でもやり方を確かめてから進めるようにするとわびた。

(4) 今後気をつけると謝り、その後も普段と同じ態度で上司に接するよう心掛けた。

(5) 今までと同じ仕事で慣れすぎていた、何も考えずに行っていて申し訳ないと謝った。

●**問題6　電話応対**
　秘書A子が電話をとると、取引先のF氏から出張中の上司宛だった。内容は「確認したいことがあるので、出張先を教えてもらえないか」とのことである。このような場合A子はF氏にどのように対応するのがよいか。中から<u>不適当</u>と思われるものを選べ。

(1) 差し支えなければ、確認したい内容を教えてもらい上司に伝えて上司から改めて連絡するがどうかと尋ねる。

(2) 上司と連絡をとるときに、F氏からの電話があったことを伝えるがそれではど

うかと尋ねる。

(3) 差し支えなければ、メールで確認したい内容を送ってもらい、それを上司に転送するがそれではどうかと尋ねる。

(4) 差し支えなければ、内容を聞かせてもらい、内容によっては上司の出張先を教えることができるがどうかと尋ねる。

(5) なるべく早く上司に連絡をとって、上司から電話するように伝えるがそれでよいかと尋ねる。

●**問題7　慶事の知識**
　次は、慶事に関する用語とその説明である。中から<u>不適当</u>と思われるものを選びなさい。

(1) 「喜寿」とは、80歳の祝いのことである。

(2) 「金婚式」とは、結婚50周年の祝いのことである。

(3) 「落成式」とは、社屋などの建物の完成を記念する式典のことである。

(4) 「褒章」とは、功績を称えるために国から表彰される記章のことである。

(5) 「栄転」とは、現在の職場や職務がより高い地位にあがることである。

●**問題8　贈答のきまり**
　次は、秘書A子が上司の指示で金品を贈ったときに書いたことである。中から<u>不適当</u>なものを選べ。

(1) 上司が自費出版した本を上司の友人に贈るとき、本の見返しに「謹呈」と書いた。

(2) お歳暮の時期を失して贈り物をするとき、のし紙に「寒中見舞」と書いた。

(3) 上司が退院し、上司の友人からの見舞にお返しの品を送るとき、「薄謝」と書いた。

(4) 上司の友人が事務所を開設したとき、お祝いの花に「祝御開業」と書いたカードを添えた。

(5) 取引先の部長が入院したので見舞を届

けるとき、現金を入れた袋に「御見舞」と書いた。

●問題9　上書きの種類

次は、祝儀袋と上書きの組合せである。中から不適当と思われるものを選べ。

(1)

(2)

(3)

(4)

(5)

●問題10　記述　上書きの知識

次の上書きは、どのようなときに用いるか。簡単に答えよ。
(1)　御花料
(2)　寸志
(3)　御餞別

●問題11　記述　来客応対

秘書A子の上司（鈴木部長）は「知人のF氏が寄付の依頼で訪ねてくると思うが、断ってくれ」と言って外出した。このような場合、A子はF氏にどのように言えばよいかその言葉を書け。

●問題12　記述　来客応対

秘書A子の上司（鈴木部長）は少し前に外出した。そこへ取引先のF氏が転勤になるので上司にあいさつしたいとやって来た。このような場合、A子はF氏にどのように言えばよいか答えよ。

●問題13　記述　賀寿の知識

次の長寿を祝う年齢を答えよ。
(1)　古希
(2)　傘寿
(3)　米寿

●問題14　記述　上書きのきまり

後輩B子が結婚することになったので、秘書木村明子は先輩の山本裕子と2人でお祝いの現金を贈ることにした。この場合、祝儀袋にはどのように書けばよいか。適当な位置に書き入れよ。

準1級 練習問題【マナー・接遇】　　　　　　解答&解説

問題1＝(5) 見えられたら→お見えになったら　お待ちになる→お待ちいただく

問題2＝(3) おいでになられますでしょうか→いらっしゃいますでしょうか

問題3＝(1) 注意することが必要なときに、その都度しなくては意味が薄らいでしまう。まとめて注意されると、反発心が生まれたり、やる気が起きなくなったりする。

問題4＝(3) 新人に早く育ってもらうためにも、なるべく多くの仕事を体験させるような指導が望ましい。A子がやってしまうのではなくやり方を丁寧に教え、仕事をさせてみることがよい。

問題5＝(2) A子にとっては前の上司のときと同じ仕事であっても、上司の意に添うような仕事をするのが秘書の役割であるので、新しい上司にあわせたやり方をしなくてはいけないということである。同僚の意見を聞いても意味がない。

問題6＝(4) 出張中の上司へ確認したいことがある場合、通常、秘書が出張中の上司へ連絡をとり、了解が得られればF氏に教えることになる。内容によって上司の出張先を教えるということは失礼な行為になる。

問題7＝(1) 喜寿は、77歳の祝いのこと。80歳の祝いは傘寿という。

問題8＝(3) 快復または全快し退院したときに「内祝」、または「全快祝」として返礼する。「薄謝」は一般的な現金での御礼のときに用いる。

問題9＝(2) 結婚の水引は「結び切り」となる。何度あってもよい祝い事は「ちょう結び」にする。

問題10＝(1)キリスト教式の通夜（前夜祭）や葬儀（お別れ会）に用いる。(2)目下の人などに、少額または心ばかりの謝礼をするときに用いる。(3)転勤などの送別の際に用いる。

問題11＝「申し訳ございません、あいにく鈴木は外出しております。寄付の件でございましたら、鈴木からお断りするようにと申しつかっております。」

問題12＝「わざわざお越しくださいましてありがとうございます。あいにく鈴木は外出いたしております。よろしければ代理の者を呼んでまいりますが、いかがでしょうか」

問題13＝(1)70歳　(2)80歳　(3)88歳

問題14＝

技能

●問題1 会議の仕事

次は、秘書A子が上司の主催した会議で行ったことである。中から不適当と思われるものを選べ。

(1) 会議中、参加者に電話を取り次ぐときは口頭ではなくメモで用件を伝えた。

(2) 会場側の担当者と相談し、適切な空調管理ができるように暖房や換気の調節を行った。

(3) 食事を出す時間になったが、議論が白熱していたため様子を見ることにした。

(4) 茶菓サービスは職位の高い人から順にすることがマナーであるので、相手を確認しながら順にお茶を出して回った。

(5) 議事録を担当することになったので、議論をテープに録音した。

●問題2 社内文書の書き方

次は、社内文書作成の注意点である。中から適当と思われるものを選べ。

(1) 上位職者も見るので、「ございます」などの丁寧な文体とする。

(2) 時候のあいさつ、頭語などは省略してよい。

(3) 担当者が分かれば、発信者名は省略してよい。

(4) 簡潔にすることが重要なので、件名は記載しなくてよい。

(5) 内容は記書きに記載する。

●問題3 郵便の知識

次は、封筒に宛名を書いたり、切手を貼るときの注意である。中から不適当と思われるものを選べ。

(1) 直接、名宛人に開封してもらいたいときは「親展」とする。

(2) 慶事、弔事の案内状や招待状には慶弔用の切手を貼る。

(3) 封筒の縦長、横長に関係なく切手は左上に貼る。

(4) 社交文書は大量であっても料金別納にせず、切手を貼るようにする。

(5) 切手はなるべく2枚までにする。

●問題4 資料保存のしかた

次は、新聞・雑誌の切り抜きについて述べたものである。中から不適当と思われるものを選べ。

(1) 切り抜く場所に印をつけ、次号または翌日分が来てから切り抜く。

(2) 新聞記事は文章のつながりに注意し、台紙に貼るときは見やすい形に整える。

(3) 同じテーマであっても、新聞と雑誌の切り抜きは一緒にまとめない。

(4) 1台紙に1テーマを原則とするが、同テーマの記事があるときは何枚貼ってもよい。

(5) バーチカル式で整理する場合は、同じフォルダーに関連する記事を入れてもよい。

●問題5 名刺の整理

次は、名刺の整理用具についての説明である。中から不適当と思われるものを選べ。

(1) 名刺整理箱は大量の名刺を収納でき、管理しやすい。

(2) 棚に並べて整理するには名刺整理簿が適している。

(3) 業種ごとに名刺を整理するには、名刺整理箱が便利である。

(4) 名刺整理箱は追加や差し換え、破棄が簡単にしやすい。

(5) 名刺整理簿は一覧性があって見やすい。

●問題6 日程管理

次は、秘書A子がスケジュール変更の際に注意していることである。中から不適当と思われるものを選べ。

(1) 上司の都合で面談を変更するときは、先方に事情を話して丁寧にわびる。

(2)　上司が1か月先に主催する業界の会議が変更となったが、混乱を避けるため関係者への連絡は直前になったら行う。

(3)　スケジュール表を変更するときは、後からわかるように鉛筆で2本線を引いて消している。

(4)　相手から変更依頼があった場合は、まず上司に相談してから決めている。

(5)　社内行事などが変更になった場合は秘書の予定表を書き換えてから、上司に伝えている。

●問題7　出張準備

　次は、出張準備について述べたものである。中から不適当と思われるものを選べ。

(1)　上司に出発日と帰社日を確認する。

(2)　出張中の代理者について上司に確認する。

(3)　出張する業務の内容や目的を確認する。

(4)　宿泊や交通の希望があるか、確認する。

(5)　上司との連絡方法について確認する。

●問題8　郵便物の取り扱い

　次は、秘書A子が上司宛の郵便物を取り扱うときに行っていることである。中から適当と思われるものを選べ。

(1)　いつも出席している社外会議の案内は、上司に渡さずに出席の返事をしている。

(2)　転勤のあいさつ状は、上司が見た後で名簿を訂正している。

(3)　現金書留は上司の机に置かずに、直接上司に手渡ししている。

(4)　「親展」と書かれていたが、DMだと思われるものは開封してから上司に渡している。

(5)　接待で利用した店からの請求書は、上司に渡さずに経理部へ回している。

●問題9　「秘」文書の取り扱い

　次は、「秘」文書の取り扱いについて述べたものである。中から不適当と思われる

ものを選べ。

(1)　郵送するときは「親展」とし、配達記録で送る。

(2)　ファイルするときは、他の文書と区別して保管する。

(3)　会議で配布した場合は必ず回収する。

(4)　コピーをとるときは、人のいない時間・場所を選び、ミスコピーは文書細断機で処理をする。

(5)　配布するときは、受渡簿に記載し、直接本人に渡すときでも受領印をもらう。

●問題10　郵便の知識

　次は、秘書A子がとった郵送方法である。中から不適当と思われるものを選べ。

(1)　歳暮をゆうパックで送るとき、手紙を同封した。

(2)　取引先に現金を入れた祝儀袋を送るとき、現金書留で送った。

(3)　株主に株券を送るとき、一般書留で送った。

(4)　支払いがなされない取引先に督促するとき、書留内容証明で送った。

(5)　新製品情報誌を多数のマスメディアに知らせるとき、料金別納郵便で送った。

●問題11　記述　文書の慣用表現

　次は、文書作成における自分側に対する言葉遣いである。それぞれの相手側に対する言い方を2つずつ答えよ。

(1)　私見

(2)　寸志

(3)　参加

(4)　拝受

(5)　拝見

●問題12　記述　社交文書の作成

　次は、会社の創立記念のあいさつ状である。カタカナを適切な漢字に直せ。

拝啓　若葉の候、貴社ますますごリュウセイのこととお喜び申し上げます。

　さて、ヘイシャはこのたび創立30周年を

迎えることとなりました。これもひとえに
皆様方のご支援、ご<u>アイコ</u>の賜物と厚く御
礼申し上げます。

　今後も一層の製品力の向上を図る<u>ショゾ</u>
<u>ン</u>でございますので、お引き立てを賜りま
すようお願い申し上げます。

　まずは書面にて失礼ながら、ごあいさつ
を申し上げます。

<u>ケイグ</u>

準**1**級　練習問題【技能】　　　　　　　　解答&解説

問題1＝（4） 秘書が会議室内を行ったり来たりしないように、最重要人物を一番最初にし、後は職位に関係なく奥からサービスする。

問題2＝（2） ⑴社内文書は敬語を控えめにし、「です・ます」体でよい。⑶個人名は書かなくてもよいが、役職名は記載する。⑷件名を記載して、内容を簡潔・的確に表示する。⑸主文は短くし、記書きを用いて必要事項を表示する。

問題3＝（3） 縦長のときは左上、横長に使うときは右上に貼る。

問題4＝（3） テーマが同じであれば新聞と雑誌の切り抜きを一緒にまとめてもよい。

問題5＝（3） 業種ごとなどで整理する場合は、名刺整理簿が1冊ずつに分類できるので便利である。

問題6＝（2） 予定の変更は出来るだけ早く関係者に連絡する。

問題7＝（3） 業務の内容や目的は、秘書が知らなくても準備はできる。本業に立ち入りすぎないように気をつける。

問題8＝（3） ⑴いつも出席しているから今回も出席とは限らない。上司に確認し、秘書の判断で処理してはならない。⑵役職、所属などの変更は先に名簿を訂正してから上司に渡す。⑷DMと思われるものでも「親展」と書かれたものは開封してはならない。⑸接待で利用したと思われる請求書でも、処理については上司に確認する。

問題9＝（3） 必ずしも全て回収する必要はない。通し番号などで誰に配布したのかを控えておく。

問題10＝（1） ゆうパックなどには信書を入れることはできない。

問題11＝⑴**ご意見、ご高説**（貴意でもよい）⑵**ご厚志、ご芳志**　⑶**ご参加、ご臨席**（ご来臨でもよい）⑷**ご査収、ご笑納**（ご受納、お納めでもよい）⑸**ご高覧、ご一覧**

問題12＝隆盛　弊社　愛顧　所存　敬具

2級 準1級

模擬試験問題

秘書の資質

●問題1　次は、秘書A子が行っている仕事のしかたである。中から不適当と思われるものを選べ。

(1)　上司の性格や好みにあわせた仕事のしかたで処理している。

(2)　日常的な仕事は、上司の指示がなくても自分で判断して進めている。

(3)　仕事をするときは、常に先を読み次の仕事を予測しながら進めている。

(4)　上司からの指示が重なったときは、指示された順に処理している。

(5)　仕事が重なったときは、上司に状況を話して指示を受けている。

●問題2　秘書A子は外出中の上司から電話で、「出席予定になっていた取引先のパーティーに急用で出られなくなった。代わりに出てもらいたい」と言われた。今日のA子は、カジュアルな服装で出勤していた。このような場合の対応として、中から適当と思われるものを選べ。

(1)　同僚で行けそうな人を探し、A子の代わりに出席してもらう。

(2)　上司の指示どおり出席し、パーティーでは目立たないようにする。

(3)　上司の指示どおり出席し、パーティーの主催者に失礼をわびる。

(4)　上司に、今日のA子の服装を説明し、出席してもよいかどうかを判断してもらう。

(5)　上司に「パーティーにふさわしくない服装で出勤しているので」といって、ほかの人を指名してもらう。

●問題3　秘書A子の上司（営業部長）のところに、経理部長が打ち合わせに来ていた。経理部長が帰りがけに、「営業部長は、いつもあんなにルーズなのか。些細な仕事でも期限は守ってもらわないと困る」とA子に向かって言った。上司はこのところ多忙で、A子も気になっていた。このような場合、A子は経理部長にどのように対応したらよいか。中から適当と思われるものを選べ。

(1)「自分も時々気になっていた。これからは自分も注意する」と言う。

(2)「ご迷惑をかけて、申し訳なかった」と言う。

(3)「最近は忙しかったためで、普段はそのようなことはまったくない」と言う。

(4)「今後はそのようなことがないように、自分にも知らせてもらえないか」と言う。

(5)「そういうところはあるが、最近は多忙だったので、大目に見てもらえないか」と言う。

●問題4　秘書A子は新人秘書B子から、「上司からよく注意される。どうしたらよいか」と相談された。B子は配属されて日も浅いのだが、性格的に細かいことは気にしないタイプである。一方、B子の上司は几帳面な性格で、備品の置き方ひとつで注意されると言い、納得していない節がある。A子は先輩秘書としてB子にどのように助言したらよいか。中から不適当と思われるものを選べ。

(1)「上司に時間をとってもらい、B子の努力すべき点や秘書に期待することを尋ねてみてはどうか」と言う。

(2)「秘書の仕事は細かなところまで気を配らなければならない。自分の性格を再認識して、努力する必要がある」と言う。

(3)「上司の意向とB子の考えが極端に違うときは、なぜそのように考えるのか上司に理由を話してみてはどうか」と言う。

(4)「上司の性格がB子の性格と合わないとしても、秘書という仕事柄、上司の気に入るような補佐をしなければならない」と言う。

(5)「配属されて日が浅いのだから、注意されるのは仕方がない。早く上司の性格や好みをのみ込み、対応できるようにすること」と言う。

●問題5　秘書A子は同僚から、「他部署の人たちが、A子は付き合いが悪く、冷たい感じがして話しにくいとうわさをしていた」と言われた。このような場合、A子はどのように対応すればよいか。中から適当と思われるものを選べ。

(1)　他部署の人たちに、秘書の仕事について話し、A子の立場を理解してもらう。

(2)　上司に相談し、うわさを流さないように、他部署の人たちに上司から話してもらう。

(3)　他部署のだれがうわさしていたのかを同僚に聞き、その人に直接会って自分の性格について話す。

(4) 他部署の社員と付き合う機会を作り、交流を図るようにする。

(5) 秘書は特殊な仕事なので、他部署の人に理解されなくても関係が薄れてもしかたがないと割り切る。

職務知識

●問題1 次は、秘書A子が新人秘書B子に、秘書業務を円滑に進めるために教えたことである。中から**不適当**と思われるものを選べ。

(1) 上司の仕事が立て込んでいるときは、不意の来客や電話は取り次がないようにすること。

(2) 上司の体調が悪いときの面談は、社内の人なら手短にすませてほしいと頼むようにすること。

(3) 上司が不在中の面談の申し込みは、先方の希望日時を聞いておき、後ほど連絡すると言うこと。

(4) 上司宛に、はじめてかけてきた人からの電話は、相手に上司の在、不在は伝えずに、代わって用件を聞くこと。

(5) 会議の直後や出張から戻った日、退社時間直前は、できるだけ上司の予定を入れないようにすること。

●問題2 次は、秘書A子が、最近来客応対のときに行ったことである。中から適当と思われるものを選べ。

(1) よく訪ねてくる客に冗談を言われたとき、仕事以外の冗談なので軽く応じておいた。

(2) 取引先の担当者から趣味を尋ねられたとき、「私的なことなので返答は遠慮する」と言った。

(3) 予約客が訪ねてきたとき、「上司は急病で帰った。連絡が間に合わず申し訳ない」と言った。

(4) はじめての来客が上司宛に紹介状を持ってきたとき、紹介状の内容を確認してから、取り次いだ。

(5) 上司の旧友が出張で近くまで来たのでと言って来社したとき、面談中だったので次の機会にしてもらった。

●問題3 秘書A子の上司（部長）は2時終了予定の面談の後、課長と一緒に取引先を訪問することになっている。しかし2時を過ぎたが部長の面談は終わる気

配はなく、すでに課長は部長席で待っている。このような場合、A子は課長にどのように対応すればよいか。中から適当と思われるものを選べ。

(1) 「部長に確認のメモを入れてみようか」と言う。

(2) 「取引先の担当者に時間の変更を頼んでおこうか」と言う。

(3) 「部長に出かける時間であることを伝えてこようか」と言う。

(4) 「部長が戻ったら連絡するので、自分の席で待ってはどうか」と言う。

(5) 「部長は取引先の訪問の件は知っているので、もう少し待ってほしい」と言う。

●問題4　秘書A子は新しい上司につくことになった。次はA子が上司のよりよい補佐をするために考えたことである。中から不適当と思われるものを選べ。

(1) 上司に仕事のしかたや秘書に期待することを尋ね、上司にあわせた補佐のしかたを把握する。

(2) 普段から上司の仕事のしかたをよく観察し、上司が不在でも適切な判断が下せるようにする。

(3) 上司の趣味や嗜好、家族構成などを知り、仕事だけでなく日常的な配慮までできるようにする。

(4) 前任秘書に、特に注意していたこと、自分に何か問題になりそうな点はないかなどを教えてもらう。

(5) 上司宛に回ってくる書類は、差し支えない限り目を通し、上司の仕事の流れを理解できるようにする。

●問題5　次は、秘書A子が上司（部長）の出張中に行ったことである。中から不適当と思われるものを選べ。

(1) 雑誌社から上司に原稿依頼の電話があったので、詳しい内容を聞き、「後で返事をするがよいか」と言った。

(2) 上司に見てもらいたいと課長が秘文書を持ってきたので、上司の出社予定日を知らせ、「よければ預かる」と言った。

(3) 取引先から、「至急部長と話したい」と連絡が入ったので、「出張先に連絡し、こちらから電話するがどうか」と言った。

(4) 上司が理事をしている団体から、「緊急理事会を開催する」と連絡があったので、「出張中なので欠席する」と言った。

(5) 他部署の部長から、「急ぎの仕事があるので、手伝ってもらえないか」と言われ、特に支障がなかったので、快く引き受けた。

●問題1　次の株式会社の説明の中から**不適当**と思われるものを選べ。
　(1)　株式会社の取締役は、株主総会で選出される。
　(2)　監査役は株主総会で選出され、取締役の仕事を監督する役割である。
　(3)　常務会とは、株式会社の最高意思決定機関のことである。
　(4)　株主は、株主総会を通じて会社の運営方針の決定に参画する。
　(5)　定款とは、会社の目的や組織、活動などを定めた基本規則のことである。

●問題2　次は用語とその説明の組合せである。**中から不適当**と思われるものを選べ。
　(1)　インフレ＝物やサービスの量に比べて貨幣の量が多くなり、物価が上昇すること。
　(2)　ダンピング＝採算を度外視して商品などを安売りすること。
　(3)　リストラ＝事業部門の売却、組織改変などで事業を再構築すること。
　(4)　プロモーション＝消費者の欲求や要求にかなう商品やサービスを適切な量と価格、タイミングで提供するための企業活動のこと。
　(5)　インフラ＝道路や上下水道、鉄道など経済活動の基盤となる施設・設備のこと。

●問題3　次の手形と小切手の説明の中から**不適当**と思われるものを選べ。
　(1)　手形とは記された受取人に対し、振出人が一定の時期に一定の場所で一定の金額を支払うことを保証した有価証券である。
　(2)　手形には2者間取引に使われる約束手形と、3者間取引で使われる不渡手形とがある。
　(3)　当座預金口座を開設していないと手形を振り出すことはできない。
　(4)　小切手は当座預金を持つ振出人が銀行に対し、持参人に記された金額を払うよう委託した有価証券である。
　(5)　小切手には支払期日の記載がなく、持ち込まれた時点で現金化される。

実 技 編

マナー・接遇

●問題1　次は、秘書A子が、来客にお茶などを出すときに行ったことである。中から**不適当**と思われるものを選べ。

(1)　お茶を入れ替えるとき、出してあるものは茶たくごと下げて、新しく茶たくに茶碗をのせて出した。

(2)　応接室の客にお茶を出すとき、まだ上司は入室していなかったが、上司の分のお茶も置いた。

(3)　テーブルに書類が広がっているときは、「失礼します」と言って書類を端に寄せてから出した。

(4)　客の手土産の菓子を出すとき、その客から頂いたと言葉を添えて出した。

(5)　お茶を出そうとしたとき、名刺交換をしていたので、それがすむまで待ってから出した。

●問題2　秘書A子は、上司の代理で仏式の告別式に参列することになった。次はそのときA子が行ったことである。中から**不適当**と思われるものを選べ。

(1)　服装は黒のスーツに真珠の一連のネックレスをして行った。

(2)　会葬者が多くいたので、香炉に香を入れるのは1回のみとした。

(3)　香典を渡すときには受付に「お悔やみ申し上げます」と言った。

(4)　取引先の人に会ったので、日ごろ上司が世話になっていると礼を言った。

(5)　仕事の都合があるので、出棺を待たずに焼香の後すぐに会社に戻った。

●問題3　次の秘書A子の来客に対する言葉遣いの中から、**不適当**と思われるものを選べ。

(1)　わからないので、担当を呼んで来るというとき、「私にはわかりかねますので、すぐに担当の者を呼んで参ります」

(2)　上司（田中）からそのことについて聞いているというとき、「その件でしたら、田中から聞いております」

(3)　面談の予約があるか聞くとき、「失礼ですが、ご面談のお約束を頂いておりましたでしょうか」

(4)　いま用意するので座って待ってほしいというとき、「ただ今ご用意い

たしますので、おかけになってお待ちください」

(5) 誰を訪ねてきたのかを聞くとき、「私どものどなたをお訪ねでいらっしゃいますか」

●**問題4** 次は、秘書A子が取引先の商品説明会に行き、上司にその報告をするとき心掛けたことである。中から<u>不適当</u>と思われるものを選べ。

(1) 時間がかかりそうだったので、都合を確かめてから報告した。

(2) 最初に説明会に参加していた会社や参加人数について報告した。

(3) 説明会で強調されていた商品の特徴について、わかりやすいように自分の感想も交えて報告した。

(4) 商品の取り扱い方法などの説明があったが、上司に知らせる必要がないことなので、報告しないでおいた。

(5) 特に必要ないと思ったが、報告が終わったときに、なにか不明な点はないか尋ねた。

●**問題5** 次は、秘書A子が上司に言ったことである。中から適当と思われるものを選べ。

(1)「部長、こちらの資料も会議にご持参されますか」

(2)「課長が部長にお見せしたいものがあると申されていました」

(3)「よろしければ、こちらで昼食をいただかれますか」

(4)「そちらの件について、お聞きになっておられますか」

(5)「W社へは、何時ごろにお出かけになりますか」

●**問題6** 秘書A子の上司（鈴木部長）が出張中に電話が入った。A子が相手に「鈴木と連絡をとり、折り返し電話をするので番号を教えてもらいたい」と言ったところ、電話番号は上司が知っているはずだ、と言われた。上司にこのことを話すと、知らない、とのことである。今後このようなことのないようにするには、相手にどのように言うのがよいか。中から適当と思われるものを選べ。

(1)「このような場合はお電話番号をうかがうようにと鈴木から言われております。お聞かせ願えませんでしょうか」

(2)「連絡先の管理はすべて私がいたしておりますので、改めて私にお聞かせ願えませんでしょうか」

(3)「鈴木は電話番号を控えておくことはあまりございませんので、お聞

　　　かせ願えませんでしょうか」
(4)「鈴木が存じているかどうか私にはわかりかねます。改めて私にお聞
　　　かせ願えませんでしょうか」
(5)「鈴木は存じているかもしれませんが、念のため、お電話番号をお聞
　　　かせ願えませんでしょうか」

● **問題7**　秘書A子は上司から指示されて贈り物を手配した。次はそのときに書いた
　　　　　上書きである。中から<u>不適当</u>と思われるものを選べ。
(1)　上司の友人が独立して事務所を開く祝いに、「祝御開業」
(2)　出張先で世話になった人にお礼として贈る品に、「粗品」
(3)　A子の先輩が結婚をするのでその祝いに、「寿」
(4)　取引先の社長だった人の法要の供え物に、「御布施」
(5)　けがで入院した上司の友人への見舞いに、「御見舞」

● **問題8**　次は、秘書A子が先輩から後輩への注意のしかたとして教えられたことで
　　　　　ある。中から<u>不適当</u>と思われるものを選べ。
(1)　注意はすぐにした方がよいが、タイミングを見計らってするのがよい。
(2)　注意するとき、なぜそうするのか理由も一緒に言うようにするとよい。
(3)　注意するときは、他の人と比較しながら指摘するとよい。
(4)　注意するときは、間違えやすいところを具体的に伝えるのがよい。
(5)　注意するときは一方的に言うのではなく、相手にも考えがあれば聞く
　　　ようにする。

● **問題9**　次は、秘書A子が先輩からよい話の聞き方として教わったことである。中
　　　　　から<u>不適当</u>と思われるものを選べ。
(1)　話の内容によって適切な相づちを打つと相手は話が進めやすくなって
　　　よい。
(2)　わからないことがあったら、そのつど質問をすると相手は熱意を感じ
　　　て話しやすくなるのでよい。
(3)　話している人の表情や態度からも話の内容を理解するように聞くと理
　　　解が深まってよい。
(4)　話のなかで賛成できないことがあっても、まずは否定的な態度をとら
　　　ないように聞くのがよい。
(5)　話の途中で自分が話したいことがあっても、話の区切りがいいところ

までは黙って聞くのがよい。

●**問題10** 次は、秘書A子が会社の創立30周年記念パーティーで受付を担当したとき
に行ったことである。中から<u>不適当</u>と思われるものを選べ。
　⑴　受付で客に対して「本日はありがとうございます」とあいさつした。
　⑵　遅れてきた客がドアの外で入るのをためらっていたので「どうぞ」と
　　　言って会場内へ誘導した。
　⑶　名簿にない客が来たので、ロビーで少し待ってもらい、受付担当の責
　　　任者に対応を頼んだ。
　⑷　来客に胸章をつけるとき「こちらでよろしいでしょうか」と言って場
　　　所を確かめてからつけた。
　⑸　途中で帰ることになると言う客に、帰るときに引き出物を渡すので、
　　　帰る時間を教えてほしいと尋ねた。

●**問題11** 記述 秘書A子は、取引先から上司宛の電話を受けた。A子は上司が在席
していると思い、電話を回したが不在だった。次はこのときA子が相手に
言ったことである。中に<u>不適当</u>な言葉遣いが4箇所ある。それを書き出し、
適当な言葉遣いにせよ。
　「すみません。いままでいらっしゃいましたが、ただいま席をはずされて
います。お戻りになりましたら、ご連絡を差し上げましょうか」

●**問題12** 記述 次の場合の上書きはどのように書けばよいか。それぞれ2つずつ答
えよ。
　⑴　キリスト教式の葬儀での香典
　⑵　古稀の祝
　⑶　香典返し

技能

●問題1 次の組合せで<u>不適当</u>と思われるものを選べ。

(1) バズ・セッション＝小グループに分かれて話し合い、グループごとに意見を発表し合う会議

(2) シンポジウム＝複数の専門家がそれぞれ講演を行い、聴衆と質疑応答をしていく会議

(3) 円卓会議＝公共問題について話し合う会議

(4) ブレーンストーミング＝人の意見を批判せずに、自由にアイデアを出し合う会議

(5) パネル・ディスカッション＝異なる意見を何人かが発表した後、参加者から質問などを受け付ける会議

●問題2 次は、文書の種類とその説明である。中から<u>不適当</u>と思われるものを選べ。

(1) 稟議書＝取引先の経営トップに、取引内容についてうかがいを立てる文書

(2) 通達＝最高責任者からの命令・指示を知らせる文書

(3) 照会文＝不明点などを問い合わせる文書

(4) 案内文＝会合やパーティーなどの開催を知らせる文書

(5) 回答文＝照会文の返事を知らせる文書

●問題3 次は、荷物の発送方法について述べたものである。中から<u>不適当</u>と思われるものを選べ。

(1) 現金書留では最高50万円まで送ることができる。

(2) 月に30通以上発送する場合、郵便局長の承認があれば料金後納郵便を利用できる。

(3) 宅配便サービスは距離や重量、大きさなどによって料金計算するのが一般的である。

(4) ゆうパックの中に手紙を入れてはならない。

(5) ゆうメールの料金は全国均一で、重量によって変動する。

●問題4 次は、「秘」文書の取り扱いについて述べたものである。中から<u>不適当</u>と思われるものを選べ。

(1) 社外に発送するときは二重封筒にし、中の封筒に「秘」印を、外の封

筒は「親展」とする。

(2) 貸し出すときは上司の許可を得て、貸出簿に記帳して管理する。

(3) コピーをとるときは、念のため秘書の分もとるようにする。

(4) ファイルするときは、一般文書とは別に保管庫などで保管する。

(5) 配布するときは文書に通し番号を入れ、配布先の名前を控えておく。

●問題5 次は、秘書A子が行っているファイリングの方法である。中から**不適当**と思われるものを選べ。

(1) 特定の行事に関するものは、1件ごとに最初から最後まで1つにまとめて整理している。

(2) 注文伝票や納品書などは相手先の会社ごとにカタログなどと一緒にファイルしている。

(3) カタログは主題別の整理法を用い、製品別に分類している。

(4) 数が少ないあいさつ状などは、文書の形式をタイトルとして分類している。

(5) 受信発信文書は相手先ごとに分類し、受発信文書が1つのフォルダーに入るようにしている。

●問題6 次は、名刺の整理について述べたものである。中から**不適当**と思われるものを選べ。

(1) 名刺を預かったら、裏に面会日や紹介者、特徴などをメモしておく。

(2) 社名、住所、肩書きなどに変更があったら名刺を訂正する。

(3) 名刺は常に整理し、日付の新しいものが一番後ろにくるようにする。

(4) 同一人物の肩書きなどが異なる名刺が2枚あるときは、古い名刺にある情報を新しいほうにメモし、古いものは破棄する。

(5) 一度取り出した名刺は、必要事項を記入してガイドのすぐ後ろに戻す。

●問題7 次は、データとそれを担当する部署の組合せである。中から**不適当**と思われるものを選べ。

(1) 労働者1人当たりの付加価値額＝経理部

(2) 従業員の平均勤続年数＝総務部

(3) 代理店別販売実績＝営業部

(4) 株主総会関連資料＝総務部

(5) 借入金金利の推移表＝財務部

●**問題8** 次は秘書Ａ子が社内で公開する上司の予定表の作成で日ごろ行っていることである。中から**不適当**と思われるものを選べ。

(1) 日時が変更されるかもしれない予定は、いったん備考欄に記入している。

(2) 予定が変更された場合は、前の予定がわからないように消して書き直している。

(3) 私的な予定のうち、他の業務を入れられない予定については、「外出予定あり」などと記入している。

(4) 外出時や出張時の出発時刻がわかっている場合はそれも記入している。

(5) 社外の会議・会合の場合は、会場の電話番号もいっしょに記入している。

●**問題9** 記述 次は、文書上の時候のあいさつである。一般的にそれぞれ何月に用いられるか答えよ。

(1) 薫風の候
(2) 盛夏の候
(3) 初秋の候
(4) 向寒の候

●**問題10** 記述 次は、M社における20X1年の製品別の売上げの割合である。これを見やすいグラフにせよ。

製品Ａ	6%	製品Ｄ	3%
製品Ｂ	20%	製品Ｅ	14%
製品Ｃ	37%	その他	20%

◆理論編◆

[秘書の資質]

問題1＝（4） 仕事が重なったときは、重要度や緊急度の高いものから処理する。優先順位の判断がつかない場合は、上司に指示を仰ぐ。⑵秘書の日常業務は、上司の指示を得ないで進める。

問題2＝（5） 服装にはTPOがあるので、代理といえどもカジュアルな服装はパーティーには不適当である。ほかの人を指名してもらうよりしかたがない。⑷服装が見えなければ、上司は判断できない。

問題3＝（2） 上司がルーズであることを肯定するのも上司の秘書として不適切であるし、否定するのも経理部長の評価に反対することになるので不適切である。直接的な応答はせず、秘書として迷惑をかけたことをわびるのが適当である。

問題4＝（3） 上司から何も聞かれていないのに、自分がどうしてそう考えるのかなどの理由を話すのは言い訳に聞こえるし、秘書の考えを述べ、上司にあわせてもらおうとする姿勢が感じられるので不適当。秘書である自分が上司の考え方を理解していくようにするのがよい。

問題5＝（4） うわさに対し神経質になって事態を悪くするのはよくないが、他部署の人たちから話しにくいと思われていることは、秘書の仕事をするうえでもよいことではない。少しでも関係をよくするために、自分から努力する必要がある。

[職務知識]

問題1＝（1） 不意の来客や電話でも、重要な場合や緊急の場合もあるため、上司の仕事が立て込んでいたとしても応じるかもしれない。秘書の判断で断るのは不適当である。

問題2＝（1） ⑵この程度のことを「私的なこと」と言い、答えないのは人間関係を築くうえで不適切。⑶上司が病気になったことを社外の人には伝えない。「やむをえない急用」とするのが一般的。⑷紹介状の中身は、秘書は確認できない。⑸めったに会えない人と思われるため、面談中であっても取り次ぎ指示を受ける。あいさつぐらいはできるかもしれない。

問題3＝（1） ⑷A子にとっては上司でもある課長に指示を出すのは、秘書の権限を越える。⑸予定時間をすぎているのに、何もしないのは不適当。まずは面談中の部長にメモで知らせる。

問題4＝（2） 上司の仕事のしかたを観察するのはよいが、秘書が上司の代わりに判断を下すのは、秘書としての仕事の範囲を越えることになる。

問題5＝（4） 上司は出張中で出席できないのはわかるが、代理でだれかが出席するかもしれない。秘書の判断で断ってしまわず、留守中の責任者などに相談するなどの対応をとらなくてはならない。

[一般知識]

問題1＝（3） 常務会とは会社に常勤する取締役以上の最高管理者で構成される実質的な意思決定機関である。株式会社の最高意思決定機関は株主総会である。

問題2＝（4） プロモーションとは、商品やサービスの販売を促進するための活動のこと。選択肢⑷の説明はマーチャンダイジングのこと。

問題3＝（2） 3者間取引で使われる手形は為替手形である。不渡手形とは、振出人や裏書人の預金不足で期日に決済できない手形のことである。

◆実技編◆

[マナー・接遇]

問題1＝（3） テーブルに広げてある資料は、現在話しながら使っているものであるから、A子が端に寄せるのは不適当である。このような場合は、断って空いている場所にお茶を出すか、書類を使っている人に寄せてもらってから出すことになる。

問題2＝（4） 告別式とは、死者に別れを告げる厳粛な場である。顔見知りの人に会っても会釈をする程度にし、世話になっている礼などを言うことは不適当である。

問題3＝（5） 来客がこちらの会社の誰を訪ねてきたのかを聞くのであるから謙譲表現でなければならない。したがって、「どなた」ではなく「誰」と言うのが適切である。

問題4＝（3） 事実をそのまま伝えるのが報告のしかたである。わかりやすいからといってA子の感想を交えて報告するのは、事実を報告していることにならないので不適当ということになる。

問題5＝（5） (1)ご持参され→お持ちになり、(2)申されて→おっしゃって、(3)いただかれ→召し上がり、(4)おられ→いらっしゃい　となる。

問題6＝（5） 上司は電話番号を知っているはずだと相手は言っているが、知っているかどうかA子にはわからない。このような場合は、まず、知っているはずだと言う相手を肯定的に受け、念のためと言って電話番号を尋ねるのがよい。

問題7＝（4）「御布施」は、僧侶が葬儀や法要などで読経してくれたことへのお礼の際の上書きである。法要の供え物には「御仏前」「御供物」などの上書きになる。

問題8＝（3） 注意というのは、悪い点を直すようにするためのものではあるが、注意された人が受け入れやすいように配慮する必要がある。他者との比較は、優劣をつけられているようで感情的に反発を生むことがあるので不適当になる。

問題9＝（2） わからないことをその都度聞くことは、話を中断させてしまうことになる。わからないことがあっても、話の途中では質問せず、一区切りついてから質問するのが適当である。

問題10＝（5） パーティーは、途中参加や途中で帰る人もいる。また、引き出物は参加者全員に渡すものなので、パーティー開催中いつでも渡せるようにしておかなければいけない。したがって、帰りの時間を尋ねることはしない。

問題11＝①すみません→申し訳ございません、②いらっしゃいましたが→おりましたが、③はずしています→はずしております、④お戻りになりましたら→戻りましたら

問題12＝(1)御霊前・御花料　(2)古稀御祝・祝御長寿　(3)志・忌明

[技能]

問題1＝（3） 円卓会議とは、自由に話し合う会議のこと。

問題2＝（1） 稟議書とは、作成した案を上司や関係者に回して決裁を受けるための社内文書。

問題3＝（2） 料金後納は、月に50通以上発送する場合に適用される。

問題4＝（3） コピーは必要部数のみをとり、余分な控えはとらない。また人のいない時間や場所を選んでとり、原稿の置き忘れやミスコピーの処分にも注意が必要。

問題5＝（2） 伝票類などの帳票類は、表題ごとに分類するのがよい。

問題6＝（3） 名刺整理箱を使用する場合、新しいもの、一度出したものが常に手前になるようにする。

問題7＝（2）従業員の勤続年数や、採用、雇用関連を担当するのは人事部である。

問題8＝（2）いつ、どのような経緯で訂正があったのかがわかるように記入したほうがよい。

問題9＝(1)5月　(2)7月　(3)9月　(4)11月

問題10＝

M社 20×1年製品別売上高比率（%）

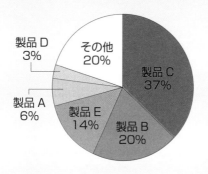

※円グラフは、①時計の12時から右回りに、
②基本的には数値の多い順に、③「その他」
は最後にまとめる、を守って作成すること。

理 論 編

秘書の資質

●**問題1** 秘書A子は、海外支社から異動してきた新しい上司につくことになった。新しい上司は海外勤務が長く、A子はどのような人かよくわからないため、仕事のしかたなどを話し合いたいが、上司は忙しく時間がとれない。このような場合、A子はどのように対処すればよいか。中から適当と思われるものを選べ。

(1) 上司のやり方がわかるまでは、1つ1つ確認しながら仕事を進める。

(2) 前の上司と同じやり方をして進め、注意されたら新しい上司のやり方にする。

(3) 今までと同じように進めながら、迷ったときはどのようにしたらよいか聞く。

(4) 新しい上司のやり方を理解するまでは、上司からの指示があるまで待つようにする。

(5) 今までどおりに進めていて指摘されたら、「前上司のときはこのようにしていたが」と話す。

●**問題2** 秘書A子は取引先のN部長から、「日ごろのお礼に食事に誘いたいが、都合はどうか」と尋ねられた。このような場合のA子の対応について、中から適当と思われるものを選べ。

(1) N部長に「秘書の仕事として行っていることなので、気にしないで欲しい」と断る。

(2) N部長に「自分は上司の秘書なので、申し訳ないが上司を通して誘ってもらえないか」と言う。

(3) N部長に「気を遣ってくれてありがとう」と礼を言い、都合のよい日時を伝え、快く受ける。

(4) 上司に「日ごろの礼ということで食事に誘われた」と話し、了解を得てから招待に応じる。

(5) N部長に希望日時、場所、取引先の人数などを尋ね、「上司と相談してから返事させてもらいたい」と言う。

●**問題3** 記述 A子は異動で秘書課に配属された。秘書課長から「秘書課では会社の機密を扱うことが多いので、注意してもらいたい」と言われた。A子が機密を守るためには、どのようなことを心掛ければよいか。箇条書きで4つ答えよ。

職 務 知 識

●**問題1** 秘書A子の上司（部長）のところに、取引先の支社長が就任のあいさつに訪れた。上司は来客と面談中である。そこへ常務秘書から「至急、部長に来てもらいたい」と連絡が入った。このような場合、A子はどのように対応したらよいか。中から<u>不適当</u>と思われるものを選べ。

(1) 面談中の上司に、支社長の来訪と常務秘書からの連絡の件をメモで知らせ、指示を受ける。

(2) 支社長には「課長でもよいか」と聞き、常務秘書には「来客中だがメモを入れてくる」と言う。

(3) 常務秘書に「部長に来客が2人重なっているので、今すぐに行くのは難しいのだが」と話してみる。

(4) 支社長に「上司は来客中なので少し待ってもらいたい」と話し、上司に支社長と常務の件を伝える。

(5) 面談中の上司に、「支社長のあいさつを受けてから、常務のところへ行ってほしい」と書いたメモを入れる。

●**問題2** 秘書A子が出社すると、上司（総務部長）が急病のため入院したという連絡が上司の家族から入った。このような場合、A子はまずどのように対応したらよいか。中から<u>適当</u>と思われるものを選べ。

(1) 入院している間の上司の代行は誰にするのか、総務課長と相談して決める。

(2) 電話で知らせてくれた上司の家族に詳しい病状を尋ね、文書にして社内関係者に回す。

(3) 社内関係者のほか、上司が懇意にしている知人や取引先に上司の入院を電話で知らせる。

(4) すぐに病院へ行き、無理のない範囲で、上司から今後の仕事の処理について指示を受ける。

(5) 今入っている予定で差し支えそうなものについて、総務課長の指示を

　　受け処理する。

●**問題3**　│記述│秘書A子の上司が外出しているところに、取引先のW常務秘書から「Wが急病で入院した」と連絡が入った。W常務は、上司の学生時代の友人でもある。このような場合、A子はW常務秘書からどのようなことを聞けばよいか、箇条書きで3つ答えよ。

一 般 知 識

●**問題1**　次は、用語とその説明である。中から**不適当**と思われるものを選べ。
　⑴「資産」とは、純資産から負債を引いた額のことである。
　⑵「含み資産」とは、時価価値から帳簿上の資産価値を引いた額である。
　⑶「流動資産」とは、1年以内に現金化できる資産のことである。
　⑷「固定資産」とは、土地・建物・大きな機械などの資産のことである。
　⑸「繰延資産」とは、次の決算期に費用計上する資産のことである。

●**問題2**　次は、用語とその説明である。中から**不適当**と思われるものを選べ。
　⑴「累進課税」とは、対象になる金額（所得）が大きくなるほど高い税率となる制度のことである。
　⑵「可処分所得」とは、課税所得から所得税、住民税、社会保険料を差し引いた、手取り所得のことである。
　⑶「年末調整」とは、年末にまとめて払う税金のことである。
　⑷「基礎控除」とは、所得税の算出時に、所得から最低生活費の一定金額を差引くことである。
　⑸「源泉徴収」とは、給与や利子などの課税対象の支払金からあらかじめ一定の税を徴収することである。

●**問題3**　│記述│次の用語を簡単に説明せよ。
　⑴　プライオリティ
　⑵　ジェンダー
　⑶　コピーライト
　⑷　バリアフリー
　⑸　アウトソーシング

実 技 編

マナー・接遇

●**問題1** 次は、秘書A子が上司（部長）に言ったことである。中から言葉遣いが**不適当**と思われるものを選べ。

(1) 資料がそろったので見てもらえないかと言うとき「資料がそろいましたので、お目通しいただけませんでしょうか」

(2) 来週の営業会議には常務も出席するそうだと言うとき「来週の営業会議には常務も出席されるとのことでございます」

(3) 報告したいことがあるが、今でいいかと聞くとき「ご報告申し上げたいことがございますが、ただいまよろしいでしょうか」

(4) T課長が明日の取引先への訪問は予定どおりかと聞きに来たと言うとき「T課長が、明日の取引先へのご訪問は予定どおりかと聞きに参られました」

(5) 予約客のF氏が応接室で待っていると言うとき「ご予約のF様が応接室でお待ちでいらっしゃいます」

●**問題2** 次は、秘書A子が出会った人にしたあいさつである。中から**不適当**と思われるものを選べ。

(1) 社内で顔見知りの客が上司と歩いていたので、客に「いつもお世話になります」とあいさつした。

(2) 来客を案内しているとき他部署の部長に出会ったので黙礼した。

(3) 社内で、2日前に上司を訪ねてきた人と出会ったので、立ち止まって会釈した。

(4) 会社の近くで、ときどき上司を訪ねてくる友人に出会ったので、「こんにちは」と声をかけた。

(5) 社内で社内会議の打ち合わせをしているとき、顔見知りの客がそばを通ったので、客に向って会釈した。

●**問題3** 次は、用語とその説明である。中から**不適当**と思われるものを選べ。

(1)「叙勲」とは、勲等を授け、勲章をあたえることである。

(2)「祝詞」とは、神前で神主が神に述べる言葉のことである。

(3)「献花」とは、神式の葬儀で霊前に花をささげることである。

68

(4)「弔辞」とは、死を悼んで葬儀参列者の前で述べる悔やみの言葉のことである。

(5)「忌明」とは、喪に服している期間が終わることである。

●問題4 秘書A子は、上司（部長）の代理で、急病で入院した課長の見舞いに行くことになった。A子はこうしたことははじめてなので、見舞いに行くにあたってどのようにすればいいか考えた。中から**不適当**と思われるものを選べ。

(1) 入院の見舞いであるので、服装は派手な感じのするものは避けて、落ち着いた印象のものにしよう。

(2) 同室者がいたら、相手が気づかなくても、入退室のときなどにあいさつをするようにしよう。

(3) 課長の家族が付き添っていたら、何か困ったことがあったら相談してもらいたいと言うようにしよう。

(4) 部長から預かった見舞金を渡すときには、自分は個人の見舞いとして花を用意していくことにしよう。

(5) 課長から仕事のことを聞かれたら、必要であれば部長から連絡があるはずなので、治療に専念するようにと言うようにしよう。

●問題5 次は、鈴木部長秘書A子の来客に対する言葉遣いである。中から**不適当**と思われるものを選べ。

(1) わかった、上司に電話するように伝える、ということを「かしこまりました、鈴木からお電話を差し上げるよう申し伝えます」

(2) この書類を渡すように上司から言われているということを「こちらの書類をお渡しするように、鈴木から申しつかっております」

(3) わからないので、後で上司に聞いて返事をする、ということを「私ではわかりかねますので、後ほど鈴木に確認いたしましてご返事させていただきます」

(4) 上司はどうしても外せない用事で出かけた、すまない、ということを「鈴木はやむをえず外出いたしました。申し訳ございません」

(5) 上司は断るようにと言っている、ということを「鈴木がお断りするようにとおっしゃっておりましたが」

● 問題6 | 記述 | 次のような場合、のし紙の上書きはどのように書けばよいか。
（　　）内に1つ答えよ。

⑴　お中元の時期を失してお中元代わりの品を贈る。
（　　　　　　　　　　　　）

⑵　上司の友人が事務所を開いたので祝いの品を贈る。
（　　　　　　　　　　　　）

⑶　対外試合前に合宿している社内の野球部へビールを差し入れる。
（　　　　　　　　　　　　）

● 問題7 | 記述 | 秘書A子は、上司（鈴木部長）から、「明日の2時ごろY社の田中部長を訪問したいので、都合を聞いてもらいたい」と言われた。このような場合、A子はY社の田中部長に電話をして、どのように言えばよいか。適当な言葉を「　　」内に答えよ。
「　　　　　　　　　　　　　　　　　　　　　　　　　　　　」

● 問題8 | 記述 | 次のような場合、秘書A子はどのように言えばよいか「　　」内に答えよ。

⑴　上司に、手伝えることがあれば、何でも言ってほしいと言うとき
「　　　　　　　　　　　　　　　　　　　　　　　　　」

⑵　上司に、いま作成中の資料は、仕上がり次第持っていくと言うとき
「　　　　　　　　　　　　　　　　　　　　　　　　　」

⑶　来客に、ほんの気持ちの品だが、受け取ってほしいと言うとき
「　　　　　　　　　　　　　　　　　　　　　　　　　」

技能

● 問題1　次は、社交文書について述べたものである。中から不適当と思われるものを選べ。

⑴　見舞状には、時候のあいさつなどの前文は書かない。

⑵　悔やみ状には「重ね重ねお悔やみ申し上げます」などの言葉を入れると格調が高い。

⑶　上司の礼状を代筆したときは、発信者名に秘書の名前は書かない。

⑷　贈答品の送り状は、品物の到着日の前に届くように発送する。

⑸　招待状など格式を重んじる文書には、句読点をつけずに書く。

●**問題2** 次は、秘書A子が日常行っている受信事務である。中から**不適当**と思われるものを選べ。

(1) 招待状などはスケジュールを確認し、当日の予定を添えて渡している。

(2) 秘書は内容確認の義務があるのですべて文書は開封してから渡している。

(3) 現金書留などは上司の了解があれば開封するようにしている。

(4) 公信は開封し、重要な部分にはアンダーラインを引いて渡している。

(5) 転任などのあいさつ状は名簿を訂正してから上司に渡している。

●**問題3** 次は、秘書A子が日常行っている資料の整理である。中から**不適当**と思われるものを選べ。

(1) 上司の部屋や応接室には、常に最新号の雑誌を置くようにしている。

(2) 雑誌のスクラップはコピーをとるか、次の号が出てから行っている。

(3) カタログは品番や金額に意味があるので最新版をそろえている。

(4) 上司が読む雑誌類はすべて3年間保存している。

(5) カタログは比較しやすいように、製品別に整理している。

●**問題4** 記述 秘書A子は、上司の指示で社交文書を作成することがある。次の場合どのように文章を作ればよいか「　　」内にそれぞれ答えよ。

(1)「招待状」で「忙しいところすまないが是非参加して欲しい」というとき

「　　　　　　　　　　　　　　　　　　　　　　　　　　　」

(2)「悔やみ状」で「同封した香典を霊前に供えて欲しい」というとき

「　　　　　　　　　　　　　　　　　　　　　　　　　」

(3)「祝い状」で「結婚に際し、幸せと健康を祈っている」というとき

「　　　　　　　　　　　　　　　　　　　　　　　　」

●**問題5** 記述 秘書A子は上司から、出張の旅程表を作成するように指示された。このような場合、旅程表に記載しておかなければならない事柄を「面談者」「出席する会議名」のほかに3つ箇条書きで答えよ。

●**問題6** 　記述　秘書A子は上司から、「来週2月10日の15時から2時間、店長会議を開く。第3会議室で行うので準備しておくように」と指示された。準備するにあたり、「場所」「日時」以外に秘書が上司に確認しておくことを4つ箇条書きで答えよ。

●**問題7** 　記述　秘書A子は上司である営業本部長から「4月7日（月）に支店長会議を行うので、各支店長に書面で通知してほしい。時間は午前10時から午後3時まで。場所は本社第1会議室。各支店の前年度売上実績資料を持参するように」という指示を受けた。文書を作成するにあたって、下の文書の点線枠内に適切な言葉を入れよ。

営発第○○
×1年3月25日

下記の通り販売促進会議を開きますので出席願います。

担当　田中
（内線 222）

秘書検定 準1級 試験 模擬試験問題　　解答&解説

◆理論編◆

[秘書の資質]

問題1＝（3） 上司によって仕事のしかたや考え方、秘書への期待などは異なるであろう。新しい上司への対応がわからなければ、とりあえず今までどおりに進めておくことはやむをえないことで、迷ったら聞くのが適当である。前上司と比較する、指示されるまで何もしない、注意されてから直すのは不適当である。

問題2＝（4） 日ごろの礼という取引先からの招待であるから、一般的には受けても構わない。ただ、仕事の一環でもあるから、応じる前に上司に相談する必要がある。

問題3＝1. 自分が機密を知る立場にいることを口外しない。2. 機密事項について聞かれたら、「自分は知る立場にはない」と言う。3. 機密の程度や範囲を理解し、日ごろから問題意識を持つようにする。4. コピー、郵送、持ち歩くときなど機密文書の取り扱いに注意する。

[職務知識]

問題1＝（5） 秘書が上司に指示するのは不適当である。

問題2＝（5） まずは今入っている予定の中で、差し支えそうなものについて、対策をとらなければならない。

問題3＝1. 病名と容態　2. 入院先　3. 面会は可能か、可能であれば面会時間。そのほかW氏の家族の連絡先や入院期間の見通しなど。

[一般知識]

問題1＝（1） 資産とは、現金・商品・建物などの物品、債権のことである。貸借対照額において、資産の合計から負債の合計を差し引いたものが純資産である。

問題2＝（3） 年末調整とは、年末に1年間の給与総額に対する所得税を算出し、源泉徴収済みの税額と過不足分を精算すること。

問題3＝(1)優先順位　(2)社会的・文化的性差　(3)著作権　(4)日常生活を営むうえでの障壁を取り除くこと　(5)外部委託

◆実技編◆

[マナー・接遇]

問題1＝（4） 上司に部下である課長が聞きに来たことを言うのだが、A子にとっては職位が上の課長の行動について言うので、課長の行動についても尊敬語を使うことになる。「参られました」は謙譲語であるから不適当である。「聞きにいらっしゃいました」となる。

問題2＝（1） 社内で通りがかりに上司と一緒の顔見知りの客に会ったのであるから、会釈をする程度のあいさつでよい。また、上司が世話になっていることについて礼を言うのであるから、客が上司と一緒のときにわざわざ言うことはない。

問題3＝（3） 献花は、キリスト教式の葬儀で霊前に花をささげることである。

問題4＝（3） A子は課長と会社を介しての関係なので、家族に困ったことがあったら相談してもらいたいと言うのは立ち入ったことであり不適当。

問題5＝（5） 来客に対する応対は謙譲語をつかうことになるので、「おっしゃる」ではなく「申しておりましたが」となるのが適当である。

問題6＝(1)暑中御見舞・暑中御伺　(2)祝御開業、御祝　(3)祈必勝、陣中御見舞

問題7＝「恐れ入りますが、私どもの部長の鈴木が明日の午後2時ごろうかがいたい（お時間をいただきたい）と申しておりますが、ご都合はいかがでしょうか」

問題8＝(1)「お手伝いできることがございましたら、何なりとお申し付けくださいませ」(2)「ただいま作成している資料は、仕上がりましたらすぐにお持ちいたします」(3)「心ばかりの品ですが、どうぞお納めくださいませ」

[技能]

問題1＝（2）「重ね重ね」「たびたび」「またまた」「追って」などの忌み言葉は書かないよう注意する。

問題2＝（2）親展、書留、「秘」扱い文書、私信、公信私信不明文書は開封してはならない。

問題3＝（4）企業によって異なるが一般的に、一般誌は前年度分、専門誌は最長で5年間保存する。

問題4＝(1)「ご多用の折、恐縮ですが、万障お繰り合わせの上、お願い申し上げます」　(2)「心ばかりですが、同封の御香料を御霊前にお供えくださいますようお願い申し上げます」(3)「お二人の新しい門出にあたり、ご多幸とご健康をお祈り申し上げます」

問題5＝1.交通機関についての情報（便名・号車名など）　2.訪問先名や所在地など　3.宿泊先についての情報（ホテル名や所在地、電話番号など）

問題6＝1.参加者への連絡方法　2.茶菓・食事の手配　3.用意しておく資料はあるか　4.会議で使う備品はあるか

問題7＝

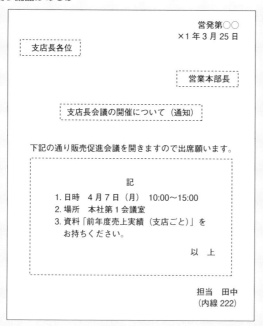

営発第○○
×1年3月25日

支店長各位

営業本部長

支店長会議の開催について（通知）

下記の通り販売促進会議を開きますので出席願います。

記

1.日時　4月7日（月）　10:00～15:00
2.場所　本社第1会議室
3.資料「前年度売上実績（支店ごと）」を
　お持ちください。

以　上

担当　田中
（内線222）

第1章

秘書の資質

この分野では、秘書に望まれる人柄や能力を備えているかどうか、すなわち秘書に適しているかどうか、が問われます。

ポイントは、

- 上司の会議中に取引先から至急連絡がほしいと電話が入る
- 上司の出張中にスケジュール変更の指示が出される
- 他部署の上司から仕事を依頼される
- 上司から人物評を求められる

というような、実務においてよく起きる出来事への対処方法を心得ておくことです。

秘書の資質は、決して机上の学習だけでは身につきません。本書の内容を職場や生活の場で意識し、活かすつもりで学習しましょう。

1 社会人としての常識

2級	時間、健康、金銭、感情の４つを中心として、自己管理をできることが社会人としての基本的な条件。また学んだ知識を日常の動作や仕事への姿勢に活かし、自分のものにしていくことが大切である。
準1級	広い視野に立ち、自分の常識が一般社会で通用するかどうかをチェックしてみる。秘書業務の知識に加えて、ビジネス社会の一般常識に関心を持ち、理解に努めること。

自己管理のポイント

「秘書の資質」は常識力が問われる分野で、毎回新しい状況設定の問題が出題されています。解答にあたっては、参考書で勉強するだけでなく、日ごろから良識を積極的に身につけていく心構えが必要です。

その前提として、自己管理ができること。これは社会人として必要な最低限の条件で、そのポイントは次の４つです。

◆時間管理

- 約束の時間は確実に守ること。守れそうにないときは、誠意ある行動をとること。
- 時間に対してコスト意識、所要時間意識を持って取り組む。仕事の仕上がり時間や人との約束の時間を意識して取り組む。
- 公私をきちんと区別し、仕事の時間は集中力を高めて効率よく進める。
- ビジネスでは、納期の守れない仕事の価値は「ゼロ」であることを心得る。

◆健康管理

- 休み明けに気持ちよく出勤できるように、休日の間に気力、体力の回復を図り、英気を養う。
- リズムのある生活、栄養バランスを考えた食事、適度な運動など、心身によい習慣を身につけるよう心掛ける。
- 疲れやストレスをためない工夫をする。

◆金銭管理

- 公私のけじめをつけ、少額でも確実な処理をする。

◆感情管理

- 秘書は人間関係においてバランスのとれた、ニュートラル（公平）な状態

を常に求められている。好き嫌いや苦手意識のあるなしで人との接し方を変えない。
- 周囲に気を配り、周りの人が気持ちよく仕事ができるような環境作りを心掛ける。
- 心身ともに安定した状態が仕事の基礎となることを心得る。

良識を高める

　秘書は、組織の一員という自覚を持ち、「会社や上司にとって有益なことは何か」を念頭において対応しなければなりません。

　ただし、上司を重んじるあまり、取引先やお客様を低めてしまうような言動は禁物です。社内では通用することが、他社では非常識に映る場合もあります。自分の振る舞いや、培ってきた常識が、社会的に通用するものであるよう努力が必要です。

自己啓発に努める

　社会人としての良識は、日々の仕事のなかで身につきます。本に書かれている知識を吸収するだけでは身につきません。知識として「知っている」ことと、その動作が「自然にできる」のでは大きな違いがあります。経験したこと、学んだことは、日常の動作や会話に取り入れ、実践して体得するように心掛けます。検定と日常を合体させて学んでいくと合格への早道となり、成長を実感できます。

　上級秘書になると、秘書業務に関する専門知識のみならず、国内外の政治・経済の知識もふまえた幅広い見識を養い、自社の事業の背景にある社会の動向にも目を向ける必要が出てきます。

押さえておきたい分野

- 専門知識…秘書事務や最新のオフィス機器に関する知識、接遇の基本となる基礎心理学や対人関係理論、商法などビジネス関連の法律知識。
- 政治・経済…新聞、雑誌に目を通す。わからない用語があったら、辞典類や書籍、インターネットなどで調べて、言葉の意味を理解しておく。

2 秘書に求められる人間性とセンス

秘書に望まれる人柄　2級

　秘書検定は「人柄検定」といわれるほど人柄を重視しています。ここで問われるのは「**上司の一番の理解者**」「**上司の補佐役**」という職務に適した人柄を備えているかどうかです。一般的には長所とされる資質でも、秘書の職務に適さないものなら当てはまらないので注意してください。

秘書に適した人柄

○**謙虚**…「相手を立てる」ことを第一に考える。でしゃばらない。

○**明朗**…初対面の人とも明るく話せる。個人的な心配事を表に出さない。

○**協調性**…人間関係を円滑にするよう努力する。先輩、同僚、後輩と協力関係を築くことができる。

○**誠実**…約束を守る。ミスをしたら非を認めて謝ることができる。

○**寛大**…人によって価値観が異なることを理解し、自分の考えを押しつけない。人のミスをカバーできる。

○**責任感**…機密を漏らさない。期限を守り、ルーティンワークにも責任を持って取り組む。

○**情緒の安定**…職場で感情的にならない。忠告を素直に受け入れられる。いつも穏やかに人と接することができる。

○**機転**…状況により適切な判断ができる。応用力がある。

秘書に適さない人柄

✕理屈っぽく、何事も自分が納得したうえでないと行動しない。

✕与えられた仕事は、人に協力を求めず、最後まで1人でやり通す。

✕物事に熱中すると周囲が見えなくなる。

✕でしゃばりで何にでも口をはさむ。

✕そそっかしく早とちりが多い。

長所ではあるが、「秘書にとって最も重要な資質は？」と問われた場合には該当しないもの

△何事にもひたむきで熱心に取り組む。

△何事も途中で投げ出さず、自分が納得できるまでやる。

△教養が豊かで知性がある。

△芸術的なセンスがあり、独創性がある。

△美的感覚にすぐれている。

身だしなみの基本　[2級]

　身だしなみとは、相手に不快感を与えないように、相手の目を意識して身なりを整えることです。一方、おしゃれは自分の好みにあわせて身だしなみを整えることです。オフィスではTPOを心得たおしゃれが大事です。自分に似合う色やデザインを知り、上品で落ち着いた印象をもってもらえる服装にしましょう。また単にブランドで選ぶのではなく上質感が理解できることも大切です。

◆オフィスでの服装・化粧のポイント

調　和	職場にふさわしく調和がとれている。 （業種、職種、職場環境、他社員の身だしなみにあわせる）
清潔感	清潔で、人に不快な印象を与えない。
機能性	動きやすく仕事がしやすい。 （ニットやセーターなど体の線がはっきり出るものは避ける）

※結婚式、パーティ、行事の受付など、社外に出るときはTPO（時、場所、場合）にあわせ、格調、フォーマル、外交儀礼なども考慮する。自分の服装だけでなく上司のフォーマルの知識も持っておく。

秘書に必要とされるセンス　[2級][準1級]

　秘書の仕事では、茶道、華道、書道、旅行といった趣味や、英会話、料理などの特技、社内外の交友関係など、その人自身の培ってきたことが会話や対応に役立つことがあります。幅広い常識をベースとした「その人らしさ」は魅力的な人柄につながります。それを仕事に活かしていけることも能力のうちとされます。具体的には次のようなセンスが必要とされます。

贈り物	贈り物の選定について上司から相談されることもある。上司からの贈り物という視点を念頭におき、デパートの売り場を見るなどして日ごろからよい品を選ぶ目を養う。上司から意見を求められたら、相手の年齢や立場などを考慮した贈り物をいくつか提示する。
会　話	言葉遣いに配慮しながら、人間関係を円滑にするためのユーモア、ウィットを取り入れた会話ができる。社内外の人との関係を考慮し、その場限りではない継続的な会話ができる。
動　作	無駄のない軽快な動作、人に不快感を与えないさわやかな身のこなしを心掛ける。立ち方（足元と膝がついている）、姿勢のよさ、歩き方（歩幅が大きくなりすぎないように歩くと上品に感じられる）などに気を配る。

3 秘書に求められる能力

2級 秘書に必要な能力のポイントを理解する。判断力、洞察力については、上司が決定すべき領域まで踏み込んでしまわないよう注意。また社内外の橋渡し役として、人間関係をつなぐ能力も重要である。

準1級 不測の事態や複雑な状況にも落ちついて対応できる能力が求められる。上司の意向をきちんと把握し、仕事の流れを読みながら、秘書が判断できることや優先順位を考えていく。

仕事に必要とされる能力　

　秘書には判断力、表現力、記憶力、行動力、情報力、洞察力などの能力が必要とされます。準1級レベルでは、こうした能力を発揮するには、日ごろからどのような準備や心掛けが必要なのかも問われます。

◆判断力

●**状況把握 → 今どのような状況か**

●**問題把握 → 何が問題か**

●**事実の分析・検討 → どう解決すればよいか、自分には何ができるか**

●**物事の重要度 → 仕事や問題が重なったとき、どれを優先させるか**

　上記を心得て、具体的に処理ができることが求められています。

　また、秘書が自分の裁量で行うことと行うべきでないことを的確に判断できることも大切です。日常業務においては、秘書自身が判断すべきことで上司の手をわずらわせないこと、上司や会社の利害に直接に関わるようなことなど、上司の仕事領域まで踏み込まないことがポイントになります。

◆表現力

　秘書は、上司をはじめ社内外の関係者へ正確に情報を伝達できなくてはなりません。それには正確な伝言・報告、敬語や接遇用語を心得た話し方、要領のよい説明、的確な電話応対、指示にかなった文書作成など、伝達内容を言葉や文字でわかりやすく表現できる技能が求められます。

　また、社内外の橋渡し役として、配慮ある表現や温かみのある応対を心掛けるようにします。

◆記憶力

　上司の指示、スケジュール、上司への伝言、お客様の名前・顔・特徴、書類の保管場所などを記憶しておくことは基本ですし、日々の業務のなかで時間をかけて身につけることが重要です。ただし、記憶力だけに頼らず、大事なことはメモをとるようにし、後で使えるようにノートなどに整理しておきます。

　仕事は同時に並行して進みますから、それらのメモを活用して対応していかなければなりません。

◆行動力

　行動力とは、よく考えて、すぐに行動を起こして結果へつなげる力、仕事を期限までに仕上げる力、仕事の緊急度、重要度によって優先順位を判断し、要領よく的確に仕事を処理していく能力をいいます。

　普段から仕事を定型化、標準化しておくと、多忙なときや緊急時にスムーズに対応できます。ときには同僚や後輩に応援を頼まないと間に合わないこともあるでしょうから、日ごろから人間関係を良好にし、協力しあえるようにしておくことも大切です。

◆情報力（情報収集力、処理力、提供力）

　秘書に必要な情報力とは、上司が意思決定するために必要な情報を、必要なときにすぐ提供できる能力です。

　日ごろから上司の関心事に注意を払い、自発的に資料ファイルなどを作っておきましょう。また新聞やテレビのニュース、友人・知人のネットワークなどから重要な情報が得られることもありますから、普段から多方面にアンテナを張って情報収集しておくことです。顧客管理、名刺整理、データの入力・出力といった仕事の処理能力も大切です。

◆洞察力

　洞察力とは、言葉による指示がなくても、仕事の流れから上司の求めていることを察して次の作業を察知する能力をいいます。ポイントは次の２点。

●**仕事の全体像をとらえ、前後の段階とのつながりや期限を把握し、上司の意向、出来上がりイメージをつかむ。**
●**秘書の立場をわきまえ、職務限界を超えない。**

　洞察力を発揮するには、上司の職域を知り、仕事の進め方、人との関わり方を十分につかんで、これまでの職務経験や過去の記録を活かすように心掛けることです。

第1章　秘書の資質
第2章　職務知識
第3章　一般知識
第4章　マナー・接遇
第5章　技能
第6章　面接

橋渡し役としての秘書

　上司が経営者として手腕を発揮するには、社内外の人たちの協力が不可欠です。上司の補佐役である秘書は、**上司と社内外の関係者との橋渡し役**となって、コミュニケーションが円滑に行われ、上司が的確な意思決定を行えるようにしなければなりません。すなわち、秘書が社内外の人たちとの人間関係を良好に保つことは補佐役として重要です。

　また、日ごろの社内外の人間関係から得た情報は、秘書にとって有益なものが多いものです。それらを次に活かしていくことも考えましょう。

お客様

上司

●誠実、丁寧、正確、迅速、公平な応対を心掛ける。
●上司びいきになりすぎないよう注意する。
●対外的な場面での質問や取材依頼の際には即答を避け、上司に相談して慎重な対応を心掛ける。

相互信頼

●秘書の判断で、上司・会社にとってマイナスにならないと思えることは実行する。少しでも不安があれば上司に確認するが、100％確かだと思えることは、行動に移すことで上司の信頼を得る。

秘書

●上司の部下（部課長など）でも、秘書にとっては目上の人。立場を心得た表現が求められる。
●役職者と接することが多く、一般社員との接触機会が少なくなりがちだが、特別意識などは持ってはならず積極的に交流を図る。
●上司から社内の情報を求められたら提供できるように、職場の様子をつかんでおく。

社内の他部署

秘書同士

●同僚、先輩、後輩とコミュニケーションを図る。
●社内のうわさ話は軽く受け止め、取り合わないのが適切。
●秘書同士の人間関係の問題で、上司をわずらわせないようにする。

欠かせない柔軟性

アポイントなしの来客、上司が参加するはずだった会合のキャンセル、臨時の会議など、不意の出来事への対応を迫られる状況は、秘書業務では日常よくあることです。お客様の都合や他部署の事情など、相手にあわせて決めていくことも多く、マニュアル通りというわけにはいきません。

秘書には、どんな状況でも現実的なことを見極めて、具体的にどうすればよい結果が出るか、**臨機応変に対応していける柔軟性**が求められます。予定外の出来事や変更など、判断を要する状況に対するポイントは次の6点です。

- ●上司にとって何が重要かを心にとめておく。
- ●上司の領域まで判断しないように気をつける。秘書には物事を決定する権限はない、ということを忘れない。
- ●上司が不在のときには誰に相談すればよいかをつかんでおく。
- ●これまでの職務経験や、前例を活かす。
- ●社内の他部門とのネットワークを作りあげ、お客様とつながりのある人を把握する。
- ●直前に予定の変更があっても、これまでの準備にこだわらず、すばやく頭を切り替える。

ケーススタディ

事例 上司が、「打ち合わせが終わるまで電話も取り次がないように」と指示してお客様と面談に入った。ところが秘書A子がお茶の用意をしているとき、約束のないお客様が見えた。A子も顔見知りの得意先のK氏である。10分ほどですむ用事なので、ぜひ会いたいとのことである。

お茶を出すときに、K氏の来社をメモで知らせる。メモを渡すときは、面談者との会話が中断する時間を短くするために、右図のような上司が選びそうな対応を記しておくと、上司は指をさすだけで指示を出すことができる。このとき適切な選択肢を用意するには、上司の来客対応のしかたや得意先との関係、K氏との間で進行している案件、代理で話のできる人は誰か、現在面談中のお客様との関係の有無など、人間関係が把握できていなければならない。

> たった今、○○社のK様がお見えになりました。「10分ほどですむ用事なので是非お会いしたい」とのことです。どのように対応いたしましょうか。
>
> ①お待ちいただく
> 　（10分・20分）
> ②代理を立てる
> 　（A部長・B次長）
> ③打ち合わせ終了後に携帯電話に連絡を入れる

1 秘密を守る

出題傾向	2級	機密を守るために心掛けることは何か理解する。社内秘・社外秘の違いを心得、対応や秘文書の扱い方に注意する。
	準1級	機密を守ることに気をとられて、人間関係を損なったり、会社のイメージダウンにならないように注意する。機密保持を心掛けつつも、相手を気遣った対応が求められる。

秘書と企業秘密 [2級] [準1級]

　組織の機密を守ることは、秘書に限らず、会社や団体で働く人すべてに求められる一般的な職業倫理です。しかし秘書は企業の中枢で働く上司の補佐をするという立場上、上司の会議、電話、メール、書類などを通して企業の秘密にふれる機会が多く、いっそう厳格な機密保持の姿勢が望まれます。

　個人情報の取り扱いを規定した**個人情報保護法**が成立し、**法令順守（コンプライアンス）**のために企業はさまざまなプライバシー保護に関する具体策を講じています。それがいかに徹底しているかが企業の価値基準になっているのです。

　秘書とは「秘密の文書を預けても安心な人」という意味であり、秘密を守れる人として、はじめから信頼されていることを自覚します。

◆機密について質問されたら

　関係者以外の人から会社の機密について尋ねられたら、秘書は自分が「機密事項について知る立場にない」と明言する必要があります。

　たとえば業界紙の記者などから会社の機密にふれるような事柄について尋ねられた場合には、「私にはよくわかりませんのでお答えいたしかねます」「その件につきましては、どなたにもお答えいたしかねます。正式発表までお待ちいただけませんでしょうか」といったように回答するのが適切です。あくまでも、機密を知る立場にないことを、はっきりと示す対応が求められます。

　ただし、秘書は機密の関係者とも接触する機会があるので、社内秘、社外秘など機密の程度と範囲をしっかりと理解しておきましょう。

◆機密保持のポイント

基本心得	・機密の内容と範囲を理解する。 ・上司の仕事や来客について、詳細を他言しない。 ・社名入り封筒をむやみに持ち歩かない。
社内で	・「秘」扱いの文書は取り扱いに特に注意する（詳細は第5章217ページ参照）。 ・文書をコピーした際の置き忘れや、ミスコピーの処理に注意する。 ・席を離れるときは、書類を引き出しにしまう。 ・会議などで知った情報を口外しない。
私生活で	・会社で起こったことを話すときは話題に気をつける。 ・社外で同僚や親しい社員に会ったときの話題に注意する。

◆機密の保持はさりげなく

　お客様を上司の執務室へ案内してから、机にある書類を慌てて隠すのでは不自然です。部屋の外でお待ちいただくか、お客様が気づかぬような動作でさりげなく対応するようにします。

人間関係に配慮する

　準1級レベルになると、機密を守る場合にも、今後の人間関係を視野に入れた一歩進んだ気配りが求められます。

　たとえば、約束の時間より早めに来社した取引先のお客様にお茶を出しているとき、「うちが提案した新商品の共同開発の件は、もうゴーサインが出ているのでしょう？」と親しげに尋ねられたとします。

　このとき、「私にはわかりませんので、お答えいたしかねます」と杓子定規な答え方をして、この話題に全くふれないのは、この案件について気にかけているお客様に対して思いやりのない失礼な態度になります。

　ここでは「よい結果だとよろしいですね。○○（上司）がまもなく参りますので」といったように、機密事項にふれることをかわしながらも相手の気持ちを気遣った対応が望まれます。

　マスコミ関係者に対するときも、機密の漏洩には注意しなければなりませんが、門前払いするような態度は考えもの。マスコミとの付き合いは難しいものです。情報収集や宣伝効果などのメリットがあることも念頭において丁寧な対応を心掛けます。

　また、機密を守るために、会社の同僚との付き合いを避けたり、交友関係を狭めたりしてはなりません。

2 補佐役としての秘書

秘書は上司の補佐役　

　秘書の仕事は、上司が経営上の意思決定という本来の仕事に専念できるよう、上司の本来の職務から派生するさまざまな雑務を引き受けることです。したがって、経営管理という上司本来の職務を代行することはできず、裏方に徹することが求められますが、**上司の補佐を通じて間接的に企業の成果に貢献している**という意識を持つことは大切です。また、よい補佐役になるには、上司の意向やまわりの空気に気づく配慮が必要であり、相手にあわせようとする意識が求められます。

よりよい補佐役になるためのポイント

◆**上司の指示、意向を優先する**
- 勤務時間外の仕事になっても、必要があれば上司の指示を優先させる。
- 上司が本来の業務に専念できるように、上司の私用や身の回りの世話を行うのも仕事の内である。
- 自分の上司以外の人から依頼された仕事は、上司の了解を得てから行う。

◆**上司をわずらわせない**
- 秘書の職務範囲内の仕事については、上司の要望に沿うよう自分で工夫し、的確な処理方法をとる。細かいことでその都度上司をわずらわせない。

◆**秘書の職務範囲を認識し、範囲を超える決定をしてはならない**
＜秘書の職務範囲内＞
- 日常業務の工夫・改善。
- 指示の優先順位を判断する（判断できないときは上司に確認）。
- 会社の業務や、その背景となる社会・経済情勢について学ぶ。

- 上司に意見を求められたら、自分の立場をわきまえたうえで述べる。

＜秘書の職務範囲外＞
- スケジュールや面会の決定など、意思決定に関すること。特に、人・物・金・情報に関わる決定はできない。
- 上司の間違いを指摘する（あきらかに上司にとってマイナスになることなら、「これでよろしいでしょうか」などと確認する形をとる）。

上司を理解する　2級 準1級

　よりよい補佐役となるためには、まず**上司をよく知らなければなりません**。前任秘書などから上司に関する情報を引き継ぎ、上司が仕事をしやすい環境作りを心掛けます。ただし私的な事柄には立ち入りすぎてはいけません。準1級レベルになると、**先見性を活かした補佐**（次ページ参照）をするために、経歴や性格、家族構成といった基本情報だけでなく、仕事の権限委譲範囲、上司の考え方を理解しておく必要があります。

◆上司について秘書が知っておきたい基本情報

仕事	社内の地位、職歴、国内外勤務歴、職務内容、所属団体、専門分野、人脈、社会活動など。
生活環境	住環境（現住所や利用駅など）、本籍地、家族構成など。
人物特性	学歴、研究分野、関心事、購読している新聞・雑誌、趣味、嗜好、スポーツ、性格、健康状態など。
その他	パスポート番号、運転手、かかりつけ医師の連絡先など。

◆上級秘書が押さえておきたい事柄

仕事	現在の仕事内容と方向性、仕事の優先順位の基準、指示の出し方、部下や秘書への仕事の任せ方。
時間	意識（時間に余裕を持たせた予定・行動を好むなど）、集中力の高い時間帯、スケジュール変更時の方針、効率・効果性、プライベートの重要度。
交友関係	懇意な友人、アポイントなしの来客への対応のしかた、人との関わりがきめ細やかか、人との交流を好んでいるか。

◆上司の健康管理

　上司の健康管理も秘書の仕事の1つです。以下の点を日常心掛けましょう。
○かかりつけの病院、主治医の連絡先を控えておく。
○健康保険証の番号を控えておく。
○薬の服用時刻に気をつける。
○応急手当ての知識を持つ。

○成人病など気をつけねばならない病気の知識を持つ。

○救急薬品を常備しておく。

○体調の悪いときなどは、上司の奥様と連絡を密にとることもある。

　上司の健康について秘書にできる配慮は、身の回りの世話などの限られた部分です。以下のような例は行き過ぎとなるので気をつけてください。ただし、定期検診の予約や医務室との連絡は、秘書の仕事の範囲となります。

×自主的に風邪薬を購入し、上司に飲むように勧める。

×体調の悪そうな上司に病院に行くよう勧めたり、帰宅を促したりする。

×第三者や上司の奥様を通じて、健康に配慮してもらうように話す。

望まれる先見性と主体性　

　秘書の職務範囲に属する仕事に関して、上司をわずらわせないよう、準1級レベルでは、仕事の流れから次の作業を察知し、上司に言われなくても準備しておける先見性が必要とされます。また、その先見性を活かして主体的に仕事に関わっていく姿勢も求められます（92ページ参照）。

ケーススタディ

事例　上司（S営業部長）が出張に出かける矢先に取引先の部長が着任のあいさつに訪れた。上司はかなり急いでいる。秘書はどう対処すればよいか。

×Sはこれから出張に出かけるので、あまり時間をとれないが了解してもらいたいと言って取り次ぐ。

→上司はかなり急いでいるのだから、余程の用件でない限り、取り次いではいけない。

○間もなく出張に出かけるので時間がとれない、出張から戻ったらこちらから連絡をさせてもらいたいと言う。

→着任のあいさつなら、この対処で相手も納得してくれる。ただし、これが転任のあいさつだったら、今後会える機会が減るので取り次ぐようにする。

　また、この項目に限りませんが、準1級の試験では、秘書の資質や職務知識（第2章参照）などの出題分野に関して、実務で起こりうるさまざまなケースを例に「このような場合にどう対処すればよいか、箇条書きで3つ答えよ」といった記述式の問題が出ることもあります。「秘書の資質」と「マナー・接遇」、「職務知識」と「技能」というように、ほかの分野とのつながりを考えながら、ポイントを絞って書けるようにしておきましょう。

第2章

職務知識

この分野では、秘書の役割や立場、秘書業務のアウトラインについて学びます。

組織全体のなかでの秘書の位置づけと、上司との関わり方を心得て、上司や取引先から信頼されるには何をすればよいか、を考えなければなりません。

秘書の職務限界を見極めつつ、補佐役としてできることはすべて実践するという点に注意しましょう。

上級秘書になると、上司の要望を察知して動く先見性や、これまでに培ってきた素養・職務経験を役立て仕事に取り組める主体性が求められます。

上司と秘書の仕事の違い

出題傾向	**2級**	企業のなかで上司はライン、秘書はスタッフの機能と役割を担っていることを理解する。仕事上のミスでは、日常業務の範囲内か、上司の仕事に影響が及ぶかによって処理のしかたが違ってくるので気をつける。
	準1級	上司の考え方、行動のしかた、仕事内容を熟知したうえで、上司が仕事をしやすい環境作りをする「主体的補佐」のあり方が問われる。秘書の職務限界に注意しつつ、どこまで必要な準備ができるかがポイント。

上司と秘書の機能、役割、仕事の違い　　　**2級** **準1級**

　仕事における上司の機能とは企業経営上の意思決定をすること、その役割は企業の要求に応えることです。一方、秘書の機能は上司の補佐であり、その役割は上司の期待に応えることです。この機能と役割の違いから、上司と秘書それぞれの仕事の違いが生じてきます。

　両者の違いは、**ライン**と**スタッフ**の違いとしてとらえることもできます。ラインとは製造、仕入、販売、営業など、企業の利益に直結する部門をいいます。これに対し、経理、総務、人事など、ライン部門の仕事がうまく運ぶように援助する部門をスタッフといいます。上司はライン、秘書はスタッフとしての機能と役割を担っています。

	ライン 上司	**スタッフ** 秘書
機能	経営管理（経営上の意思決定） 人、物、金、情報、時間、空間といった経営資源を効率よく活用し、利益追求のための意思決定をする。	上司の補佐 上司の仕事から雑務を取り除き、上司が本来の仕事（経営管理）に専念できる環境を作る。
役割	企業の要求に応えること 経営計画の策定、組織の指揮命令、組織のコントロール	上司の期待に応えること 上司の業務補佐、身の回りの世話、接遇、上司を取り巻く人との橋渡し役
仕事	経営管理業務（財務分析、情勢判断、決裁業務）、担当部門の業務（会議への出席、来客との面談、部下への指示など）	日程管理、情報管理（情報収集・データ入力）、文書事務、経理事務、来客・電話・メールの対応、会議関連事務、上司の健康管理（食事準備）、出張管理、オフィスの環境整備など

◆仕事上のミスの処理

　秘書は上司の指示に従って、上司の責任の範囲内で仕事をしています。秘書が仕事でミスをすれば、対外的には上司、会社のミスとみなされます。秘書の仕事は上司の仕事に直接結びついているということを肝に銘じておきましょう。

　試験では、ミスの程度に注意してください。秘書の日常業務の範囲内でのミスであれば自分で処理してから上司に報告します。上司の仕事に影響が及ぶようなミスであれば、自分で処理せずに、できるだけ早く上司に報告して指示を仰がなければなりません。

秘書の分類　

　秘書は、組織のなかでどのような部門に所属するかによって次の４種類に分かれます。また補佐のしかたの違いによって、**間接補佐型**と**直接補佐型**に分けることもできます。

◆所属による秘書の分類

所属	上司	仕事のしかた
個人つきの秘書	特定の上司	特定の上司1人に専属でついて、1対1で補佐する。命令系統が1本で、秘書の仕事の範囲がわかりやすい。欧米の企業に多いタイプ。
秘書課（室）所属の秘書	トップマネジメント（社長、専務、常務など経営に携わる役員、監査役、顧問など）	秘書課（室）に所属し、チーム全体で役員などの補佐をする。直属上司は秘書課長（室長）。部署のなかで互いに助け合えるなどの長所がある。秘書課（室）所属でも、実際にはそれぞれの役職者を2人体制で補佐することが多い。
兼務秘書	トップマネジメント、ミドルマネジメント（部長など中間管理職）	上司が統括する部門に所属し、上司を補佐するとともに、その部門の仕事も兼務する。営業部の業務を担当しながら営業部長を補佐する場合など。
チームつき秘書	プロジェクトチーム	特定のプロジェクトチームや研究部門のチームに所属し、チーム内の秘書的業務を行う。

●**間接補佐型**…上司が本来の業務に専念できるように、上司の仕事から派生する雑務を引き受ける。秘書の日常業務や、指示のあった仕事のみを行い、上司の職域に踏み込まないアシスタント的な秘書。日本の企業に多い。

●**直接補佐型**…上司本来の業務についてもブレーンとなって補佐できるパートナー的な秘書。秘書課長（室長）のような立場の人がこれにあたる。ときには上司の代理を務めたり、上司の仕事を代行することもある。

上司に望まれる「主体的な補佐」

　準1級レベルになると、上司が意思決定しやすいような**主体的な補佐**が望まれるようになります。主体的補佐とは、秘書の立場をわきまえながらも上司の感覚を持ち、問題解決のための最善策を考えられることです。

　主体的補佐のためには、次のような事柄を心掛ける必要があります。

- **●上司を知る**……上司を理解し（第1章87ページ参照）、重責にある上司の状況や気持ちを察知する。秘書に対する上司の要望は業種や部門によっても異なるが、担当上司が代わっても上司の期待に応えられること。
- **●状況認知力を持つ**……上司を理解したうえで、上司の感覚を持ちながら最善策を考えられるようにする。
- **●問題解決力を持つ**……取り組む課題を明確化・具体化して、周囲の人たちと調整を図って問題を解決する。
- **●仕事の流れを知る**……会社内部の仕事の運び方、組織の構造や他部門との関連も考慮して動く。
- **●自己啓発**……語学力、対人折衝力、経営や会社の事業内容に関する専門知識、コンピュータ知識などの不得意な分野を克服し、必要な能力を率先して身につける。
- **●全体を考えた行動をとる**……不用意な発言や、上司中心の言動を慎む。お客様の満足が、結果として上司の仕事の成果につながるよう努力する。

ケーススタディ

事例 最近、上司が多忙となり、予定を間違えたり、アポイントを忘れたりすることが続いている。このようなとき秘書はどのようにすればよいか。

　秘書が上司をコントロールするような言動は行き過ぎだが、次のような配慮は必要。

- 朝、1日のスケジュールを書いたメモを上司の机の上に置いておく。
- 会議や来客との面会の予定は、そのつど相手と確認をとり上司に知らせる。
- 外出先から直接よそに向かう場合は、行き先や時間などを記したメモを渡す。
- 外出時に、上司に同行する人にも予定を知らせて協力してもらう。
- ドライバーと連絡をよくとり、情報交換する。

2 上司を取り巻く 人間関係

第1章 秘書の資質

第2章 職務知識

第3章 一般知識

第4章 マナー・接遇

第5章 技能

第6章 面接

出題傾向

2級 社内の人に上司からの用件を伝えたり、取引先など外部の人と応対する場合に、秘書の立場をわきまえた対応をする。相手が上司の部下であっても、目上の人には言葉遣いなどに注意すること。

準1級 社内外の人に上司の伝言などを伝える際に、人間関係をスムーズにする伝え方を心掛ける。上司びいきになりすぎない常識的な感覚や、誰にでも受け入れられる感じのよい話し方を身につけておくこと。

社内の人との関わり方 　2級

　上司とほかの社員の間に立って、上司の指示を社員に伝えたり、社員を上司に取り次ぐことは、秘書の仕事の1つです。その際には相互に協力関係が築けるように、次のような点に気をつける必要があります。

●上司の伝言を社員に伝えるときは、秘書の立場をわきまえ、言葉遣いや態度に注意する。
- 上司の部下（部課長など）であっても、目上の人への伝言は秘書自身が出向いて伝えることがある。
- 「常務が今日中に確認してほしいとおっしゃっていますが、お願いできますでしょうか」というように、言葉遣いに配慮して伝える。

●上司の地位が高くとも、秘書は一般社員であり、上司のような権限を持っているわけではないことに留意する。

●重要事項や機密が耳に入ることがあるが、関係者以外には漏らさない。

社外の人との関わり方 　2級

　外部の人との窓口になる秘書の態度は、企業を代表するイメージになります。来客応対や電話での応対のときには次のことに注意します。

●誠意を持って、礼儀正しく、公平に応対する。公平な応対とは、お客様の年齢や外見で応対のしかたを変えないこと。来客が重なったときは来社した順番を心得ておく。

●機密事項や、秘書が伝えるべきでないことは、尋ねられても答えない。知る立場にないことをきちんと伝える。

すぐれたコミュニケーターになる

秘書は、上司と社員の間に立って用件をやりとりしたり、社外の人と接したりする場合にも、人間関係を円滑にする心遣いが求められます。

特にお客様に対しては、上司びいきの言動は恥ずかしいことです。言葉の端々や対応のしかたに気をつけましょう。

例　面会を求めて来社したお客様に、上司が「10分待ってもらえるのなら会うよ」と伝言した場合の伝え方

× 「10分待っていただけるのでしたら会ってもよいと申しておりますが」
　　→上司の都合優先で、お客様に対して失礼な言い方になっている。

○ 「10分ほどお待ちいただけるのでしたら、ぜひお目にかかりたいと申しておりますが、いかがでしょうか」
　　→お客様の気持ちを汲みつつ、上司の意向を伝えている。

◆相手にとって不利な伝言を伝える

来客の面会を断る、社員に上司の苦言や忠告を伝えるなど、相手にとって不利だったり不快だったりするような事柄を伝える場合にも、秘書は人間関係を損なわないよう、表現に配慮する必要があります。

例1　上司（部長）が部下（課長）の報告書にミスがあるのに気づき、訂正するようにと課長に伝えるよう指示したとき

○ 「△△部長が、報告書の××の数字をもう1度確認してほしいとのことですが、お願いできますでしょうか」
　　→「上司がミスに気づいた」ことを知らせつつ、相手に訂正や確認を「お願いする」という言い方にする。

例2　不意の来客に、上司が「それとなく断ってほしい」と指示したとき

○ 「本日は立て込んでおりますので、またの機会にしていただきたいと申しておりますが」
　　→「会えない」という上司の意向を伝えつつ、それを婉曲に表現している。

3 上司へのアドバイス

第1章 秘書の資質

第2章 職務知識

第3章 一般知識

第4章 マナー・接遇

第5章 技能

第6章 面接

出題傾向	**2級**	実務で上司へのアドバイスが必要になるさまざまな場面を想定し、秘書の対応が適切かどうかが問われる。どんな場合に上司へのアドバイスが許されるのか、基本を押さえたうえで、話し方や言葉遣いにも配慮する。
	準1級	基本は2級と同じだが、上司に苦情が寄せられている場合の対応など、より難しい場面での事例も出題される。

上司へのアドバイスが必要になるとき　

　アドバイス（進言）は、原則として上の立場の人から下の人に対してするもので、通常は秘書が上司にアドバイスすることはありません。しかし例外的に次の①②のような場合は、秘書から上司に申し述べることが許されます。

①上司が自分のミスに気づかず、仕事に悪い影響が出そうな場合

②上司から助言を求められた場合（お客様への贈り物など）

　ただし、上司に進言する際には言葉遣いなどに注意し、秘書の立場をわきまえた話し方をするよう心掛けます。いかにも上司のほうに非がある、といった言い方にならないようにしましょう。②の場合はアドバイスというより情報提供と考えればよいでしょう。情報をタイミングよく伝える工夫も必要です。

　①②のほか、上司の健康面についての助言をすることもありますが、これについては87 ～ 88ページを参照してください。

ケーススタディ

　上司へのアドバイスに関しては、仕事で実際に起こりうる状況での秘書の対応のしかたが問われます。「秘書の職務限界」の項目（104ページ）や、第1章で学んだこと、第4章マナー・接遇の「話し方」といった項目も参考にしてください。

事例1　上司が電話で友人と昼食の約束をしているのを聞いた。ところが出かけなければ間に合わない時刻になっても忘れている様子である。

○ 「お約束がおありだったようですが……」と促す。

事例2　A社の担当者と会う約束があるのに、上司はB社と勘違いしている。

○秘書の側にミスがあるかもしれないという態度で、「私のスケジュール表ではＡ社の△△様となっていますが、もう一度確認してみます」あるいは、「スケジュール表ではＡ社の△△様となっていますが、私の勘違いでしょうか」と言う。

事例3 上司から、取引先の会長へのお中元は何がよいかと尋ねられた。

○「△△をよく召し上がるとうかがっております。デパートのカタログで確認いたしましょうか」と提案する。取引先の秘書とよい関係を築いていると、こうした場合に情報を活かすことができる。

事例4 上司から社内の人の人物評価を求められた。

○マイナス面ばかりの指摘にならないように気をつけながら、自分が知る範囲内の事実だけを述べる。人物評価（人を見る目）は秘書自身の評価にもつながるので、慎重に対応する。

上司が忙しいときの対応

　準１級では、上司が急に忙しくなり業務に支障が出てきた際の秘書の対処法といった、やや難しい状況設定での事例も出題されています。

　こうした問題解決型の提案をしなければならない場合は、「上司に処理をお願いする」のではなく、問題解決のために「秘書がいかに動くか」がポイントになります。

ケーススタディ

事例 最近、上司は外部との折衝が多く、社内にいることが少ない。社外からの電話があっても不在続きのため、相手に失礼することが多い。秘書はどう対応すればよいか。

×留守中の代理者を決めておくよう上司に提言する。

　　→上司に代理者を立てるように命じているのと同じことになる。

×上司の携帯電話に連絡を入れるので、携帯電話から先方に連絡してほしいと提言する。

　　→上の解答と同様に、上司に携帯電話から連絡するよう命じているのと同じことになってしまう。

○日程調整のつく範囲で、就業時間内に社外と連絡をとる時間を作りたいとお願いする。

　　→秘書の職務範囲内で解決方法を提案した、よい解答例。

1 定型業務

 秘書の定型業務にはどのようなものがあるか整理して覚えておく。仕事の優先順位を決めるときは、上司の意向を第一に考え、緊急度、重要度によって判断するのが原則。判断しにくいときは必ず上司の指示を仰ぐ。

準1級 定型業務のなかにも判断力を必要とする場合が多い。日常業務から派生した作業を随時、定型化し、仕事を効率的にする努力が求められる。日々の仕事のなかで先見性を必要とする場合の対応も重要。

定型的な業務の種類

秘書の定型的な日常業務には次のようなものがあります。

上司の身の回りの世話	車・運転手の手配、お茶・食事のサービス、健康管理、家族との連絡、私的な交際の世話、税金申告の資料作成など私的な出納業務
日程管理	日程表の作成、上司や関係先への連絡・確認、面会予約の取り次ぎ、応接室などの予約、日程の変更にともなう調整と確認
出張業務	宿泊先の予約、切符の手配、関係先への連絡、旅程表の作成、出発準備、資料作成、土産物手配、出張中・出張後の処理
接遇（来客・電話）	受付、取り次ぎ、案内、茶菓サービス、見送り、上司の不在・執務中の応対
交際の業務	冠婚葬祭に関する準備・記録、慶弔・季節の贈答品の準備・手配、記念行事の準備・手配など
文書事務	文書の作成、受発信、整理・保管、「秘」扱い文書の管理
会議・会合	案内状の作成・発送、出欠確認と連絡、会場の選定・予約・設営、会議資料の作成、受付、議事録の作成
情報収集・管理	社内外の情報収集と報告、顧客情報の管理（名刺整理、面談データの入力・整理・活用）、スクラップ、資料の整理・ファイリング
経理事務	出張費・交際費の精算、小口現金の扱い、伝票類の起票、諸会費の納入、手形・小切手の取り扱い
環境整備	上司の執務室・応接室の整理整頓や清掃、備品・消耗品の点検と補充、事務機器の管理、照明・防音・空調の調整、災害対策

◆日常業務改善のポイント

　職務経験を積み、上司や会社に対する理解が深まるにしたがって、秘書自身の仕事の幅も広がります。日常業務、突発的に入る仕事を効率的に処理していくために、次のような工夫を取り入れます。

●マニュアルやチェックリスト、フォーマットを作って仕事の順序や方法を定型化し、短時間で処理できるようにする。
●ファイルや名刺の整理方法を工夫し、顧客データを探す時間を短くする。
●仕事の段取りを考え、同じような作業はまとめてスムーズに行うようにする。
●来訪したお客様の情報など、必要なことは小さなことでも記録に残し、次の機会の参考にする。
●パソコンの業務処理ソフトを活用し、正確・迅速・丁寧な仕事の出来上がりをいつも考える。

優先順位をつける

　秘書の日常業務では、さまざまな仕事が同時進行しており、優先順位を考えて処理しなければならない場合がほとんどです。優先順位を判断する際には、複数ある仕事の納期を確認したうえで、どれが上司にとって（会社にとって）重要か、緊急かという点がポイントになります。

　優先順位をつけるには、日常業務のなかで次のような事柄を心掛けます。

●1日のはじまり……朝、上司のスケジュール確認とともに、秘書自身のその日の仕事の流れをつかんでおく。
●期限を確かめる……仕事は急を要するものから取りかかる。同じ期限の仕事が複数ある場合は、短時間ですむ仕事から処理していく。
●作業は効率よく……手紙の清書やコピーなどの作業的な仕事は所要時間意識を持って取り組み、効率化を図る。
●同じ仕事は手順を工夫……出張や慶弔事務など、同じ仕事がたびたび発生する場合はチェックシートを用意し、上司からの指示の漏れがないように仕事を進める。

　優先順位が判断しにくいときには、上司の指示を仰ぎます。その場合、秘書は自分の作業状況を上司に説明しなければなりません。それには作業にかかる時間（所要時間）を把握しておく必要があります。日ごろから時間の感覚を意識して仕事に取り組むようにしましょう。

◆常識による重要度の判断

準1級を受験する人は、上司の予定が重なった場合の一般的な判断のしかたについても覚えておきましょう。もちろん優先順位は状況によって変わりますが、一般的には下記の「＜」マークの右側を優先させます。

業界団体が主催する会議 ＜ 社内の臨時経営会議

社内の打ち合わせ ＜ 上司がお世話になっている方の来社

結婚式 ＜ 友人の告別式（告別式は最優先）

仕事 ＜ 上司の健康や家族に関すること（仕事関係は代理が立てられる）

仕事の流れの先を読む

第1章でも述べたように、秘書には上司の仕事を見て、その先に起こる事柄や必要になる情報を察知し、行動に移す先見性が求められます。

これは職務経験を積み重ね、次の3つの能力が備わってくることによって可能になるものです。

●**上司の要望を察する（洞察力）**……秘書が察知した仕事は、上司の意向に沿っていなくてはならない。上司が必要としていなければ先走りになる。

●**仕事の処理面と経過が見える（問題解決力）**……仕事全体の流れと現在の状況、具体的にどう処理していけばよいかが理解できなければならない。

●**仕事に必要な時間の読みができる（時間意識）**……仕事の所要時間が読めるようになると、どのタイミングで行動すればよいかがわかるようになる。

ケーススタディ

事例1 上司宛に取引先からパーティーの招待状が届いた。しかし当日、上司は海外に出張の予定。この場合、秘書がとるべき行動は何か。

●社内のほかの出席者は誰か確認する。

●招待状に下記のメモを添付して上司宛の未決箱に入れる。

　①当日、上司は出張予定である。②社内のほかの出席者は誰か。

事例2 事例1のパーティーに上司が出席する場合、秘書が用意しておくべき資料にはどのようなものがあるか。

●招待先の企業との取引状況。

●主な招待客とその情報。

●パーティーの主旨により必要なもの（**例** 新社長就任パーティーなら新聞に掲載された新社長のプロフィールなど）。

2 非定型業務

2級	災害や事故など突発的な事態への対処法が問われることは少なく、新人秘書の指導や前任者からの仕事の引き継ぎなど、日常起こりうる範囲のものが中心。関連ページを参照して理解しておくこと。	
準1級	上司の事故や急病など、突発事態直後の対処のしかたと、日ごろから心掛けておくべきことを頭に入れておく。	

突発事態への対処

　非定型業務とは、定型的な日常業務の枠に入らない、予定外の出来事が起きたときの仕事のことをいいます。事故や急病といった万一の事態が起きたときも、秘書には特に冷静さと的確な判断が求められます。

	対処方法	日ごろの危機管理
交通事故	●上司の代理者（秘書課長など）、上司の自宅に連絡。 ●軽い事故…代わりの交通手段の手配。状況により、その場の処置を運転手に任せる。 ●大きな事故…上司が怪我をしていたら急病の場合と同様の対処をする。その後、会社の担当者に連絡する。 ●取引先などが関係するときはスケジュール変更など必要な連絡をする。	●運転手など、上司の周りの人とよい人間関係を築いておく。 ●緊急連絡先は、どこにいても手元に控えておく。
急病	●上司の代理者（秘書課長など）、上司の自宅に連絡。 ●症状がひどい場合は救急車を呼ぶ。救急車が到着する前に、可能な限りの応急手当てをする（救急車を呼ぶような事態のときは、ほかの人に協力を求めること）。 ●スケジュールの調整。 ●関係者と相談し、その後の対応のしかたを考える。	●上司の持病や生活習慣病について、必要な知識を得ておく。 ●上司の健康保険証番号を控えておく。 ●上司の主治医と連絡がとれるようにしておく。 ●一般的な応急手当ての知識を身につけておく。

| 災害 | ●地震、火災時は人命の尊重を第一に考える。
●来客を優先して安全な場所に避難誘導する。
●社内、消防署などにすみやかに通報する。
●上司の指示に従い重要なものを外に持ち出す。 | ●緊急時に連絡がとれるように、課長以上のクラスの人の連絡先を網羅した連絡名簿を用意しておく。
●上司の印鑑、重要書類などの保管場所を確認しておく。 |
| 不法
侵入者 | ●不審者、脅迫者などが不意に押しかけてきた場合、警備室に連絡するなどすみやかに適切な対処をする。
●関係者と相談し、対応のしかたを考える。 | ●防犯システムや警備室への連絡方法、防犯マニュアルなどを日ごろから確認しておく。 |

その他の非定型業務

突発事態が起きたとき以外の非定型業務には次のようなものがあります。約束のない来客への応対などは、予定外ではあっても日常起こりうる出来事ですから、マナー・接遇（第4章）分野などの関連項目を参考にして対応のしかたをまとめておいてください。

●**秘書の仕事の記録を残す**
●**業務マニュアルを作成する。または前任者から引き継いだマニュアルに追加事項を記入する**
●**パソコンの勉強**……仕事を効率的にするソフトの使い方や情報検索のしかたなど、知識・技能の幅を広げる。
●**セキュリティについての知識を持つ**……日ごろから会社の防犯システムや警備室・警備会社への連絡方法、防犯マニュアルなどを確認し、不法侵入など突発事態が生じたときに、適切な対処がすみやかにできるようにしておく。
●**企業倫理やコンプライアンスについて知識を持つ**……情報漏洩などの不祥事や不正行為の行われない、社会規範を守る企業経営について十分に理解しておく。
●**新入社員のマナー研修（人事部門の依頼による）**
●**マスコミの取材**……自分が会社側の人間であることをよく自覚して対応する。意見を求められ、判断に迷ったら「私にはわかりかねます」と回答を避けたほうが賢明。

3 上司が不在の場合

2級 上司不在で秘書が自分で判断できないときは代理者に、私的なことは上司の自宅へ連絡して相談する。上司の代行業務は「上司の指示があったとき、その指示の範囲内で行う」のがポイント。

準1級 ポイントは2級とほぼ同じだが、準1級では上司不在時に訃報が入った場合などの対応にも注意する。マナー・接遇分野（第4章）の慶弔業務とあわせて学習しておきたい。

上司が出張したとき

　上司が出張で不在のときに秘書がしておくべき仕事は次のとおりです。

● 事前に、出張中の上司に連絡がとれる時間・場所を決めておく。
● 手紙などを出張先に回送するときは、番号をつけて受け取った順序がわかるようにしておく。
● 名刺の整理、書類のファイリングなど、普段やり残している仕事をする。
● 上司が出張から帰った後の仕事の準備をしておく。

◆**判断できないことへの対処方法**

　上司の不在時、秘書が自分で判断できない事態が生じたときには、以下のようにします。

仕事上のこと	代理者がいる場合 → 代理者に相談する
	代理者が立てられていない → 事前に決めておいた時間・場所に上司へ連絡

私的なこと	自宅へ連絡して相談する

上司の業務の代行

　上司の不在時には、上司の指示により秘書が上司の仕事を代行することもあります。ただし秘書が代行するのは、上司の指示があったとき、その指示の範囲内の仕事をする場合に限られるという点に注意してください。たとえば上司の指示を受けて書類に押印する、来客に伝言するといった場合です。

　秘書は次の①〜④のような業務は代行できません。上司不在中にこのよう

な業務が発生したときには、上司の代理者に相談するか、上司に連絡して指示を仰ぎます。

①経営に関する業務・決裁業務
②稟議書（決裁書類）への押印
③スケジュールの変更、面会の予約、会議・会合への出席の決定
④親展・書留郵便物の開封
   →その他の郵便物は、上司が戻ったらすぐに処理できるように、重要度別に分類しておく。書留、速達は上司に連絡をとるときに伝える。

◆代行業務の行き過ぎ例

　次のような例は、上司の指示がない限り、秘書の職務範囲を越えることになるので気をつけてください。

×上司に面会の希望があったので、秘書がスケジュールを調整して上司に報告した。
×上司の出張中、取引先の副社長が入院したので、お見舞いを送った。
   →取引先の副社長秘書に容態を聞き、上司が出張中であることを告げて、お見舞いを述べておく。その後、上司に知らせて指示を仰ぐ。
×「至急」と書かれた社内回覧物に印を押して回しておき、上司に連絡したときに回覧物の内容を伝えた。

◆上司不在中の訃報への対応

　上司の不在中に取引先の人が急逝するなどの訃報が入ったら、至急、上司に連絡して指示を仰ぎます。それとともに次のような準備もしておきます。

●秘書課長（室長）や総務課長に連絡し、会社としての対応を確認する。
●指示があったらすぐに動けるように、告別式の日時、場所、弔電の宛先（喪主）を調べておく。
●スケジュールの調整が可能かどうか調べておく。
●同様のケースの記録や情報を確認しておく。
※秘書が独断で上司の名で弔電を打ったり、勝手にスケジュールを変更したりすることはできません。

4 秘書の職務限界

2級 秘書の独断専行、越権行為となる事例に注意する。上司にアドバイスする場合は、「秘書がアドバイスしてよい範囲かどうか」という点と、表現のしかたに気をつける。

準1級 秘書の仕事範囲が広がっても職務限界の基本は同じ。上司の仕事を代行する場合には、上司の指示による行為かどうかに注意する。

秘書の職務限界を認識する

上司の仕事は会社の経営上の意思決定、秘書の仕事は上司が仕事に専念できる環境を作ることです。どんなに有能な秘書でも、上司本来の仕事を上司に代わってすることはできません。秘書は補佐役という自分の立場を常に意識していなくてはなりません。

秘書が上司本来の仕事（決裁書類への押印など）を代行する場合には、①**上司からの指示があり**、②**その指示の範囲内で行うこと**、この2点が前提条件となります。

例 外出中の上司から、電話で次のような指示があった。

● 帰社は午後3時半ごろになる予定。

● 午後4時から部長2人と小会議室で打ち合わせをしたい。所要時間は1時間程度。部長2人には昨日、打ち合わせの件について話してある。必要な資料は社内メールで送付済み。

● 午後4時半からの予定になっていたS氏との面談は、明日以降に延期しておいてもらいたい。

○**秘書がすべきこと**

● 部長2人に打ち合わせの時間と必要な資料の確認連絡をする。

● 小会議室の予約をする。

● S氏に電話をし、面談を明日以降に延期してもらいたい旨を述べてわび、都合のよい日時を2、3あげてもらい、後ほど改めて連絡すると言う（こちらの都合のよい日時を2、3告げてS氏が希望する日に面談を入れる、という対応でもよい）。

独断専行をしない

　上司の確認を得ないでスケジュールを調整する、といったように、上司から指示を受けることなく、秘書が勝手に上司の仕事に影響する事柄を決定してしまうと**独断専行**になります。

　独断専行をしないためのポイントは次の４点です。

- ●上司と秘書の立場と役割の違いを理解する。
- ●日常業務以外の仕事を行うときや、自分では判断できない状況のときは、上司の指示を仰ぐ。
- ●上司が不在のとき判断できないことが生じたら、代理者に相談するか、上司に連絡して指示を仰ぐ。
- ●同僚などに仕事を頼む際には上司の許可を得る。

　先見性を働かせた行動と、独断専行の違いに気をつけます。「上司はきっとこうするだろう」と考えて気を利かせたつもりでも、察知した内容が上司の要望とずれていたら、秘書の先走りによる独断専行となってしまいます。しかし、100％確信のあることは行動をとります。このとき上司の信頼は得られるでしょう。

越権行為をしない

　越権行為とは、秘書が上司の指示なしに秘書の職務範囲を越えてしまうことをいいます。

　どういう場合に越権行為となるのか、例をあげて見ていきましょう。

例 上司が出張中、机上のトレイの中にはほかの部署から届けられた文書が入っている。

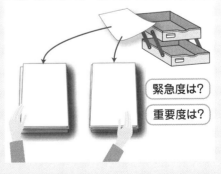

○トレイの中の書類を、決裁印が必要なもの、一定の期限までに回答が必要なもの、目を通すだけでよいものに分類した。

→上司宛の文書を分類・整理するのは秘書の職務範囲に入る仕事。分類するだけでなく、緊急度と重要度を見極めて次の行動を考えること。

○明日が期限となっている決裁書類があり、出張先の上司に連絡すると、「押印しておいてほしい」と指示されたので決裁印を押した。

→上司の指示による代行なので問題はない。こうした場合にはコピーをとって手元に控えを残すようにする。

×業界団体の会合の案内状が届いており、団体の事務局から「○○常務（上司）にはぜひとも出席してほしい」という旨の電話があったので、スケジュールを確認したうえで出席するという返事を出した。

→出席するかどうかを決めるのは上司なので、上司の確認をとらずに秘書が返事を出せば越権行為となる。この場合、スケジュールが空いていても、事務局に返事の最終期限を聞いたうえで、上司に確認をとってから返事を出すこと。

　この例のように、上司の不在時などに秘書が上司の仕事を代行するときは、「上司の指示・了解を得ているかどうか」が越権行為を見分けるポイントになります。

　原則として、秘書は上司の人事関連情報と金銭関係に関する代行はできないということも覚えておきましょう。

　また経営者としての上司の仕事内容について詳細を尋ねたり、上司の交友関係など私的な事柄に立ち入りすぎるのは、補佐役としての秘書にふさわしくない言動といえるので、境目が難しいのですが注意が必要です。

◆独断専行・越権行為の例

　以下に独断専行や越権行為となる例をあげておきます。試験問題では、秘書が上司のことを考えて行動したように表現されることが多いので、まどわされないようにしてください。

×上司の意向を確認することなく、上司のスケジュールを変更した→独断

×上司不在時に、取引先の社長の訃報が入ったので、自分が知っている限りの役員に連絡し、それを上司に報告できるようにしておいた→独断

×上司が出張先で面会の予約をしてきたので、スケジュール管理上、前もって知らせてほしいとお願いした→越権

×黙って席を離れることが多い上司に、必ず行き先を知らせてくれるようにお願いした→越権

×初めての来客は自分が代理で対応し、多忙な上司の負担を軽減している→独断・越権

×上司が出席する会合が重なった場合は、重要度を考慮して作った出席案を示し、上司の指示・了解を得ている→独断・越権

第3章

一般知識

この分野では、組織の経営陣や部門の長を補佐する立場として、自分が属する組織の背景にある社会の動きについて一般的な知識を備えているかが問われます。

試験では、専門的な深い知識までは求められませんが、上司や取引先との会話に出てくるビジネス用語などの意味がわかり、簡単に説明できる程度の知識は不可欠です。

基本的な知識を身につけるほか、日ごろから新聞やニュースで報道されることに関心を持ち、わからない用語が出てきたら必ず調べる習慣をつけましょう。

1 企業に関する知識

2級	株式会社のしくみと特徴を中心に出題される。法定上の役職である代表取締役、取締役、監査役と、法律には規定されていない、会社の内部組織上の呼称である社長、専務、常務とを混同しないこと。
準1級	2級と同様、株式会社の知識が出題の中心。会社法の施行により、会社の形態や株式会社の意思決定機関の構成が変わったことに注意する。記述式問題に備えて、重要な用語の説明は自分で書けるようにしておく。

会社の形態

　会社には**株式会社、合資会社、合名会社、合同会社**の4種類があります。従来の有限会社は、2006年5月に**会社法**が施行されたことにより設立できなくなりました（既存の有限会社はそのまま存続できる）。

	株式会社	合資会社	合名会社	合同会社
出資者名	株主	社員		
出資者の責任	有限責任 (注1)	有限責任社員1名と無限責任社員1名からなる	無限責任	有限責任
議決機関	株主総会	無限責任社員過半数の議決		社員総会
業務執行	原則として取締役1名以上 (注2)	無限責任社員	各社員	取締役1名以上

注1）有限責任とは、会社が負債を抱えて倒産した場合、自分が出資した分を放棄すれば、それ以上のお金は返さなくてもよいということ。一方、無限責任の出資者は、個人の財産を処分してでも返済しなければならない。

注2）取締役会を設置する会社（大企業が多い）では、取締役は3名以上とされる。代表取締役の選定も必要。また監査役か会計参与のいずれかを設置しなければならない。

◆企業の目的

　企業の目的は利益を追求することです。ただし公益性、公共性、社会性の面で責任を負っています。

● **株主に対する責任**……出資した株主に利益配当を行う。

● **従業員に対する責任**……従業員とその家族の生活を保障する。

● **消費者に対する責任**……良質の製品・サービスを適正価格で提供する。

● **取引先などの利害関係者に対する責任**……円滑な経営を行う。

株式会社の特徴

株式会社とは、多数の人から出資を募り、集めた資金を元手にして事業を行う会社をいいます。株式会社には次のような特徴があります。

- **資本と経営の分離**……不特定多数の人から資本を集めることにより、大規模な事業を行うことができる。出資した株主は自分では経営せず、株主総会で選んだ取締役に経営を任せる。
- **株主（出資者）は、株主総会を通じて会社の運営方針の決定に参画する。**
- **株式会社の最高意思決定機関は株主総会である。**
- **株主の責任は有限である（前ページの「有限責任」の説明を参照）。**
- **株券は原則として自由に譲渡（売買）できる。**

◆常務会

会社法に定められた株式会社の役員は、**株主総会**で選出する**取締役**と、**取締役会**で選任される**代表取締役**だけです。

ただし日本の多くの企業では、実質的には**常務会**で経営方針を決定します。常務会は一般に常勤の常務取締役以上の役員で構成されますが、「社長」「専務」「常務」などは内部組織上の呼び方で、法定の役職ではありません。

◆株式会社に関する用語

会社法	商法、有限会社法など、さまざまな法律に分散していた会社に関する法律を一本化したもの。2006年5月施行。株式会社制度と有限会社制度の統合、機関（取締役会など会社の意思決定をするしくみ）の柔軟化、設立手続きの簡素化、会社や事業の統廃合がしやすくなるなど、企業の多数を占める中小企業の経営実態に沿う内容になっている。
取締役	株主総会で選出された、会社の業務担当執行者。
取締役会	取締役で構成され、経営の基本方針を決定するほか、取締役会で決めたことを実行する代表取締役を選出する。会社法では、株式に譲渡制限を設けている会社（経営者が株主であるような中小企業が多い）では設置してもしなくてもよいことになっている。
監査役	取締役の仕事を監督し（業務監査）、会社の経理をチェックする（会計監査）役員。取締役会を置かない会社では設置は任意。
会計参与	会計書類を作成し、株主総会に報告する役員。税理士か公認会計士の有資格者であることが要件となっている。会社法施行で新たに導入された役職で、設置は任意。
定款	会社の目的、組織、活動などを定めた根本規則。
上場会社	証券取引所で株式が売買されている会社（大企業）。東京証券取引所第1部に上場するには、純資産10億円以上といった厳しい上場基準をクリアしなければならない。

2 経営管理に関する知識

出題傾向

2級 会社の経営陣や管理職の役割、会社組織の形態、PDS サイクルなどがよく出題される。各項目の要点と、経営管理に関する用語の意味をきちんとつかんでおくこと。

準1級 上司の仕事を知るという意味でも、経営管理については深く知っておく必要がある。「損益分岐点とは何か」といった記述式の問題にも対応できるように、用語の説明をキーワードを押さえて書けるようにしておく。

会社の組織

　企業はトップマネジメントを頂点とする**ピラミッド型**の組織となっています。これは命令系統を徹底し、権限委譲や責任分担を明確にするためです。

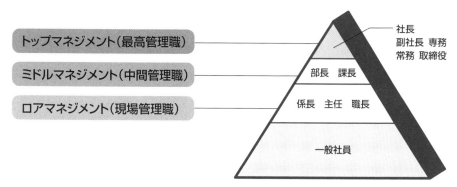

トップマネジメント(最高管理職)　社長 副社長 専務 常務 取締役

ミドルマネジメント(中間管理職)　部長 課長

ロアマネジメント(現場管理職)　係長 主任 職長

一般社員

さまざまな組織形態 2級 準1級

　会社の組織形態には、主として次のようなものがあります。

- **職能別組織**……生産、販売など利益に直接結びつく仕事をしているライン部門と、ライン部門の仕事が円滑に進むようサポートするスタッフ部門で構成される。企業の組織形態では最も基本的なもの。
- **事業部制組織**……いくつかの事業、製品、地域などによって事業部を編成し、責任者を置く。事業部内にライン・スタッフ部門が置かれることもある。
- **マトリックス組織**……プロジェクトチームにおいて、各プロジェクトのリーダーが職能部門から部下を集めて編成した組織。

◆執行役員制度

経営の意思決定をする取締役の下に、各部門の業務執行に専念する執行役員を置く制度を**執行役員制度**といいます。取締役と各部門長の仕事を明確に区別し、意思決定のスピードを早めるアメリカ型の組織形態であり、この制度を導入している会社では執行役を次のような名称で呼ぶこともあります。

CEO（chief executive officer）最高経営責任者
COO（chief operating officer）最高業務執行責任者
CFO（chief financial officer）　最高財務責任者

◆経営管理に関する用語

トップダウン	企業の経営計画や目標、方針などを経営陣が決定し、その実行を下部組織に指示する経営管理方式。反対に下からの情報や意思を汲みあげて経営に反映させる方式をボトムアップという（例：稟議制度）。
日本型経営	終身雇用制、年功序列賃金、企業内組合、稟議制度、企業内福祉を特徴とする、集団主義的な経営管理のあり方。高度成長時代には有効であったが、その後崩壊し、現在見直されている。
PDSサイクル	Plan（計画）→Do（実行）→See（検討）という、目標を立て実施し、その成果や反省点を次の計画に活かしていこうとする考え方。マネジメントサイクルともいう。現在ではPDCA（Plan→Do→Check／測定・評価→Act／処置・改善）サイクルと呼ぶことのほうが多い。
3S	職場や労働の専門化（Specialization）、製品の規格の標準化（Standardization）、作業方法の単純化（Simplification）により、仕事を効率よく進めるためのシステム。
QC	Quality Controlの略。市場に送り出す製品やサービスの品質が、予算内で一定水準に維持されるよう検査、評価、改善などを行う経営管理法。
ZD運動	Zero Defect（無欠陥運動）のこと。従業員の工夫と注意で欠陥製品をなくそうとする取り組み。
CI	Corporate Identityの略。企業の特質や存在価値について社内外に意思表明を行い、認知されたイメージと行動の統一を図ること。
CS	Customer Satisfactionの略。自社の商品、サービス、接客態度などを顧客の立場から検討して経営戦略を立てること。
損益分岐点	利益と損失の分かれ目となる売上高。
コンプライアンス経営	社会から長期的な信頼を得ていくために、法令や社会規範、業界内の規程などを遵守して企業経営を行っていくこと。
ベンチマーキング	業界の優良企業が示す経営指標を目標にして業務改善を進めること。

1 会計・財務に関する知識

2級 企業における決算の意味、財務諸表に含まれる書類の種類とその要点、会計の基本的な用語などが、定期的に繰り返して出題されている。特に重要なのは貸借対照表と損益計算書。

準1級 企業の成果を財務面（資産、負債、資本）と損益面（費用、収益）からとらえる複式簿記の流れをつかんでおく。貸借対照表と損益計算書を構成する用語はしっかり理解しておくこと。

決算と財務諸表　

　企業が少なくとも年に１回、会計帳簿を整理して、会社の経営成績と財務状況をあきらかにすることを**決算**といいます。株式会社は決算の結果を株主総会で報告しなければなりません。

　決算のときに作成される財務諸表には**貸借対照表**（たいしゃくたいしょうひょう）、**損益計算書**（そんえきけいさんしょ）、**キャッシュフロー計算書**、利益金処分計算書、付属明細書があります。このうち特に重要なのは貸借対照表と損益計算書です。

◆貸借対照表

　貸借対照表は、事業年度末の企業の財務状況を表したもので、B／S（Balance Sheet）ともいいます。

　貸借対照表の資産の合計（借方合計）は、必ず負債＋純資産の合計（貸方合計）と一致するしくみになっています。

借方（お金の使い道）	貸方（お金の出所）
資産の部 流動資産 ・現金・預金 ・受取手形 ・売掛金 ・商品 固定資産 ・有形固定資産（土地・建物など） ・無形固定資産（営業権など）	負債の部 　流動負債（買掛金、支払手形など） 　固定負債（社債、長期借入金など） 　特別引当金 純資産の部 株主資本 新株予約権

◆損益計算書

　損益計算書は、事業期間内の企業の経営成績（どれだけ利益を得たか）を表したもので、Ｐ／Ｌ（Profit& Loss）ともいいます。

経常損益の部	営業損益の部 （本業で生じた利益または損失）	1　営業収益 　　売上高 2　営業費用 　　売上原価 　　販売費及び一般管理費 営業利益
	営業外損益の部 （本業以外で生じた利益または損失）	3　営業外収益 4　営業外費用 経常利益
特別損益の部 （固定資産売却益や災害損失など、日常の事業活動以外から 　生じた利益または損失）		5　特別利益 6　特別損失
		税引前当期利益

◆会計・財務に関する用語

資産	企業が保有する財産のこと。現金・預金、商品、土地・建物などの物品や、売掛金などの債権のこと。
負債	今後、他人に支払わなければならない義務を負っているお金。買掛金、借入金など。
純資産	会計用語で資産の合計から負債の合計を差し引いたものをさす。
引当金	将来、特定の目的のための支出や、損失があったときの支出のために用意しておく資金のこと（例：退職給与引当金、貸倒引当金）。
減価償却	建物や機械などの固定資産は、使用と時間の経過によって価値が減少していく。その減少した分を金額として示したもの。
粗利益	売上高から売上原価を差し引いた利益部分のこと。売上総利益ともいう。
営業利益	粗利益から「販売費・一般管理費」を引いたもの。企業が本業で得た利益を示す。
経常利益	営業利益から営業外損益を加減算したもの。有価証券の売買など、企業の本業以外の経営活動も含めた利益を示す。
販売費	ライン部門の社員の給料や広告宣伝費など、売上を上げるのに要した費用のこと。
一般管理費	スタッフ部門の社員の給料や賃借料、水道光熱費、通信費など、事業活動全般にわたる経費のこと。
キャッシュ フロー計算書	現金・預金の流れを見るための財務表。営業活動、投資活動、財務活動の3分野における現金・預金の現在額と、年度中の増減額が示される。
経営分析	財務諸表などの資料をもとに、企業の経営状態や財務状態を判断すること。
法定準備金	企業が資本金の欠損を補うために積み立てているお金。資本準備金と利益準備金からなる。商法により、債権者保護のために定められている。
連結決算	子会社や関連会社の財務諸表を合算し、連結財務諸表を作成すること。グループ企業全体の経営成績、財務状況があきらかになる。
含み資産	資産の時価総額から帳簿上の資産価額を引いた差額。

2 手形・小切手と金融に関する知識

2級 手形や小切手は商取引の決済によく用いられる。そのしくみと、会社の資金繰りとの関係をきちんと理解しておくこと。手形と小切手には次のような違いがあるので注意する。

準1級
- 手形は受取人が指定されているが、小切手には受取人の指定がなく、銀行に小切手を持参した人に対して支払われる。
- 手形は支払期日が指定されている。

手形のしくみ

　手形とは、手形に記された受取人に対し、振出人が一定の時期に一定の場所で、手形に記された金額を支払うことを保証した有価証券です。

　手形に書かれた金額は、振出人の**当座預金口座**から支払われます。したがって当座預金口座を開設していないと手形は振り出せません。

　手形には振出人と受取人の2者間取引に使われる**約束手形**と、3者間取引（振出人の振り出した手形の金額を、引受人が受取人に支払う）に使われる**為替手形**とがあります。

約束手形のしくみ

振出人 — 約束手形 ▶ 受取人
　　　　　　振出

振出人 → 支払期日までに入金 → 振出人の取引銀行

受取人 → 取立委任 → 受取人の取引銀行

振出人の取引銀行 — 支払期日に支払い ▶ 受取人の取引銀行

※約束手形は商品仕入れの代金支払い手段などに用いられる。

為替手形のしくみ

振出人 — 為替手形引受の依頼 ▶ 引受人（支払人）

引受済み → 為替手形　交付

振出人 → 受取人

引受人（支払人） → 支払期日に支払い → 受取人

※為替手形の引受は、振出人と引受人との間で、事前に貸借関係があるときに成立する（引受人が振出人への買掛金を支払うかわりに為替手形を引き受ける場合など）。

小切手のしくみ `2級` `準1級`

小切手とは、銀行に当座預金口座を持つ振出人が、銀行（支払人）に対し、小切手を持参した人に小切手に記された金額を支払うよう委託した有価証券です。

手形と違って支払期日の指定がなく、11日以内に現金化されるので、現金の代用物として扱われます。

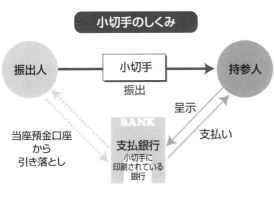

※小切手は11日以内に現金化されるので、振出人は振り出すときに当座預金に小切手金額分の資金を用意しておく必要がある。一方、手形は支払期日が指定されているので、期日までに資金を用意しておけばよい。

◆手形・小切手・金融の用語

有価証券	一定の財産上の権利を表示する紙片で、自由に売買できるもの。手形、小切手、株券、商品券など。
当座預金	取引の代金決済に使われる預金口座。いつでも出し入れできるが、利息はつかない。払い戻しは預金者の振り出す小切手でする。
手形割引	手形の支払期日以前に、銀行などが手数料を差し引いて手形を買い取ること。
手形貸付	銀行などの金融機関から融資を受ける際、借り入れる側が金融機関を受取人として手形を振り出すこと。企業間の貸付・借入にも活用される場合がある。
裏書譲渡	手形の所持者が、手形の裏面に所定事項を記入・押印して第三者に渡し、権利を譲渡すること。
不渡手形	振出人や裏書人の預金不足で、支払期日が来ても決済できない手形のこと。半年間に2回の不渡手形を出した企業は、銀行取引停止処分を受け、事実上倒産してしまう。
先付小切手	実際の振出日より先の日付にして振り出した小切手。
線引小切手	小切手の所持者が、いったん自分の預金口座に入れないと現金化できない小切手。振出人と所持者、双方の安全を考えたもの。小切手の左上角に2本線が入るので横線小切手ともいう。
資金繰り	借入、売掛金回収などにより事業に必要な資金をやりくりすること。

1 税務に関する知識

2級	直接税と間接税、国税と地方税、個人対象の税と法人対象の税など、税金の基本的な区分と、それぞれどのような税金が該当するのかを覚えておく。「源泉徴収」「可処分所得」など税の名称以外の用語にも注意。
準1級	出題範囲は2級とほぼ同じ。出題されることはあまりないが、上級秘書の業務の1つとして、上司の確定申告に必要な書類にはどんなものがあるかも押さえておきたい。

税金の種類 2級 準1級

　税金は次のような分け方で分類することができます。それぞれの名称と種類は、一般常識として覚えておきましょう。

◆個人に課せられる税金と法人（会社）に課せられる税金

個 人	所得税、都道府県民税・市町村民税（個人住民税）、固定資産税、自動車税、相続税、贈与税、個人事業税など
法 人	法人税、法人都道府県民税・市町村民税（法人住民税）、法人事業税、都市計画税

◆直接税と間接税

　直接税……納税義務者が、給料から源泉徴収されるなどの方法で直接支払う税金

　間接税……買い物をした消費者が消費税を支払うが、店がそれをまとめて納税するなど、納税義務者と支払人が違う税金

◆国税と地方税

　国税……国が徴収する税金

　地方税……地方自治体（都道府県、市町村）が徴収する税金

直接税	国　税	所得税、法人税、相続税、贈与税
	地方税	個人住民税、法人住民税、個人事業税、法人事業税、固定資産税、自動車税など
間接税	国　税	消費税、酒税、たばこ税、揮発油税など
	地方税	地方消費税、都道府県・市町村たばこ税など
その他		印紙税（国税）、登録免許税（国税）

◆税務に関する用語

累進課税	所得が高くなるほど税率も高くなる租税制度。
源泉徴収	会社があらかじめ給料から税金を差し引く、金融機関が預貯金の利子から税金を差し引くなど、課税対象の支払金から支払者があらかじめ一定の税を徴収すること。
年末調整	年末に1年間の給与総額に対する所得税額を算出し、源泉徴収済みの税額と比較した過不足分を、その年の最後の給与で精算すること。
確定申告	個人の場合は、前年の1月～12月の所得額と税額を税務署に申告すること。法人の場合は決算日から2か月以内に税務署に法人税の申告をすること。
所得	収入から、その収入を得るのに要した経費、または税法で決められた一定の控除額（給与所得控除など）を差し引いた金額。
所得控除	所得額から基礎控除、配偶者控除、扶養控除、医療費控除など、税法で定められた金額を差し引くこと。所得税額は、この所得控除額を引いた後の金額（課税所得金額という）にもとづいて計算される。
基礎控除	所得税を計算する際、所得額から納税者本人の最低生活費とされる一定金額（38万円とされている）を差し引くこと。
可処分所得	収入（個人事業主の場合は、収入－必要経費）から所得税、住民税、社会保険料を差し引いた手取り所得。
キャピタルゲイン課税	株などの有価証券の売買で得られる利益にかかる税金。
青色申告	法定の帳簿類を備え、記帳することを条件に、さまざまな特典を得られる確定申告の方式。個人も企業も、税務署に申請書を提出して認められれば青色申告者となることができる。青色申告者は青色の用紙で申告することからこう呼ぶ。
白色申告	青色申告以外の所得税・法人税の申告のことを指す。

2 印鑑と会社に関わる法律

秘書に欠かせない知識として、特に契約や文書に関することが重視される。印鑑登録と印鑑証明、押印の種類、収入印紙を必要とする書類については、たびたび出題されている。企業に関わる主な法律や法律用語もきちんと理解しておくこと。

印鑑についての知識

　取引先と交わす契約書や官公署に提出する文書などの正式な書類には、**印鑑登録**した印を用います。印鑑登録とは、捺印した印鑑が真正であることを証明する制度です。

　法人（会社）の場合は、法務局に代表者印の印影を登録し、必要なときに、登録印と相違ないものであることを証明する**印鑑証明書**を発行してもらいます。契約書などに押印された代表者印と、印鑑証明書を照合すれば、その書類は代表取締役本人が認めて押印したものと確認することができます。

◆押印の種類

実印	個人が市区町村に登録した印（1人に1つ）。
認印	印鑑登録していない印。一般に略式印として使われる。
代表者印	法務局に届け出て登録した会社代表者の印鑑。形は丸印でも角印でもよい。個人の実印にあたるもので、法人実印とも呼ばれる。
銀行印	取引銀行に届け出てある印鑑。手形・小切手への押印や、預金の引き出しに用いる。
公印	官公署や会社の公的な印。
封印	封をしたところに押す印。
割印	契約書などが数ページある場合、同一文書であることを示すため、2枚の書面にまたがって押す印。また契約書などが2通以上ある場合、関連する文書であることを証明するため、2通にまたがって押すこともある。
契印	数枚からなる同一書類の継ぎ目または発行する文書と原簿との両方にまたがって押す、書類が連接していることを証明する印。
捨印	文書の欄外に、訂正印の代用としてあらかじめ押すもの。
訂正印	文書を訂正したとき、訂正した行の欄外に「○字加筆、○字削除」などと記入して押す印。間違えた文字を消して書き加えることもある。数字の場合は2本線で消す。

収入印紙について

　記載金額が5万円以上の領収書、手形金額が10万円以上の手形、契約書には、定められた金額の**収入印紙**を貼らなければなりません。ただし小切手や請求書などには収入印紙はいりません。収入印紙を貼り、消印を押すことによって、印紙税（国税）を納めたことになります。法的には収入印紙が貼っていなくても文書は有効とされますが、税務調査などで発覚すると、過怠税が課されます。なお収入印紙に有効期限はありません。

企業法務に関わる専門家

　企業活動には民法、商法をはじめ、さまざまな法律が関わってきます。法律に関わる専門家には次のような人たちがいます。

- ●**弁護士**……訴訟事件、権利義務関係についての紛争、行政庁に対する不服申し立てなど法律全般に関する助言、代理、仲裁を行う。
- ●**司法書士**……裁判所や法務局に提出する書類の作成や事務手続きを行う。
- ●**行政書士**……役所に提出する許認可等の申請書類の作成、提出手続きの代理を行う。
- ●**公認会計士**……企業の財務書類の監査や証明を行う。
- ●**税理士**……税務書類の作成や税務申告などの代理、税務相談を行う。
- ●**弁理士**……特許権、実用新案権、意匠権、商標権の出願手続きを、申請する当人の代理で行う。
- ●**社会保険労務士**……社会保険や労働保険に関する事務手続き、人事・労務管理に関する助言を行う。
- ●**公証人**……公正証書の作成や会社の定款の認証などを行い、民事に関する事実を公に証明する権限を持つ。法務大臣が任命する公務員。

◆企業に関わる法律用語

債権	金銭などを貸した人が返済を請求できる権利。借りた人から見れば債務。
債権者	貸したお金や財産を返してもらう権利を持つ人。返す義務のある人は債務者という。
担保	貸付金が返済されない事態に備えて、借り手から預かっておく物件。
抵当	抵当権を設定した担保のこと。抵当権とは、貸付金の借り手に土地・建物などの担保を使用させ、返済不能なときには競売代金の中から優先的に返済してもらう権利。
登記	民法上の権利を確実にし、事実を公にするため、登記簿（法務局の公簿）に記載すること。
知的所有権	知的創造活動の成果を保護する権利。特許権、著作権など。

1 人事・労務に関する知識

出題傾向

2級 上司の補佐役として、上司が従業員を評価する基準をよく理解することが重要。この項目では用語がよく出題されるので、用語の意味を正しくつかみ、用語に対応する説明文を選ぶ問題や、準1級では用語の意味を

準1級 書く記述問題にも解答できるようにしておく。

人事管理と労務管理

　人事や労務に関する仕事は、会社のなかでは総務部、人事部、労務部といった部署が担当しています。どちらもその会社で働く従業員に関する職務ですが、人事は個々の従業員を、労務は従業員全体を対象とした制度に取り組んでいます。

　人事管理とは、従業員各人の欲求を満たすための活動と、企業の目的達成のための活動との間で、調和を図るように管理することをいいます。

　労務管理とは、従業員の労働力を企業活動に適切に活かすため、労働条件や制度を整備し、管理することです。

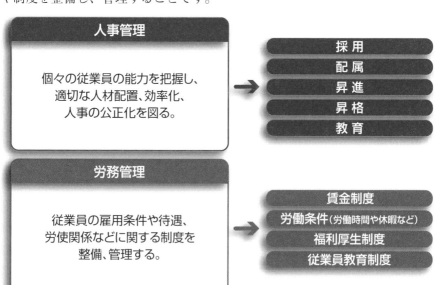

人事管理

個々の従業員の能力を把握し、適切な人材配置、効率化、人事の公正化を図る。

→ 採用 / 配属 / 昇進 / 昇格 / 教育

労務管理

従業員の雇用条件や待遇、労使関係などに関する制度を整備、管理する。

→ 賃金制度 / 労働条件（労働時間や休暇など）/ 福利厚生制度 / 従業員教育制度

◆人事管理に関する用語

人事考課	従業員の業績、勤務態度、能力を一定の基準で評価すること。昇給、昇格、配置転換、賞与などの判断材料となる。
人事異動	現在の部署から、ほかの仕事をする部署へ配属が替わること。社内公募制で、自分から他部門への異動を希望できる制度を導入している企業も増えている。
昇進	職位（役職）が上昇すること（例：主任から係長に昇進）。
昇格	職務給の給与ランクが上がること（例：3等級から4等級へ昇格）。
出向	従業員を子会社や関連会社に長期間差し向けて働かせること。給料は元の会社から支払われる。
OJT	On the Job Trainingの略。現場で仕事をしながら、先輩などが直接行う企業内教育訓練。現場を離れ、研修機関に出向いて行う教育訓練はOFF-JT（Off the Job Training）という。
ジョブ・ローテーション	従業員の職務を一定期間ごとに替えること。誰もが多くの職種を体験することで、配置転換も可能になる。
年功序列制	従業員の年齢と勤続年数によって処遇が決まる制度。
終身雇用制	採用した従業員を定年まで解雇せず働かせる制度。年功序列制とともに、日本的経営の特徴の1つとされている。

◆労務管理に関する用語

就業規則	労働条件、人事制度、服務規定などを定めた会社規則。始業時刻、休日・休暇、賃金、安全・衛生などの事項を定めている。
職務評価	職務給導入前に、会社内の職務の相対的評価を決めること。
割増賃金	時間外・休日勤務などの場合、所定の賃金に加算することが義務づけられている賃金。
モラール	従業員の士気、労働意欲のこと（「モラル」は道徳の意味なので要注意）。
モラールサーベイ	職場のモラールについて実態を調査すること。

1 マーケティングに関する知識

出題傾向

2級 市場調査からアフターケアに至るまでのマーケティングの流れを把握し、用語の意味を正しく理解すること。特に「マーケットリサーチ（市場調査）」や「マーチャンダイジング（商品化計画）」「セールスプロモーション（販売促進）」などのカタカナ語の意味を混同しないよう注意。

準1級

マーケティング活動の流れ

　マーケティングとは、生産者から消費者に商品やサービスが渡るまでに行うすべての商業活動をいい、次のような過程を踏んで展開されます。

① 市場調査（マーケットリサーチ）　…市場の規模、実態を調査し、消費者のニーズを探る。

② 企画・開発　…ニーズに沿った製品を企画・開発する。

③ 販売計画・価格政策　…売り方、価格、流通経路を考える。

④ 宣伝広告　…新聞、雑誌、テレビ、ウェブなど広告媒体を用いて宣伝する。

⑤ 販売促進（セールスプロモーション）　…販売促進活動をしながら販売する。

⑥ アフターサービス　…消費者に対し、修理や新製品の案内などのアフターケアを行う。

⑦ 記録・報告　…売上や消費者の意見をまとめ、次の商品計画に活かす。

◆販売促進（セールスプロモーション）の方法

　販売促進には、主として次の3つの手段があります。

● **販売員活動**……販売員が見込み顧客と直接話すことによって販売する。消費者から直接の反応が得られるが、成果は販売員の資質に左右される。

● **宣伝広告**……印刷、電波、ウェブなどの広告媒体を使って商品の情報を知らせる。商品情報を広く行き渡らせることができる。

● **販売店援助**……販売会社、代理店などをバックアップする。展示会開催、見本の提供など。販売会社との交流が増し、売上に結びつく可能性もある。

◆マーケティングに関する用語

市場調査 （マーケットリサーチ）	新製品の開発や販売促進のために、市場の規模、実態などを調査すること。
マーチャン ダイジング	商品化計画。市場調査にもとづき、消費者のニーズに合った商品を、適切な時期、価格、数量で提供する計画のこと。
マーチャンダイザー	特定の商品について、仕入、販売促進、苦情処理などのすべてに責任を持つ担当者。
シェア	市場占有率（マーケットシェア）のこと。ある企業の商品の販売額が、同種の商品の市場全体の販売額に占める割合。独占度の指標ともなる。
市場細分化	市場を年代別、職業別などに細かく分割し、それぞれのグループについて最も適切なマーケティング活動を行うこと。マーケットセグメンテーションともいう。
市場標的	市場を細分化したなかで、自社の顧客として販売の目標とする層のこと。マーケットターゲットともいう。
メディア	新聞、雑誌、テレビ、ラジオ、ウェブなどの広告媒体。
メディアミックス	広告の計画を立てるときに最も効率的な媒体の組合わせを決めること。
パブリシティ	新製品などの企業の情報をマスメディアに提供し、記事・報道として取り上げてもらうこと。
POP広告	Point Of Purchase（購買時点広告）の略。店頭など商品の近くに設置して消費者に訴えかける広告や宣伝材料。
ライフサイクル	商品が市場に出てから衰退に至るまでの期間。
コンシューマー	消費者のこと。
クーリング・オフ	一定の期間内であれば、消費者が無条件で契約を解除できる制度。
ニッチビジネス	他社と競合しない、誰も目をつけていないビジネス。
ロングテール	ネット販売において、従来あまり売れなかった商品でも多品種少量販売によって大きな売上が期待できるという考え方。ネット販売では物理的な売り場スペースの制約がなく、膨大な商品種を低コストで在庫しておけるため、売れ筋でない商品でも取り扱うことができる。

第1章　秘書の資質

第2章　職務知識

第3章　一般知識

第4章　マナー・接遇

第5章　技能

第6章　面接

1 覚えておきたい 時事用語

出題傾向

2級

準1級

時事用語、カタカナ語の意味、略語の意味や表記などが問われる。特に経済関連の用語は重要。本書では新聞やニュースでよく報道される基本的な用語のみを取り上げている。日ごろから新聞やニュースに接して、新しい用語が出てきたら用語解説欄を読んだり、自分で調べて意味を理解しておくこと。

◆日本とその略称

日本経済団体連合会（日本経団連）	2002年に経済団体連合会（経団連）と日本経営者団体連盟（日経連）が統合して発足した、企業を会員とする団体。
日本商工会議所	全国各地の商工会議所の中央機関。
経済同友会	経営者が個人の資格で会員となっている経済団体。個々の企業の立場にとらわれず、国民経済全体の立場から進歩的な意見を出すことを目的としている。

◆貿易に関する用語

逆輸入	一度輸出した製品を加工品などの形で、改めて輸入すること。
変動金利	固定金利とは反対に、金利水準が情勢によって変動することにより、利率が変化する金利のこと。
貿易収支	ある国における一定期間の輸出額と輸入額の差額。
貿易外収支	商品貿易以外の国際収支を表すもの。
貿易摩擦	ある輸出品が相手国の国内産業と競合したため、相手国の失業率などに影響を与えてしまうこと。特定品目に輸入制限をかけるなど、両国間の重要な交渉課題となる。

◆金融に関する用語

政策金利	日本銀行が民間の銀行に貸し出す資金の金利。
プライムレート	銀行が信用力のある優良企業に融資するときの最優遇貸出金利。
国債	国が発行する債券。公共事業のために発行される建設国債と、国の歳入不足を補うために発行される赤字国債がある。地方自治体が発行する債券は地方債という。
社債	企業が発行する債券。一般の人に債券を買ってもらうことにより事業資金を調達する。定期的に利息を払い、期限が来たら元本を返済する。
為替レート	1国の通貨を他国の通貨と交換するときの換金比率。
円高	外国為替相場で、外貨に対する円の価値が高くなること。逆に外貨に対し円の価値が低くなることを円安という。

格付け	債券を償還（元本の返済）されないリスクの高低によりAAA～Dなどとランク分けして評価すること。
不良債権	企業の経営悪化や財政破綻などの影響で、回収される可能性が低い貸出金のこと。
ペイオフ	金融機関が破綻した場合、元本1000万円とその利息分を上限として保護し、預金者に払い戻す制度。
担保	貸付金が返済されない事態に備えて借り手から預かっておく不動産など、支払いを保証するもの。
マネーサプライ	通貨供給量、貨幣供給量といった世に出回る資金流出量のこと。
自己資本比率	銀行の安定状態を図る目安。総資産に占める自己資本の割合を指し、比率が高いほど銀行の運営状態が健全であることと判断される。

◆経済・産業に関する用語

日経平均株価	東京証券取引所の第1部に上場している銘柄のうち、225銘柄を選んで、この平均株価に修正を加えて計算したもの。
TOPIX	東証株価指数。基準日である1968年1月4日の東証1部上場の全銘柄の時価総額を100としたとき、現在の株価はどのくらいになるかを表したもの。
国内総生産（GDP）	国内で生産された商品やサービスの価格から、原材料などの中間投入額を差し引き（国民総生産）、さらに海外での純所得を差し引いたもの。国内全体でどのくらいの生産活動が行われたかを表す。
経済成長率	GDPの伸び率。景気を判断する目安となる。
インフレ（インフレーション）	物やサービスの量に比べて貨幣の量が多くなり、物価が上昇すること。反対に貨幣の量に比べて物やサービスの量が多くなり、物価が下がることをデフレ（デフレーション）という。
国際収支	1年間の外国との経済取引による収入・支出。
インサイダー取引	内部の機密を知り得る立場にいる会社役員や大株主などが、その立場を利用し、株式や債券の取引において不正を行うこと。
財政投融資	国が政府事業のために、特殊法人などへ投資・融資を行うこと。
ダンピング	採算を無視して商品やサービスを安売りすること。短期間で海外市場に食い込むために、国内市場より大幅に安い価格で売る不当廉売のこと。
持ち株会社	親会社が子会社の株式を所有することによって、自らは事業を行わないが、経営を支配する。子会社の管理に徹する企業形態のこと。
ベンチャー企業	規模は小さいが、革新的・創造的で知識集約型の事業を行っている企業。
リストラ	リストラクチャリング。再構築。企業内の人員整理という意味で使われる事もあるが、本来は事業部門の売却、組織改変などにより事業を新たに構築していくこと。

第1章 秘書の資質
第2章 職務知識
第3章 一般知識
第4章 マナー・接遇
第5章 技能
第6章 面接

◆カタカナ語

インフラ（インフラ ストラクチャー）	社会資本。道路や上下水道、鉄道、電気、通信など経済活動の基盤となる施設・設備のこと
ガイドライン	政策などの指針
コーポレート・ガバナンス	企業統治。企業経営のあり方を監督、統治すること。または株主が行う企業の支配・統治
コピーライト	著作権
ロイヤリティ	著作権・特許権の使用料、または印税のこと
コンセンサス	意見の一致。合意
コンセプト	もとになる考え方。発想
アセスメント	何かを行う前に、それによって生じる影響を事前に調査し、評価すること
ペンディング	未決、保留
リスクヘッジ	危機回避。起こりうるリスクの程度を定性的・定量的に予測して備えること
クライアント	顧客、依頼人、広告主
エージェント	代理人、代理業者
オンブズマン	行政監査専門員。行政の監視や市民の苦情の調査を行う代理人

◆略　語

WTO	世界貿易機関	サミット	先進国首脳会議
WHO	世界保健機関	NPO	民間非営利組織
IMF	国際通貨基金	NGO	非政府組織
ILO	国際労働機関	PL法	製造物責任法
OECD	経済協力開発機構	M&A	Merger＆Acquisitionの略。企業の吸収・合併
EU	欧州連合	R&D	Research & Developmentの略。研究開発
FTA	自由貿易協定	TQC	Total Quality Controlの略。総合的品質管理
TPP	環太平洋戦略的経済連携協定	労基法	労働基準法
JIS	日本工業規格	独禁法	独占禁止法
ISO	国際標準化機構。工業製品の規格の国際的統一を目的とする機関	公取委	公正取引委員会
ODA	政府開発援助	連合	日本労働組合総連合会
G7	Group of 7の略。アメリカ、イギリス、フランス、ドイツ、イタリア、カナダ、日本を参加国とする先進国蔵相・中央銀行総裁会議	安保理	安全保障理事会

第4章 マナー・接遇

　この分野では、来客応対や電話応対、慶弔や贈答に関する業務などにおいて、上司・会社と社外の人との橋渡しをする能力が問われます。

　敬語や接遇用語、応対のマナーなどは、知識として知っているだけではなく、自然に使いこなせることが求められます。慶弔や贈答の一般常識を心得ていることも重要です。

　また、上司とのやりとりや社内の人との連絡で、人間関係を円滑にしながら仕事を進めていく能力も求められます。

　上級秘書になると、人間関係をつなぐだけでなく、自分から人間関係を築きあげる心づもりが必要です。相手に応じた接し方や、相手の気持ちを汲んだきめ細かな気配りが求められます。

1 職場と人間関係

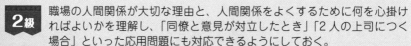

出題傾向

2級 職場の人間関係が大切な理由と、人間関係をよくするために何を心掛ければよいかを理解し、「同僚と意見が対立したとき」「2人の上司につく場合」といった応用問題にも対応できるようにしておく。

準1級 上級秘書になると、自分から人間関係を作っていく姿勢が求められる。第1章「秘書の資質」、第2章「職務知識」の分野とあわせて、仕事の成果につながる人間関係作りを考えること。

人間関係を良好にするポイント

　職場の人間関係が大切なのは、多数の人間が集まって仕事をする会社組織において、互いに協力しあえる状態を作りあげ、業務を円滑に進めて企業の業績に結びつけるためです。

　そのためには、日ごろから次のようなことを心得ておきましょう。

●誠意を持って応対する

　人間関係をよくするのに最も大切なのは誠意。人と接するときにはマナーを形だけ守るのではなく、心を込めて応対するようにする。

●職場のルールを守る

　社会人として心得ておくべき常識的なマナーに加えて、その職場のルールを守り、職場内の人間関係や自分の役割を理解して行動するようにする。

●価値観の違いを受け入れる

　人それぞれ、さまざまな価値観や考え方があると心得て、意見が食い違ったときには、相手にも相応の理由があることを思い起こし、それを尊重する気持ちで応対する。

●自分の考え・意見を適切に表現する

　自分の考えを持ち、相手の立場や気持ちを察しながら、的確に伝えることも大切。ビジネスでは以心伝心を期待してはいけない。

　新しい上司につくことになったり、新人秘書が入ってきたり、秘書を取り巻く職場の人間関係は常に変化していきます。環境が変われば、当然仕事の内容やしかたも変わっていきますが、それらに対応していく柔軟さも求められています。

◆人物評・比較はマイナス要因

　職場で人物評を口にしたり、他人と比較したりするのは、人間関係を良好に保つうえで好ましくありません。特に上司との人間関係においては、次のような点に気をつけてください。

● 2人の上司につく場合、一方の上司のうわさ話や人物評などを、もう一方の上司に伝えるようなことはしない。

● 上司が代わったときには、前任の上司と比較したりせず、新しい上司の人物特性や仕事のしかたなどを早く知るようにする。

コミュニケーションは自分から

　上級秘書に求められるのは、「いかに仕事につなげていくか」を考えられる能力です。そうした観点から人間関係を考えた場合、社内外の人たちの橋渡し役となるのみならず、人との出会いをビジネスチャンスに変えていけるように、自分から人間関係を作っていく心構えが必要だといえるでしょう。

　たとえば、上司が不在の際に電話がかかってきた場合、相手と上司をつなぐだけの秘書では、仕事は進みません。しかし電話の相手や関係者と人間関係が構築できている秘書なら、情報の伝達や必要な人物への連絡が可能になり、仕事がはかどることもあるのです。

◆人間関係を作っていくために大切なこと

● 自分の考えを持ちながら相手も尊重し、自他ともに肯定することを基本とした人間関係を心掛ける。

● お客様にとって「感じがよい」応対を心掛ける。

● 上司びいきになりすぎない常識的な感性を持つ。

● 日ごろから情報収集、ネットワーク作りを心掛ける。

● 取引先の秘書と密に連絡をとるようにする。

取引先から秘書を信頼してもらえる関係作りを

1 敬語の基本

2級　上司の家族に対するときや、職位によって敬語の程度が変わる場合など、敬語の使い方が会話の状況によって違うことに注意する。「誰と」「何について」話しているのかを見極めること。

準1級　敬語の基本をしっかりと押さえ、どのような状況でも的確な敬語表現ができるようにしておくこと。準1級では面接試験があるので、日常生活で敬語を使って慣れておくとよい。

■ 敬語の種類と作り方

　敬語の役割は、年齢、経験、職位、立場、親しさなどの差による人間関係の距離を埋め、相手とのコミュニケーションをスムーズにすることです。
　敬語には**丁寧語、尊敬語、謙譲語**の3種類があります。

◆丁寧語……相手や状況にあわせ話し方全体を丁寧にして敬意を表す言い方
①頭に「お」や「ご」をつける
②敬称をつける（○○さん、○○様、○○常務）
③最敬体を使う（常体「〜だ」、敬体「〜です」、最敬体「〜でございます」）

◆主な動詞の丁寧語

普通の表現	丁寧語（敬体）	丁寧語（最敬体）
ある	あります	ございます
する	します	いたします
思う	思います	存じます
そうだ	そうです	さようでございます
もらう	いただきます	頂戴（いた）します

◆尊敬語……相手の動作や状態を尊重して敬意を表す言い方
①動詞に「〜れる」「られる」をつける
②動詞を「お〜になる」「ご〜なさる」に当てはめる（①より尊敬度が高い）
③特定の言葉に変える（**例** 食べる → 召し上がる、言う → おっしゃる）
※①②③をあわせて使うと二重敬語になるので注意する。

◆**謙譲語**……自分や身内をへりくだることによって相手に敬意を表す言い方
①動詞を「お〜する」「ご〜いたす」に当てはめる。「〜させていただく」は、よく用いられる謙譲表現だが、使いすぎに注意
②専用の言葉に置き換える（下表参照）
※①と②をあわせて用いないこと。
※なお相手や会話中の人物の動作に対し、話し手側の謙遜した気持ちを表す言い方として、次のような表現がある。
　　〜してもらう → 〜していただく　　行ってもらう → ご足労願う
　　来てもらう → お越し願う

◆**変換方式の尊敬語・謙譲語**

普通の表現	尊敬語	謙譲語
あげる		差し上げる
もらう	お受け取りになる	いただく／頂戴する／拝受する
言う	おっしゃる	申す
行く、訪問する	いらっしゃる／おいでになる	参る／うかがう／あがる／お邪魔する
来る	いらっしゃる／お見えになる　お越しになる／おいでになる	参る／うかがう
いる	いらっしゃる／おいでになる	おる
思う	おぼし召す	存ずる
聞く	お耳に入る	承る／うかがう／拝聴する
見る	ご覧になる	拝見する
着る	召す	
知る	ご存じ	存じ上げる／存ずる
する	なさる／あそばす	いたす
食べる	召し上がる／あがる	いただく／頂戴する

◆**「お」や「ご」の使い方**
　丁寧語の接頭語、また**美化語**である「お」や「ご」は次のような場合に用います。
●**「あなたの」という意味になるとき**　例 お顔　ご家庭
●**相手に関係するとき**　例 お電話　ご返事
●**慣習的な表現**　例 お客様　おしぼり
●**丁寧な言い方**（美化語。一般的に女性が用いる）　例 お料理　お花
　外国語、外来語、動植物名、病名、公共施設、風や雨など生物でないものを形容するときには「お」や「ご」はつけません。

131

　敬語の使い方は「誰と」「何について（または誰のことについて）」話しているかによって違ってきます。誰と何について話しているのかを見極めるには、「**敬語線**」を使って考えましょう。下の敬語線は、誰に敬意を表し、どの種類の敬語を使うかを判断する基準を示しています。

基本パターン

社内において、上司は秘書より上位の立場にあるので、秘書は上司に対しては尊敬語、自分の言動については謙譲語を使う。

社外の人と話すとき

お客様は外部の人なので、社内と分けるため、敬語線は縦に引かれる。取引先など外部の人と話すときは、上司は身内（社内の人）なので、上司に対して尊敬語を使うことはできない。
例 来客に上司（山田常務）がすぐに来ることを伝える。
　×「常務はすぐにいらっしゃいます」
　○「山田はただいま参ります」

上司の家族に対するとき

上司の家族は外部の人なので、本来なら敬語線は縦に引くはずであるが、家族は上司の身内なので、この場合は横に引く。したがって上司の家族には尊敬語を使う。
例 上司（部長）の家族に、上司が外出中であることを伝える。
　×「部長はただいま出かけております」
　○「部長さんはただいまお出かけになっています」

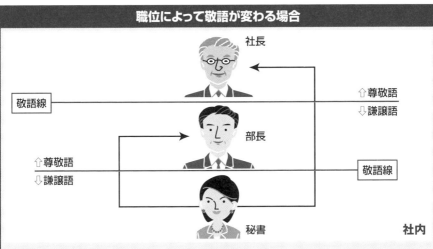

職位によって敬語が変わる場合

社長

敬語線 ⇧尊敬語 / ⇩謙譲語

部長

⇧尊敬語 / ⇩謙譲語 敬語線

秘書 社内

部長のことを社長に伝える場合（①）と、社長のことを部長に伝える場合（②）とでは、尊敬語の扱いが変わってくる。②の場合は①よりも尊敬度の強い言葉を用いる。このようなケースでは敬語線は２本引かれ、尊敬語も２段階を考える。

例 社長、部長が帰ったことを伝える。
　①社長に対し、部長が帰ったことを伝える場合「部長は帰られました」
　②部長に対し、社長が帰ったことを伝える場合「社長はお帰りになりました」

◆職場での人の呼び方

　職場での人の呼び方も、相手が社内の人か社外の人か、社内の人の家族なのかによって変わってきます。

●社内の人に対して

　名字に「さん」をつけるか、職名だけで呼ぶ。最近では名字に「さん」をつけて呼ぶ会社が増えている。

例 同僚、同期の社員など → ○○さん

　　上司 → 職名。部長であれば「部長」

　　他部署の役職者 → 名字と職名。「○○部長」「××課長」など

●社外の人に社内の人のことを言うとき

　名字で呼ぶ。

例 取引先の人に上司（鈴木部長）のことを言う → 「鈴木は〜」

　　職名を言う必要があるとき → 「部長の鈴木は〜」

●社内の人の家族に本人のことを言うとき

　名字に「さん」をつけるか、職名に「さん」をつける。最近では名字に「さん」をつけて呼ぶ会社が増えている。

例 上司（部長）の家族に上司のことを言う → 「部長さん」「○○さん」

133

第1章 秘書の資質　第2章 職務知識　第3章 一般知識　第4章 マナー・接遇　第5章 技能　第6章 面接

2　間違えやすい敬語

 過剰敬語、敬語の混同、敬語を使うべきでない場合の誤用などに気をつける。試験では事例中で話されている内容に気をとられて、これらのミスをしないように注意すること。

 基本は2級と同じだが、面接試験の際に、誤った敬語であっても日常では慣用化して使われている表現をうっかり使ってしまわないように注意する。

過剰敬語

尊敬語の「〜れる、られる」、「お（ご）〜になる」、専用の言葉に置き換える言い方をあわせて使うと**二重敬語**となり、間違いです。

誤用例	正しい表現
おっしゃられた	おっしゃった
召し上がられる、お召し上がりになる	召し上がる
お喜びになられる	お喜びになる
社長がご指摘された	社長がご指摘になった／社長が指摘された
ご参加される方は	ご参加なさる方は、参加される方は

特に「おっしゃられた」「お召し上がりになる」は間違えやすいので気をつけてください。

敬語の混同

敬語を混同する例では、①丁寧語と尊敬語を取り違える、②尊敬語と謙譲語を取り違える、といったパターンがあります。

①丁寧語と尊敬語の混同

相手の動作に関することを言うときには、丁寧語ではなく、相手の動作に敬意を表す尊敬語を使います。

誤用例	正しい表現
どちら様でございますか	どちら様でいらっしゃいますか
どちらをお訪ねでございますか	どちらをお訪ねでいらっしゃいますか
お客様が到着いたしました	お客様がお着きになりました

②尊敬語と謙譲語の混同

相手を尊重する尊敬語と、自分がへりくだる謙譲語を取り違えると、相手に対してたいへん失礼な表現になってしまいますから、特に注意を要します。

誤用例	正しい表現
拝見なさった後で	ご覧になった後で
受付でうかがってください	受付でお聞きになってください
うかがっていらっしゃいますか	ご存じでしょうか／お聞きおよびでしょうか
お待ちしてください	お待ちになってください／お待ちくださいませ
お客様が申された	お客様がおっしゃった
どちらへ参られますか	どちらへいらっしゃいますか／どちらへお出かけですか
こちらへ参られる際に	こちらへお越しの際に

そのほかの場合

過剰敬語、敬語の混同のほかに間違えやすい表現としては、敬語を使うべきではないものに用いている場合と、慣用表現の誤りがあります。

①敬語を使うべきではない場合

自然現象や公共施設、外来語、外国語には「お」や「ご」をつけません。

誤用例	正しい表現
お風が強い	風が強い／風がお強い（「お強い」は美化語）
お駅に着く	駅にお着きになる
おコーヒーになさいますか	コーヒーになさいますか

②慣用表現の誤り

×ご安心してください　→　○ご安心くださいませ

×ご注意していただきたい　→　○お気をつけ（になって）くださいませ

　→「ご（お）〜する」は謙譲表現だが、「安心する」「注意する」は相手に関することなので不適当。

×とんでもございません　→　○とんでもないことでございます

　→「とんでもない」の「ない」は否定の「ない」ではなく、「だらしない」「みっともない」などと同じように形容詞の終止形。したがって否定の「ございません」とするのは誤りになる。日常では非常によく使われて一般化している表現だが、試験の解答としては間違いになるので気をつけること。

3 接遇の表現

出題傾向		
	2級	来客応対の場面で使われる接遇の表現は、試験のなかでも特に重視される分野。日ごろから練習し、普通の表現を適切な接遇表現に言い換える記述式問題にも対応できるようにしておく。
	準1級	面接課題の「状況対応」では、上司への来客の応対が審査される。接遇用語を正しく使えているかどうかが問われるので、必ず口に出して覚え、自然に使いこなせるようにしておく。

▶ 基本的な接遇用語　

　接遇用語とは、来客応対の際の言葉遣いのことです。来客には尊敬語、上司や秘書など社内の人のことを言うには謙譲語を用いるのが基本になります（132ページ参照）。

◆職場で使われる接遇用語

普通の表現	接遇用語	普通の表現	接遇用語
わたし	わたくし	ミス	不手際
わたしたち	わたくしたち／わたくしども	〜と思います	〜と存じます
ほかの会社	○○社さん（様）	残念ですが	あいにくですが
どこ（どっち）	どちら	知りません	存じません
そんなこと	そのようなこと	できません	いたしかねます
誰	どちら様／どなた様	そうです	さようでございます
何の	どのような	かまいませんか	お差し支えございませんか
どう	いかが	わかりました	かしこまりました／承知いたしました
〜の人	〜の方	そのとおりです	さようでございます
ちょっと	少し／少々	すみません	申し訳ございません
〜くらい	〜ほど	なんとかしてください	ご配慮願えませんでしょうか
あとで	のちほど／改めて	すみませんが	恐れ入りますが／申し訳ございませんが／お手数ですが／ご面倒ですが
今	ただ今		
今日	本日		
用	ご用件／ご用向き	えっ、なんですか	もう一度おっしゃっていただけませんでしょうか
主人、夫	ご主人／旦那様／ご主人様		
家内、妻	奥様／○○さん		

感じのよい接遇表現

　接遇用語の基本を押さえたうえで、クッション言葉、命令の内容を依頼の形で伝える言い方、肯定語の活用のしかたをマスターすると、来客に対する言葉遣いが感じのよいものになります。

◆クッション言葉

　話の冒頭に添える「恐れ入りますが〜」「喜んで〜」といった言葉を**クッション言葉**といいます。クッション言葉を使うと、会話の印象を和らげつつ内容を明確に伝えることができます。

場面	クッション言葉
話の内容が否定であるとき	あいにくですが／残念ですが
話の内容が肯定であるとき	喜んで／ぜひ
ものを尋ねるとき	失礼ですが／お差し支えなければ
手数をかけるとき	恐れ入りますが／お手数ですが ご面倒ですが
こちらに来てもらうとき	ご足労ですが
おわびの要素があるとき	申し訳ございませんが

◆命令の内容を依頼の形にする

「〜してください」という言い方は本来は命令形で、来客や上司には使えません。こうした命令の内容を相手に伝えなければならないときには、「〜していただけますか」という依頼の形で表現します。

　面会者に取り次ぐまで来客に待ってもらう場合などは「お待ちくださいませ」とします。

命令の内容	依頼の形
〜してください	①〜していただけますか／〜していただけますでしょうか ②〜していただけませんでしょうか ※②のように否定の形にすると、より丁寧な表現になる
〜しないでください	ご遠慮願えませんでしょうか

◆肯定語を活用する

「できません」「わかりません」と否定の形で終わると、相手の意向を受け付けないという頑な印象を与えてしまうことがあります。こうした場合は「できかねます」「わかりかねます」という言い回しにすれば、口調も柔らかく、こちらの事情も受け入れてもらいやすくなります。

137

来客応対でよく使われる接遇表現

　以下のような接遇表現は、来客応対の場でよく使われますので、声に出して覚えましょう。

来客応対の場面	接遇の表現
相手が名乗らないとき	失礼ですが、どちら様でいらっしゃいますか 恐れ入りますが、お名刺を頂戴できますでしょうか
名刺の社名、氏名の読み方を確認する	〜様でいらっしゃいますね お名前はどのようにお読みすればよろしいのでしょうか
用件を確認する	どのようなご用件かお聞かせいただけませんでしょうか
何の用かを聞いておく	ご用件を承りましょうか
すでに話を聞いているとき	承っております
ここで少し待ってほしい	こちらでお待ちいただけますでしょうか 少々お待ちくださいませ
相手を待たせたとき	たいへんお待たせいたしました
上司が席にいない	○○はただいま席を外しております
上司はすぐに来る	○○はただいま参ります
上司は休暇中で、明日出社する	○○は休暇中でございまして、明日から出社の予定でございます
連絡先を教えてほしい	ご連絡先をお教えいただけませんでしょうか
戻ったら電話する	戻りましたら、お電話を差し上げましょうか
伝言を受けた	はい、かしこまりました。必ず申し伝えます。わたくしは秘書の○○と申します
了解の意を表す	かしこまりました　承知いたしました
意見を聞きたいと思う	お考えを承りたいと存じます お知恵を拝借したく存じます
来客を案内する 階段での案内 前を通るとき 席を勧める	どうぞ、こちらでございます 足元にお気をつけください 前を失礼いたします こちらにおかけになって、お待ちくださいませ
お客様を送るとき	では、失礼いたします 今後ともよろしくお願いいたします どうぞ、お気をつけて ごめんくださいませ
名乗るとき	わたくし、秘書の○○と申します。どうぞよろしくお願いいたします
「そうです」の意	さようでございます
「いいですか」の意	よろしゅうございますか

間違えやすい接遇表現

次に間違えやすい接遇の表現をあげておきます。二重敬語や敬語の取り違いなどに気をつけてください。

●上司への来客に対して

×「失礼ですが、どちら様でございますか」

○「失礼ですが、どちら様でいらっしゃいますか」

→「ございます」は人に対しては使わない。

●上司との面談を終えて帰るお客様に対して

①×「失礼いたします。どうぞお気をつけなさって、お帰りくださいませ」

○「失礼いたします。どうぞお気をつけになって、お帰りくださいませ」

→「お気をつけなさって」は「お」と「なさる」で二重敬語。

②×「失礼いたします。どうもご苦労さまでした」

○「失礼いたします。ありがとうございました」

→「ご苦労さま」は上の人が下の人をねぎらう言葉であり、来客に対して使うのは不適切。こうした場面で使える言葉は「ありがとうございました」「お気をつけて」「ごめんくださいませ」など。

●来客に上司から伝言のあることを伝える

×「佐藤様がお見えになりましたら、〜のように申し上げるよう田中（上司）から承っております」

○「佐藤様がお見えになりましたら、〜のように申し上げるよう田中から申しつかっております」

→お客様に向かっている場面で、上司に対する謙譲語「承る」を用いるのは不適切。

●話を主張して詰め寄る来客に対して

○「そのようなことをおっしゃられましても、わたくしどもではお受けいたしかねます」

→これは正解。「おっしゃられる」の「られる」は受身の助動詞（つまり「言われる」の尊敬語）なので、「おっしゃる」＋「られる」で二重敬語になっているわけではない。

1 話し方・聞き方の基本

2級 好感を持たれる話し方、職場における会話のマナー、聞き上手になるためのポイントなどを心得ておくとともに、相手によって適切な敬語・接遇表現ができるようにしておく。

準1級 わかりやすい表現や適切な言葉遣いに加えて、表情、動作、視線にも気を配り、全体として感じのよい話し方ができること。人の話を聞くときには言外に込められた気持ちを汲み取ることも大切。

職場における話し方・聞き方

　秘書にとって、職場での会話の基本になるのは上司とのやりとりです。秘書は上司から命令、指示、忠告を受けて仕事を進め、上司には必要に応じて報告、連絡、相談をします。

　また来客に応対したり、上司と社内の人との間に立って伝言を受けたり伝えたりするなど、秘書は人と接し、会話する機会の多い仕事です。

　したがって、上手な話し方・聞き方を身につけることはとても重要で、話をするときはどのように理解を促すか、話を聞くときには相手の意図は何かを常に考えて会話をする必要があります。

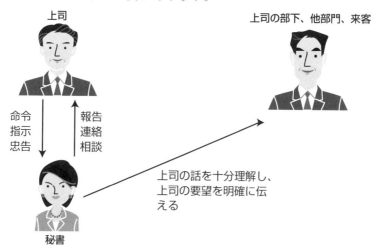

※上司の指示や伝言を来客や社内の人に伝える際には、相手が秘書の言葉ではなく「上司の意向」として受け止められるように話す。

◆好感を持たれる話し方のポイント

　秘書は日ごろから次のようなことに気を配り、感じのよい話し方をするように心掛けましょう。

● 話す前に相手に伝える内容を明確にし、整理しておく。
● わかりやすく話す。専門用語などわかりにくい言葉には補足説明を入れる。
● 適当に間をとって、相手の反応を確かめながら話す。
● 適切な敬語・接遇用語を用いる。
● 肯定的な話し方を心掛ける。
● 明るい声と笑顔で話す。
● 話題に気をつける。
　➡相手と共通の話題を選ぶ。
　➡政治、宗教、思想の話は、価値観の違いによる対立を生みやすいので避けたほうがよい。
　➡他人の失敗談、うわさ、人物評をしない。相手がこれらの話をしていても最後まで聞くのがエチケットだが、深入りせず、さりげなく話題を変えるようにする。
　➡自分が得意な話題だけを選び、話を独占しない。

言葉以外の要素も重要

　感じのよい話し方をするには、話すときの表情、動作、視線といった言葉以外の要素も大切です。ロールプレイ方式で行われる面接試験でも、表現の的確さや言葉遣い、身だしなみに加えて、こうしたことが審査のポイントになっています。一瞬のタイミングのずれが、相手に不快感を与えたり、相手を拒否しているような印象につながることもあるので注意してください。次のような点は普段から意識して身につけるようにしましょう。

● 笑顔を基本に、穏やかな表情で話すようにする。
● 手ぶり、身ぶり、首ふりなどが大げさにならないように気をつける。
● 視線を不自然に外さない。あいさつの瞬間や相手の理解を確認するときなど、要所要所で相手の目を見るようにする。
● 早口にならないように注意する。
● 声の大きさ、言葉が明瞭かどうか、口の中に声がこもるような話し方になっていないかどうかに注意する。
● 学生のような語尾伸ばし、半疑問の話し方はビジネスの場には不適切。

聞き上手になる 2級 準1級

　上司とのやりとり、電話応対、来客との会話など、秘書は職場で人の話を聞く機会が多く、聞き上手であることが求められます。聞き上手になるには、日ごろから以下のようなことを意識して人の話を聞くようにすることです。

●積極的、主体的に話を聞く姿勢を持つ。
- 相手を善意で迎える。
- 表情、態度、声の調子、言葉遣いなど相手の様子に注意を払う。

●相手が話しやすい雰囲気を作る。
- 相手の目を見る。
- 要所要所で相づちを打ち、積極的に聞いていることを態度で示す。
- 相手の言葉が足りず表現が不十分なところは、自分なりに補って聞く。
- 相手が困っているときは「〜ということですか」などと助け船を出す。

●言葉の背後にある事柄を察する。
- 相手の目的、期待、意図を考えながら聞く。
- 長い話は整理しながら関連性を考える。

●必要に応じてメモをとる。
- 複雑な話や数値、日時などはメモをとって正確に理解する。
- メモだけを見ず、視線を相手に向けるように心掛ける。
- クレームを聞かなければならないときは、タイミングにも配慮する。

●疑問はその場で解決する。
- 理解できない点は、話の区切りがよいときに聞く。
- 話が終わったら、今までの話に疑問点がないか確認する。

相手の気持ちを聞く 準1級

　上司の仕事をしているときに、他部署の人から「その仕事が終わってからでいいから、これをお願いできないか」と、別の仕事を頼まれたとします。このとき、上司の仕事がすんでからでいい、とはいっても、心のなかでは「早く取りかかってもらえればありがたい」と思っている場合があります。

　そうした言葉に出ない気持ちを察することができれば、「いつごろお入り用ですか」などといった、相手に配慮した言葉が出てくるでしょう。

　来客と話す際も、用件は1つでも、好みや満足感など相手の要望はいくつもあるので、言外の要望も心で傾聴して応えられるようにしましょう。

適切な言葉遣い

　同じ内容を伝えるにも、相手によって言葉遣いを変えなければならないことがあります。適切な敬語・接遇表現を心掛けてください。

ケーススタディ

事例1 外出中の上司（佐藤常務）が戻ったら電話をもらいたいという取引先、社長、上司の家族に対して。

取引先に →「佐藤が戻りましたら、お電話差し上げるように申し伝えます」

社長に →「常務が戻られましたら、お電話していただくようにお伝えします」

上司の家族に →「常務さんがお戻りになりましたら、お電話していただくようにとお伝えいたします」

事例2 専務から「部長にすぐに来てほしい」と指示された。

○部長、専務が「すぐに来てほしい」とおっしゃっていますが、いかがでしょうか

×専務がお呼びのようですが〜

　　→「すぐに来てほしい」という専務の指示には適さない。

×専務が、すぐに来てくださるようにとのことですが〜

　　→専務から部長への言葉を敬語にする必要はない。

×専務がお急ぎのご用ですので、すぐにいらっしゃってください

　　→「〜してください」は命令形であり、秘書が部長に指示することになる。

×専務がお呼びになっていますが、いかがいたしましょうか

　　→部長に選択の余地はないので「いかがいたしましょうか」は不適切。

◆目下の人からは使えない言葉

　謙譲語で表現したとしても、基本的に目下の人から目上の人に使うのは不適切な言葉があります。たとえば、上司やお客様から「教えてほしい」と言われた場合、「お教えいたします」と答えたのでは敬語として不十分で、「ご説明いたします」と言い換えなければなりません。

　同様に以下のような言葉にも注意してください。

●わかる → ご理解いただく

●質問があるか → ご不明な点はおありでしょうか

●納得したか → よろしいでしょうか

●結構です → 肯定するときでも否定するときでも、自分に対してだけ用いる。相手の動作や状態に対し「結構です」と言うのは失礼にあたる。

2　指示の受け方、報告、忠告の受けとめ方

2級	上司の指示を受けるときの要点、指示をすぐに実行できないときなど例外的な事態への対処法、複雑な内容の報告のまとめ方などが出題される。忠告の受け方では弁解しないことがポイントになる。
準1級	上司の指示から自分がすべき仕事を読みとる力や、的確で簡潔な、要領のよい報告をする能力が求められる。報告については面接課題にもなっているので、口頭報告ができるように練習しておくこと。

■ 指示・命令の受け方　

　上司からの指示・命令を正しく受けるためのポイントは次のとおりです。

①上司に呼ばれたらすぐに行く	●顔を向けて「はい」と明るく返事をする。 ●別の仕事をしていてもすぐ上司のもとへ。 ●メモと筆記用具を忘れずに。
②指示・命令をよく聞く	●上司の要望を察知できるよう、気持ちを推測しながら聞く。 ●話の腰を折らない。疑問点はメモしておいて最後に確認する。
③要点をメモ	●5W3Hを意識する。 　WHEN（いつ）＝仕事の期限を確認する。 　WHERE（どこ）＝行き先、実施場所を確認する。 　WHO（誰）＝相手先や仕事の担当、分担を確認する。 　WHAT（何を）＝目的やテーマを把握する。 　WHY（なぜ）＝仕事の重要さを認識する。 　HOW（どのように）＝手続きや方法を把握する。 　HOW MUCH（いくら）＝経費や予算を把握する。 　HOW MANY（いくつ）＝数量や人数を把握する。
④疑問点を解決する	●不明点、疑問点があれば質問し、解決しておく。 ●意見があれば発言してもよいが、基本的には命令を履行するようにする。
⑤復唱する	●メモを見ながら復唱し、内容を要領よく確認する。 ●特に数値、日時、人名、地名などに注意。
⑥すぐに実行できないとき	●指示された時間内に処理できないときは、その旨をはっきり伝えて改めて指示を受ける。 ●ほかにも急ぎの仕事があれば、どちらを優先させたらよいか指示を受ける。
⑦直属の上司以外から仕事を頼まれたら	●日常業務の範囲内で処理できることや、「他部署へのサービス」の範囲内の仕事なら引き受けてもよい。それ以上の仕事のときは上司に報告して指示を仰ぐ。

指示から派生する仕事を読みとる　準1級

　上級秘書になると、上司の指示から言葉になっていない部分も理解し、自分の仕事をできるだけ多く読みとっていかなければなりません。

　指示を正しく受けとめることはもちろん、その指示から派生する業務への配慮が求められます。

> **例** 上司が出張することになったら
> ①出張に関する手続きがすぐにイメージできる
> 　●交通手段の確認・予約、宿泊先の確保
> 　●同行者の確認、現地への連絡、スケジュール調整　　　など
> ②上司が出かけるまでに処理する案件に優先順位をつけ、上司に提示

報告の基本　準1級

　秘書の仕事は、上司が望んでいる完成形を予想してそれを作り上げていく作業といってもいいでしょう。それは報告の場合も同じです。

　上司の指示を受けて行った仕事は、その結果を上司に報告してはじめて完了します。上司がどういった報告を必要としているかを察知し、「いつ」「誰に」「どんな形で」というポイントを押さえることが重要です。

いつ	●指示された仕事を終えたら、ただちに報告するのが原則。 ●遅れているとき、悪い結果のときほど早めに報告する。 ●上司が忙しいときは、報告内容の緊急度、重要度によって判断する。 ●報告する用件が多いときは、一度にすませようとせず、重要なものから分けて報告する。 ●期日が指定されている仕事や遅れている場合は、必要に応じて中間報告をする。
誰に	●指示・命令によって行った仕事の報告は、指示・命令を出した本人に対して行う。 ●指示・命令した人が他部署の上司の場合は、直属の上司に対しても報告する。
どんな形で	●簡単な報告は口頭やメモで行い、長いものや複雑な内容のものについては報告書を作成する。 ●まず結論から言う。その後必要に応じて理由や経過説明を述べる。 ●口頭報告では、理解しやすいような話し方を心掛ける。

報告のまとめ方

　報告のしかたは、状況によって口頭やメモで行う場合と、文書にする場合とがあります。メモや文書で報告する際には、社内の規定にもよりますが、メールを活用することもできるでしょう。

報告の種類	特　徴	適した内容
口頭	●準備時間が短く、早く知らせることができる。 ●文書報告より短時間ですむ。	●内容が軽いもの。 ●簡単な報告ですむもの。 ●上司が早く結果を知りたがっているもの。 　→緊急の要件、日常業務のミス、報告書提出までの予備報告など。
メモ	●上司が席にいない場合でも伝えられる。 ●目で確認できる。	●箇条書きですませられるもの。 ●日時、場所、人名などは口頭報告に添えると確認しやすい。
文書	●時間があるときに、上司が詳しく内容を確認できる。	●文書で報告すると指定されているもの。 ●内容が複雑なもの。 ●細部まで上司のチェックが必要なもの。 ●回覧の必要があるもの。 ●記録として残すもの。 ●内容に数値の多いもの。

◆報告の要領

　口頭、メモ、文書いずれの方法で報告する場合でも、次のような点に注意しましょう。

内容は正確に　➡事実をありのままに報告する。
　　　　　　　　　内容を確認し、信頼のおけるものにする。

結論を先に　➡①結論、②理由、③経過説明の順で報告する。
　　　　　　　　結論のみを求められる場合もある。

要領よく簡潔に　➡YTT方式（注）や５W３Hの原則を参考にする。
　　　　　　　　　　必要な場合には図表を活用する。

事実と意見とを　➡上司から意見を求められたら、事実と区別して述べる。
区別する　　　　意見や推測を述べる前に「わたくしの意見としては」「わたくしの推測では」といった言葉をつけると、それ以後の話は秘書の意見・推測だとはっきりわかる。

注）YTT方式……Y（Yesterday）＝結果、T（Today）＝現状、T（Tomorrow）＝予測。
　　時間の流れに沿って、古いものから新しいものへという順序で報告する方式。

忠告の受け方　2級

　上司や先輩、社外のお客様などから忠告を受けたときは「申し訳ございません。これからは注意します」「ご注意いただきまして、ありがとうございます」といったように答えます。

　忠告するのは、あなたへの期待と信頼があるからで、忠告してくれた人はその後のこともよく見ていてくれるもの。その場しのぎの返事をしておくような態度では信用を失くしてしまいます。

　忠告を受けたときの心構えのポイントは次の4点。試験では「〜ですから」「〜ですので」といった言い訳や弁解の表現が含まれていれば、内容に正当性があっても不適切とされますから気をつけましょう。

●素直にわびる。
- 忠告は自分にとって有意義なものと心得る。
- 誤解や勘違いによる忠告であっても、聞き流したり反論したりしない。

●弁解や責任逃れをしない。
- 「〜ですから」「〜ですので」といった弁解をしない。
  - 例「急ぎとはうかがっておりませんでしたので〜」
- 他人のせいにしない。
  - 例「○○さんの指示に従ったのですが〜」

●感情的にならない。
- ふてくされたり、反抗的な態度をとらない。
- 忠告されたことを根に持たない。

●忠告の内容を考える。
- 「誰が言ったか」ではなく「何を言われたのか」を考える。
- なぜいけなかったのか、どうすればよかったのか、反省点を記録するなどして、同じ失敗を繰り返さないようにする。

◆自分のミスではないとき

　上級秘書になると、同僚や後輩などほかの人に手伝ってもらった仕事にミスがあって、上司や先輩から忠告を受けることもあるでしょう。このような場合でも、前述の4つの心掛けを守り、素直にわびるようにします。自分の職責で人に仕事を依頼したのであれば、ミスの責任も自分が負わなければなりません。仕事を任せた人とは、後で話し合うようにします。

○「ご迷惑をおかけして申し訳ありませんでした。これから注意します」
×「実は○○さんに頼んだのですが、それがわたくしの誤りでした」

3 さまざまな話し方・聞き方

出題傾向

2級 説明、依頼、説得のしかたについては、事前に自分が話そうとしている内容を把握し、相手に理解してもらいやすい順序で話すこと。また相手に応じた話し方を考え、拒否感や嫌悪感を抱かせない表現を心掛ける。

準1級 断りや苦情処理の際には「相手の気持ちになって話を聞く」という姿勢を忘れない。断ることは「逆説得」ともいい、断りと説得は表裏一体であることを覚えておく。

わかりやすい説明のしかた

　説明とは、相手がわかるように物事を説き明かすことです。説明は次のような要領で行うと効果的です。

●**内容を整理する。**

　前もって自分が話す内容を整理し、どのように説明するかを考えておく。

●**内容を予告する。**

　はじめに内容のアウトライン（概略）を述べる。

　要点を先に列挙する。内容が複数の場合、その数を予告する。

●**順序よく進める（以下は並べ方の例）。**

　時間配列……時の経過に従って説明する。

　空間配列……地域（場所）別に分けて説明する。

　既知から未知への配列……相手が知っていることから説明する。

　重要度による配列……大事なことから説明する。

　因果関係による配列……原因と結果を明確にして話す。

●**具体的に話す。**

　確認……長い話や複雑な話は、途中で相手の理解度を確認しながら話す。

　比較・対照……新しい事柄は、すでに知られている事柄と比較して説明する。

　視点……わかりにくい内容の場合は視点を変えて説明する（生産者の視点、消費者の視点など）。

　具体化……必要に応じて図表、写真、イラストなどを使う。

　　　　　　身近な事柄にたとえて説明する。

●**要点は繰り返す。**

　長い内容、複雑な内容の説明は、要点を繰り返して締めくくる。

●**質問に答える。**

質問を受け、理解不十分な点を補足して説明する。

わかりにくいと思われる部分は、途中でも質問を受けながら説明する。

状況によっては話し手から質問して、相手の理解を確認する。

※専門用語、学術用語などは言い換える、文字で示すなどの配慮をする。

依頼のしかた

　依頼とは、こちらの目的に相手の協力を求めることです。そのためには相手の立場に立って、協力を得られるような話し方が必要です。依頼のポイントは次のとおりです。

●**相手の立場や状況を理解する。**

●**依頼することに対し、相手がどう考えているのか真意をつかむ。**

●**相手を頼りにしていることを示す。**

●**相手が引き受けてくれるように、丁寧に頼む。**

　→「折り入ってお願いがございますが」といった切り出し方をする。

●**具体的な方法を示す。**

　→「こういったやり方ではいかがでしょうか」などと方法を提案する。相手がはじめてする仕事なら、最初は自分もいっしょに取り組み、不安を取り除いてから任せる。

●**依頼する仕事の価値を認めさせ、魅力を感じさせる。**

　→具体的な結果を示して動機づけをする。事物を示したり、権威者（上司など）に証明してもらう。

●**相手に押しつけず、相談という形をとる。**

　→ミスの有無、期限などを確認し、必要に応じてフォローする。

●**相手に「役に立てた」という満足感を持たせる。**

◆説得のしかた

　こちらの依頼を受け入れない相手を納得させ、行動を起こさせるのが**説得**です。依頼に対し相手が消極的な態度をとるのは、それなりの理由があるためで、まずはその理由をつかんで不安要因を取り除く必要があります。

●**チャンスを作る。**

日ごろから人間関係を円滑にし、説得しやすい状況を作る。

●**タイミングをはかる。**

相手の機嫌や場所などを考慮し、最も効果的なときをねらう。

●**相手の拒否要因を探り、取り除く。**

●**粘り強く繰り返し、熱意を伝える。**

●**逃げ道をふさぐ。**

予想される相手の逃げ道を想定し、事前に対処しておく。当然引き受けてくれるものと「決めてかかる」方法もある。

●**第三者の力を借りる（代理説得）。**

相手に影響力を持つ人から説得してもらう。

苦情への対応方法

秘書は、社内外からの苦情に対応しなければならないこともあります。こちらに改めるべき点がある場合も、そうでない場合も、次の点に留意して冷静に対応するようにしましょう。

●**誠意ある態度で接する。**

- 相手の苦情のすべてに耳を傾けている、という**姿勢**を見せる。
- 相手の主張や、具体的な日時、名称などはメモをとりながら聞く。
- 要所要所で相づちを打つ。

●**相手の話を最後まで聞く。**

- 相手の誤解による苦情でも、話の途中では反論しない。
- 繰り返される話に注意し、どうしてほしいのかを理解する。
- 相手の感情が静まるのを待つ。

●**相手が言い終わってから、こちらの立場を説明する。**

- 論点を明確にするため、メモを見ながら説明する。
- 相手の誤解、無理解、勘違いに真っ向から反論しない。
- 自分の説明も感情的にならないよう気をつける。

●**担当者がいれば引き継ぐ。**

- ほかに担当者や責任者がいれば、苦情の要点をまとめて引き継ぐ。
- たらい回しにしない。

上手な断り方

　秘書は、社内外から持ち込まれる上司への依頼を、上司の指示により断らなければならないこともあります。そうしたときには明確に断る意思を表明するとともに、言葉遣いなどに注意し、相手の気持ちを傷つけないようにすることが大切です。

●誠意を示す。
- ●相手の話を最後まで聞く。
- ●相手の立場、気持ちを配慮し、丁寧に応対する。

●表現を選ぶ。
- ●恐縮の意を表す言葉を添える。
  - 例 「ご期待に添えず申し訳ございませんが」
    「せっかくのお誘いですが」

●先手を打って早めに断る。
- ●相手の説得よりも先に予防線を張る。
  - 「わたくしどもにも社内の規定がございますので」
  - 「○○（上司）は仕事が立て込んでおりますので」
- ●タイミングを逸しないよう早めに断る。

●理由を説明する。
- ●依頼に応じられない理由や事情を相手に十分に説明し、できる限り納得してもらえるよう努力する。

●明確に断る。
- ●あいまいな表現で相手に期待を持たせたりしないように、はっきりと断る意思を示す。
  - 例 「今回は見送らせていただきます」
    「○○（上司）がお断りするようにとのことでございますので、ご了承いただけますか」

●代案を出す。
- ●代わりの適任者を紹介する、別の日時に優先的に予約を入れるなど、代案を出す。

第1章　秘書の資質
第2章　職務知識
第3章　一般知識
第4章　マナー・接遇
第5章　技能
第6章　面接

4　忠告と後輩指導

2級	ミスの多い後輩に対し、どのような指導をすればよいか、新人指導の考え方として適切（または不適切）なものはどれか、といった問題が出題される。先輩や上司への忠告は「提案」という形にする点に注意。
準1級	上司から受けた忠告を後輩に伝える、他部署の上司から注意を受けた場合などの事例問題が出題される。後輩指導のポイントを押さえたうえで、「忠告の受け方」（147ページ）も参考にして考えるとよい。

注意・忠告のポイント　　　

　後輩や同僚への注意・忠告は、相手がそれを受け入れ、今後に活かされなければ意味がありません。注意・忠告の要点は次のとおりです。

●**事実かどうかを確認する。**
　●上司から後輩のミスを指摘されたら、まず事実かどうかを確認する。

●**他人のいない所で注意する。**
　●人目のある所で注意すると反発心が起きやすい。
　●適切な時と場所を考えて、1対1で話す。

●**話し方に配慮する。**
　●感情的にならない、させないように静かに話す。
　●相手を納得させる根拠を示す。
　●判断の基準を自分の都合で変えない。
　●注意・忠告は一度に1件とし、ついでにほかのことにまで言及しない。

●**具体的な改善方法を示す。**
　●ミスの原因をつかみ、ミスを繰り返さないための具体策を示す。

●**よい点を同時に話す。**
　●ミスだけを指摘すると落ち込む人が多い。長所をほめたり、励ましたりしながら注意すると、相手も受け入れやすい。

●**他人と比較しない。**
　●他人と比較すると、相手を追い詰めることになる。

●**タイミングを考慮する。**
　●相手が混乱しているときは避ける。
　●ミスの直後がよいときもあれば、時間を置いたほうが効果的な場合もある。

●**忠告後は効果を見守る。**
- 注意の前後で態度を変えない。
- 適切なフォローをして、心理的な打撃をいやすようにする。
- 名誉挽回のチャンスを与える。

◆**先輩・上司への進言**

　仕事では、先輩や上司に気づいたことを伝える必要が出てくることもあります。自分より目上の人に助言するのは心苦しいからといって、そのままにしておくのでは、よい関係とはいえません。助言が効果的に伝わり、いっそう堅固な人間関係を築けることが望ましいといえます。

　次のような点を心掛け、細心の注意を払うようにしましょう。

●**忠告というよりも「提案」という形で話すと受け入れられやすい。**
●**立場、体面を傷つけるような言葉遣い、態度をとらない。**
●**相手が気持ちよく受け入れられるよう配慮する。**
●**自分の立場をわきまえる。**

新人指導の考え方

　新人秘書の指導にあたっては、以下のような点を考慮しましょう。

●**仕事ぶりを見ながら指導する。**
- 必要なことは簡潔に教えて、後は新人の仕事ぶりを見て考える。
- 早く育ってもらうため、なるべく多くの仕事を体験させる。

●**仕事に興味を持たせる。**
- 最初は興味を持ちそうな仕事からさせて、順次、教えながら仕事を与えていく。
- 仕事の内容に興味を持たせるため、関連することもいっしょに話す。

●**理解しやすいように指導する。**
- 難しい用語を使ったりせず、わかりやすい言葉で説明する。
- 自分の経験を思い出し、失敗談なども入れながら指導する。

●**人間関係に配慮する。**
- 質問しやすいように、自由に話せる雰囲気を作る。
- 「手伝ってほしいのだけど〜」というように、相手が素直に受け入れやすい切り出し方をする。
- 新人が緊張しすぎないよう、緩和策を考える。
- 「できそうだ」というイメージを持たせる。

第1章　秘書の資質　第2章　職務知識　第3章　一般知識　第4章　マナー・接遇　第5章　技能　第6章　面接

1 接遇の心構え

 接遇の目的と心構え

　接遇の目的は、お客様に最良のサービスを提供し、最大の満足をしてもらうことによって、よりよい人間関係を築いていくことです。秘書が築いた人間関係は、会社の利益にも大きく影響します。

　お客様と会社、あるいは上司との間に望ましい関係を築き上げるために、最も重要なのは、心を込めた応対ができるかどうかです。来客応対では次の6つのポイントを心得ておかなければなりません。

誠実 仕事に対して誠実でまじめな姿勢を持つ。

丁寧 言葉遣いや話し方、物の受け渡しなどを丁寧にするよう心掛ける。

公平 来客には公平な応対を心掛ける。相手との距離や親しさによって、そのお客様に応じた接し方ができることも大切だが、はじめてのお客様にも顔なじみのお客様と同様に応対する。

正確 会社名、名前、用件などは正確に伝えることが大前提。復唱、確認を確実にする。

親切 ほかの人が困っている様子を察知できること。他部門からの依頼に対して、役に立とうとする姿勢を持つ。

迅速 来客のなかには急いでいる人もそうでない人もいる。早めに空気を読み、来客の要望を汲み取って対応する。

お客様の顔を覚える

準1級

　上級秘書には、お客様との出会いを機に、新たな人間関係を作っていく心構えが求められます。上司の補佐役としてお客様を迎えるというだけでなく、会社の代表として迎えるという意識を持ちましょう。

　そのためには、電話応対、来客応対などあらゆる接遇の場面において、「普通以上の」感じのよさが求められると思ってください。

　お客様を迎える際にも、一度訪れたことのある人であれば、顔を覚えておいて「いらっしゃいませ。○○様でいらっしゃいますね」と言えるようにします。さらに「先日は、お電話で失礼しました」「この前は、お待たせしてしまいまして、申し訳ありませんでした」といったように、相手に応じたあいさつができるようにしたいものです。

おじぎの種類と使い分け

2級 準1級

　おじぎには**会釈**、**普通礼**、**最敬礼**の3種類があり、状況によって使い分けるようにします。

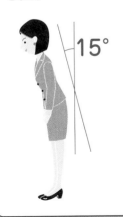

会釈

・腰から上を15度くらい曲げる。
・上司や来客とすれ違ったときなど。

15°

普通礼

・体を30度くらい曲げる。
・来客の送迎、上司との朝夕のあいさつなど。

30°

最敬礼

・体を45度くらい曲げる。
・改まった席でのあいさつ、お礼やおわびをするときなど、きちんとした印象が求められているとき。

45°

Section 4 来客応対 ●

2 来客の受付と取り次ぎ

出題傾向		
2級	予約の有無、上司の不在、就任や転任のあいさつ、紹介状のある来客など、さまざまな状況での応対方法と言葉遣いが問われる。基本ルールを押さえたうえでバリエーションを頭に入れておくこと。	
準1級	出題傾向は2級と同じ。特に上司が不在のときの来客応対に注意する。上司が留守であっても、秘書が「信頼関係をつなぐ」にはどうしたらよいかを考える。	

来客応対の流れ

　最初に来客応対のおおまかな流れをつかんでおきましょう。

　受付では、お客様が「どこの誰」で、「どんな用件」があって、「こちらの誰」に会いに来たのかを確認します。その後、お客様が面会を希望する相手に取り次ぎ、応接室などに案内します。

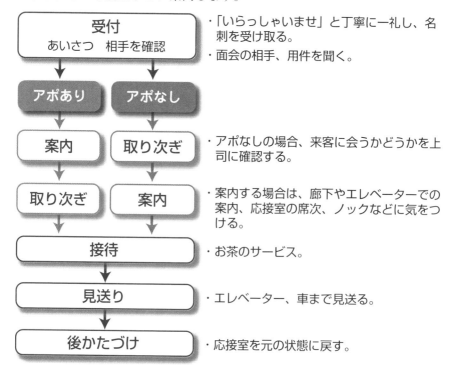

受付
あいさつ　相手を確認
・「いらっしゃいませ」と丁寧に一礼し、名刺を受け取る。
・面会の相手、用件を聞く。

アポあり　　**アポなし**

案内　　**取り次ぎ**
・アポなしの場合、来客に会うかどうかを上司に確認する。

取り次ぎ　　**案内**
・案内する場合は、廊下やエレベーターでの案内、応接室の席次、ノックなどに気をつける。

接待
・お茶のサービス。

見送り
・エレベーター、車まで見送る。

後かたづけ
・応接室を元の状態に戻す。

受付での確認ポイント

　受付では次のようなことを確認します。ただしアポイントメントのある来客の場合は、相手を確認したら、用件は聞かずに応接室に案内します。

①どこの誰なのか。

- はじめての来客であれば会社名、所属、役職、名前、連絡先を、名刺で確認する。
- 名刺を出されないときは「失礼ですが、どちら様でいらっしゃいますか」と尋ね、会社名や名前などを確認する。または「恐れ入りますがお名刺を頂戴できますか」と言って名刺を受け取る。

②こちらの誰に会いに来たのか。

③用件は何か。

　以上のことは、上司に取り次ぐとき、会うか会わないかの判断材料になります。

◆名刺の受け取り方

- 名刺は両手で、またはお盆で受け取り、胸から下へは下げないようにする。
- 「××社の○○様でいらっしゃいますね」と復唱する。
- 読み方がわからないときは、「恐れ入りますが、どのようにお読みすればよろしいでしょうか」と尋ねる。

取り次ぎの基本

　取り次ぎ方はアポイントメントのあるなしによって次のようになります。

◆アポイントメントのある客

①「××社の○○様でいらっしゃいますね。お待ちいたしておりました」と言う。

②用件は聞かず、応接室に案内する。

③上司に取り次ぐ。

◆アポイントメントのない客

①相手を確認し、「××社の○○様でいらっしゃいますね」と復唱する。

②「失礼ですが、どのようなご用件でしょうか」と用件を聞く。

③上司の在・不在は伏せたまま「少々お待ちいただけますか」と言って待ってもらう。

④上司に連絡して指示を受け、面会する場合は応接室に案内する。

上司が不在のときの対応

上司が不在のときに来客があった場合の応対方法は、状況によって次のように大別されます。

アポイントメント あり	上司が外出して帰社が遅れている。 上司がやむをえない急用で外出した。
アポイントメント なし	転任のあいさつ（次ページ参照） その他の用件（下の「アポイントメントなしの客」を参照）

アポイントメントありの客

不在の理由を告げる

外出して帰社が遅れている

やむをえない急用のため外出した

待ってもらう場合

上司の遅れが15分程度なら極力待ってもらう。

待たせてもらいます

ありがとうございます。では、ご案内いたします

待てない場合

相手の意向を尋ねて下記のように対応する。相手が帰るときは特に丁寧にわびる。

①代理の者と会ってもらう

②伝言を聞く

③あとで、こちらから連絡する

※アポのある客が時刻どおりに来訪したのに上司の姿が見えないときは、上司の行き先や所在不明であることを言う必要はない。「少々お待ちくださいませ」と言って応接室で待ってもらい、社内を探す。

※アポがありながら待たせるとき、来客がこちらのお願いに応じてくれたときは必ず「ありがとうございます。では、ご案内いたします」と言葉を添える。

アポイントメントなしの客

不在であることを告げる

帰社時間がわかる場合は伝える

用件を尋ね、相手の意向に沿って対応する

①待ってもらう（上司の了解なしに待ってもらっても会えないことがあるので注意する）

②代理の者と会ってもらう

③伝言を聞く

④こちらから連絡する

⑤出直してもらう

※秘書が名刺を預かる場合は「ご丁寧にありがとうございます。わたくしは秘書の○○と申します」と名乗っておく。ただし代理ではなく、上司の補佐役としての応対をする。自分のことのように「お世話になりました」「よろしくお願いいたします」などと言うのは不適切なこともあるので気をつける。

特殊なケースへの対応

◆転任や新任のあいさつ

　取引先の人が転任のあいさつのために来社することがあります。すでに転任祝いなどの会食を済ませている場合が多く、来社してのあいさつは儀礼的なものなのでアポイントなしで訪問することが一般的です。短時間ですみ、しかも今後会える機会が少なくなるので、上司が多忙な場合でも、また来客中、会議中であっても取り次ぐようにします。

　また、上司が不在の場合は、上司の不在を告げ代理を立てて取り次いだり、秘書が上司の代わりに返礼し名刺を預かる場合もあります。

　なお、新任のあいさつは転任とは異なり、アポイントをとって来社するのが一般的です。

◆紹介状を持参した客

　来客が紹介状を持参しているときは、紹介者から事前連絡があったかどうかで対応が異なります。

事前連絡あり……「○○様からご連絡をいただいております。お待ちしておりました」とあいさつし、紹介状を受け取って上司に取り次ぐ。

事前連絡なし……「少々お待ちくださいませ」と言って上司の意向を確認する。場合によっては電話で紹介者に確認をとることもある。

※紹介状は普通開封してあるが、秘書はなかを改めたりしてはいけない。

◆来客を待たせる・面会を断るときの表現

来客を 待たせる	「確認して参りますので、少々お待ちいただけますか」 「あいにく○○は前の用談が長引いております。恐れ入りますが、10分ほどお待ちいただけますか」 「ただいま席を外しておりますが、まもなく戻ると思いますので、少々お待ちいただけませんでしょうか」
面会を断る （アポあり）	「お約束をいただいておりますのに、誠に申し訳ございません」 「○○もたいへん申し訳ない、くれぐれもよろしくと申しておりました」 「改めて、こちらからお電話させていただくとのことでございます」 「戻り次第、こちらからご連絡差し上げたいと存じますが、いかがでしょうか」 「お電話は何時ごろまでよろしいでしょうか。それでは、その折によろしくお願いいたします」
面会を断る （アポなし）	「お忙しいところをお越しいただきましたのに、誠に申し訳ございません」 「○○はただいま席を外しておりますが、どのようなご用件でいらっしゃいますか」 「かしこまりました。戻りましたら、確かに申し伝えます」 「ただいま用談中で、どうしても手が放せません。終わり次第、こちらからご連絡いたします」 「あいにく外出しております。○時ごろ戻る予定になっておりますが、お差し支えなければご用件を承りましょうか」

3 来客応対の常識

出題傾向

2級 来客を応接室に案内する際のマナー、紹介の順序、茶菓サービス、席次、見送りなど、来客接待のマナー全般について出題される。茶菓サービスについては、お茶を出すタイミングや細かい作法に注意する。

準1級 2級で学んだ基本に加えて、来客案内の際の細かい配慮や、社内で偶然会った来客への対応、会議室の席次などが出題範囲となる。来客との人間関係を築くため、自分なりの来客リストを工夫することも重要。

来客の案内

　来客を応接室などへ案内する際には、事務的に案内するのではなく、荷物の多いお客様なら「お持ちしましょうか」と声をかけるなどの心遣いをして、誠意を表しましょう。自分自身の姿勢や歩き方にも注意してください（大またで歩いたり、音をたてたりしないこと）。

●廊下・階段
- 来客の歩調に合わせ、2、3歩斜め前を歩く。
- 曲がり角、階段では振り返り、相手との距離を測って「こちらでございます」と方向を示す。

●エレベーター
- 乗る前に「○階へご案内いたします」と行き先階を告げる。
- エレベーターの操作をするときは、次のどちらかの方法で。
  ①自分が先に乗り、「開」のボタンを押して来客を招き入れる。
  ②外のボタンを押してドアが閉まらないようにし、来客に先に乗ってもらう。
- エレベーターが着いたら、来客に先に降りてもらう。

●応接室
- 部屋の前に来たら「こちらでございます」と言って、ノックしてからドアを開ける。「空室」の表示になっていても必ずノックすること。
- 外開きのドア → 秘書がドアを開け、来客を先に通す。
- 内開きのドア → ドアを開けて先に入り、ノブを持ち替えてから来客を招き入れる。
- 「どうぞおかけくださいませ」と言って上座の席を勧める。

- 来客が席に着いたら、「田中（上司）はただいま参ります。少々お待ちくださいませ」とおじぎをし、退室する。
- 来客を上司の執務室に案内する場合は、応接室の席次と違い、上司の机から遠い席（入口近く）に案内する（164ページ執務室の応接セット参照）。
- アポイントメントのある来客であれば、予約時間の少し前に、応接室が整っているかどうか確認しておく。

◆紹介の順序

　紹介するときは、基本的には**地位の高い人に地位の低い人を紹介、来客に社内の人を紹介**、という順序になります。地位に格差がない場合は下表のようになります。

先に紹介	年下の人	男性	未婚者	自分と親しい人	紹介してほしい人	1人
後に紹介	年上の人	女性	既婚者	さほど親しくない人	紹介を受ける人	大勢

茶菓サービスの基本　

・面会時刻にあわせて湯を沸かしておく。
・茶碗にひび割れや汚れがないか点検する。
・手・指・爪などが汚れていないかチェックしておく。

②お茶を入れる

・お盆に乗せて運ぶ。
・茶たくは外し、重ねて乗せる。
・ふきんも用意する。

④応接室へ入室
・ドアをノックし、「失礼します」と言って入る。

・サイドテーブルにいったんお盆を置く。
・茶碗の糸底をふきんで拭き、茶たくに茶碗を乗せる。

・茶たくを片手で持ち、もう一方の手を添えて「どうぞ」と言いながら差し出す。
・絵柄のある茶碗のときは、絵柄のほうを来客に向ける。
・上座の来客から出し、次に社内の人（上位の人→下位の人の順）に出す。
・来客の後ろを通るときは「後ろを失礼します」と声をかける。
・お茶と菓子を出すときは、菓子を先に、来客から見て左側に出し、その後、お茶を右側に出す。
・食事や菓子の食器類をかたづけるときは、来客のものから（上位の人のものから）先にかたづける。

・お盆を左脇に抱えるようにして持ち、会釈して下がる。

◆茶菓サービスの注意点

●日本茶を出す場合

- 温度は70度くらいが適当。濃さを等しくするため、１つの茶碗に一度に注がず、茶碗の７分目になるまで少しずつ回し注ぎする。
- 木製の茶たくを使用する場合は、来客から見て木目が横になるように置く。

●コーヒー・紅茶を出す場合

- カップをソーサー（受け皿）に乗せ、スプーンを手前に乗せて出す。
- 取っ手は右側（米国式）、左側（英国式）のどちらでもよい。
- スプーンの上にはミルクやシュガーを乗せてはいけない。

ミルクやシュガーはスプーンの上には乗せない

取っ手は左・右どちらでもOK

●ペットボトルでお茶を出す場合

- お茶を出す手間を省くため、ペットボトルと紙コップで茶菓サービスをすることもある。
- お茶は未開栓のまま置き、紙コップはすぐに使えるよう飲み口を上にして置いておく。
- 茶たくは使わない。

●お茶を出すタイミング

- あいさつや名刺交換が終わるのを待ち、着席して落ちついたときにタイミングよくお茶を出す。
- 会議中にお茶を出す場合は、発言中の人がいても順に出してかまわないが、状況を見て、会議の流れに支障のないよう手早くする。

●来客が日本茶なら上司も日本茶と、基本的には同じものを出す。

●職位と席次が合致していない場合（職位の低い人が上座にいる場合など）は、職位の高い順からお茶を出す。

●お茶を入れ替える場合は、一度下げて、新しく出し直す。

● 上司の茶碗は、普段使っているものではなく、来客と同じものにする。

● テーブルの上に書類などが広がっているときは、勝手に手を出さず、「失礼します」と言って空いているところへ置く。

来客の見送り

来客と上司あるいは会社との関係によって、秘書がどこまで来客を見送るかも違ってきます。

見送りのときには何度も頭を下げるより、一度丁寧におじぎをするほうが好印象を持たれます。

● 応接室の外まで

「お忙しいところをお越しくださいまして、ありがとうございました」とあいさつし、丁寧におじぎをして、しばらく後ろ姿を見送る。

● エレベーターまで

来客がエレベーターに乗るときにあいさつし、ドアが閉まるまでおじぎをする。

● 玄関先まで

あいさつを述べ、丁寧におじぎをして、姿が見えなくなるまで見送る。

● 駐車場まで

あいさつを述べ、荷物があればいったん預かり、来客が車に乗ってから荷物を渡す。車が動き出したらおじぎをし、車が遠ざかるまで見送る。

◆ 応接室の後かたづけ

● 茶碗を下げ、テーブルや椅子の位置を整える。

● 来客の忘れ物がないかどうかを確認する。忘れ物があれば、先方の秘書などに連絡を入れる。

席次に関する知識

席次に関する知識は、来客の案内や会議など、さまざまな状況で必要になります。

原則として来客には上座を勧め、以下、客側、会社側とも上位の人が上座になります。基本的には**部屋の奥の席が上座、入り口近くの席が下座**です。

応接室の席次

基本

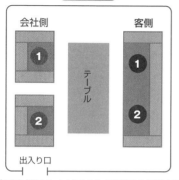

椅子の格は1人がけより長椅子のほうが下だが、ビジネスでは合理的に考えて来客人数に対応できるよう、長椅子が客用となる。職位の近い者同士が対面するように座る。

上司の執務室の応接セット

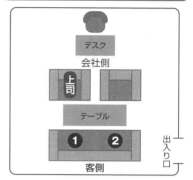

身近な来客や社内の打ち合わせなどでは、上司の執務室を使うこともある。本来は奥の席に来客を通すべきであるが、上司の机の上を来客に見せるわけにいかないことと、上司が入り口まで来客を迎えに出ることがあるため、図の①が上座になる。

列車の席次

4人がけの場合　6人がけの場合

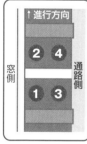

車窓からの景色がよく見えるなど、乗りごこちのよい席が上座となる。進行方向に体が向くなど、乗りごこちにも配慮する。

車の席次

上位者が運転する場合　運転者がいる場合

いちばん安全度が高い席が上座。なお、秘書が所用で会社の車を使用するときは助手席に乗る。

席次のバリエーション

　席次は基本にあてはまる場合ばかりではありません。イレギュラーなパターンのときには、「その場でお客様にとって最も大切なことは何か」を考えます。安全性なのか、そこからの眺めなのか、上座・下座の関係か、状況にあわせて判断できるようにしてください。

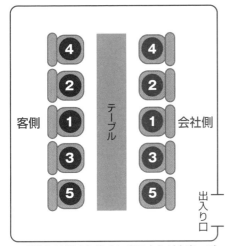

会議室など

客側 ／ テーブル ／ 会社側

一般的には話のしやすい座の中心が上座。プロジェクターなどを使用するときは、それが見やすい位置が上座になる。

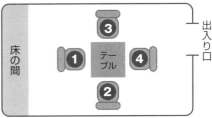
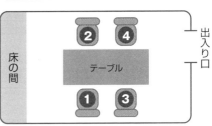

宴席での席次

床の間／テーブル／出入り口

客側・接待側と分かれて座る場合は、客側が①③、接待側は②④の順に座る。

来客リストを作る

　上級秘書には、来客との橋渡し役のみならず、新たに人間関係を築いていくことが必要です。したがって来客の顔、名前、会社名や所属を覚えておくことは、秘書の重要な心得の１つになりますが、来客の数は多く、記憶に頼っているだけでは不十分です。

　そこで初対面のとき、相手の名刺の裏に来社日や秘書にわかる範囲の用件、特徴、自社との関係などを書き込んで覚えとする方法もあります。こうした工夫をしておくと後日、そのお客様の人物像を思い出すのに役立ち、接待がしやすくなるでしょう。

◆社内で来客と出会ったら

　見知ったお客様と、受付ではなく社内の別の場所で出会うこともあるでしょう。秘書の態度は上司や会社のイメージにもつながるのですから、とっさのときでも、感じのよい応対ができるように気をつけましょう。

　たとえば、階段を下りているときにお客様が上ってきたら、双方が近づいて同じ高さになったときにあいさつをします。たとえすぐに気がついても距離があるときは、上から見下ろすことにならないよう近づいてあいさつすると感じがよくなります。

1 電話の受け方

 2級　電話応対の心掛け、電話を受ける際のポイント、電話を受けたときの基本表現などが出題される。ビジネスの一般的なマナーとして、日ごろから意識して応対するようにしておくとよい。

 準1級　2級の出題範囲である電話応対の基本的なマナーに加えて、早口や雑音で聞き取りにくかったり、複雑な内容の場合など、わかりにくい電話に応対するときの言い方を問われる。

電話応対で心掛けること

　電話はビジネスにおいて、人と人、会社と会社を結び、人間関係を築くのに欠かせないツールです。ビジネスでの電話応対で最も重要なのは、「いかに仕事を前に進めるか」ということです。

　ただし電話には、相手が見えない、言葉だけが頼りとなる、1対1の会話である、有料であるといった特性があり、これらの特性を理解して活用しなければなりません。不用意な言葉遣いや要領の悪い対応は、人間関係に支障を来してしまう恐れもあります。電話応対では、「正確」「迅速」「簡潔」「丁寧」の4つの点を心掛けましょう。

正確
- 明るい声で、はっきり、落ち着いて話す。
- 相手の話はメモをとりながら聞き、必要事項は最後に復唱する。
- 同音異義語など、わかりにくい表現は避ける。

迅速
- 相手を待たせないよう、すばやく取り次ぐ。
- 折り返しの電話は約束通りの時間に。

簡潔
- 5W3Hを念頭におく。
- 要領よく、相手にわかりやすい表現で話す。
- コスト意識を持ち、要領よく終わらせる。

丁寧
- 適切な敬語を使い、好感の持たれる話し方を心掛ける。
- 相手にあったあいさつをする。
- いきなり用件に入らず、相手の都合を確認する。
- 相手が忙しい時間は避けて電話する。
- 周りの雰囲気も伝わってしまうので注意する。

正確に話すための注意事項

準1級

音声だけでやりとりする電話で正確に情報を伝えるには、文字を見ないとわかりにくい言葉に注意する必要があります。

ハキ
ハキ

名前
- はっきりと発音する。
- 間違えやすい名前のときは、文字を説明する。
  - 例 武田と竹田、菊池と菊地（文字が異なる）など
- 鈴木、田中など、全国的に多い名字は「○○社の鈴木様」というように表現する。

数字
- 聞き間違えやすい数字に注意する。
  - 例 1（イチ）と7（シチ）、約30（やくさんじゅう）と130（ひゃくさんじゅう）など
- 日にちなどは、曜日を添える。
  - 例 「来週水曜日、○月○日に〜」

わかりにくい言葉
- 相手がわかりやすいように書き言葉と話し言葉を使い分ける。
  - 例 再度（書き言葉）→ 後ほど改めて（話し言葉）

◆間違い電話への対応

間違い電話には、ケースによって下表のように対処します。くれぐれも切り口上、不機嫌、不親切にならないよう気をつけてください。

番号違い	こちらは○○社でございます。番号をお間違えのようですが、何番におかけですか。
本社・支社違い	その件は本社が担当しております。ただいま××支社へかかっておりますので、本社へおかけ直しいただけませんでしょうか。電話番号は○○○○番でございます。
担当部署違い	こちらは秘書課でございます。担当部署へおつなぎいたしますので、少々お待ちいただけますでしょうか。

電話を受けるときの手順

電話応対の流れは次のようになります。

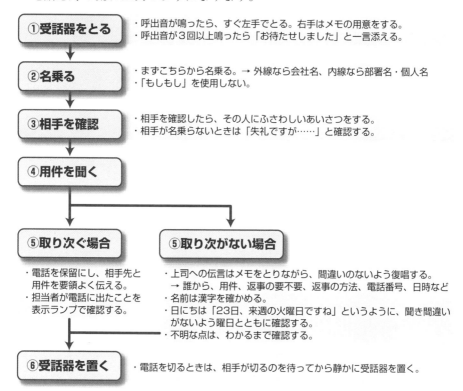

①受話器をとる
・呼出音が鳴ったら、すぐ左手でとる。右手はメモの用意をする。
・呼出音が3回以上鳴ったら「お待たせしました」と一言添える。

②名乗る
・まずこちらから名乗る。→ 外線なら会社名、内線なら部署名・個人名
・「もしもし」を使用しない。

③相手を確認
・相手を確認したら、その人にふさわしいあいさつをする。
・相手が名乗らないときは「失礼ですが……」と確認する。

④用件を聞く

⑤取り次ぐ場合
・電話を保留にし、相手先と用件を要領よく伝える。
・担当者が電話に出たことを表示ランプで確認する。

⑤取り次がない場合
・上司への伝言はメモをとりながら、間違いのないよう復唱する。
　→ 誰から、用件、返事の要不要、返事の方法、電話番号、日時など
・名前は漢字を確かめる。
・日にちは「23日、来週の火曜日ですね」というように、聞き間違いがないよう曜日とともに確認する。
・不明な点は、わかるまで確認する。

⑥受話器を置く
・電話を切るときは、相手が切るのを待ってから静かに受話器を置く。

わかりにくい電話への対応

　相手の声が小さい、早口で聞き取れないなどの理由で、用件がわかりにくいときは、「こちらがまだ話を理解していない」ということを相手の職位や取引先の立場などを考慮しながら伝えなければなりません。

声が小さい	「お電話が少々遠いようですが」 「恐れ入りますが、もう一度おっしゃっていただけますか」 「恐れ入りますが、もう一度お願いできませんでしょうか」
早口で聞き取りづらい	「もう少しゆっくりと話してください」などと、直接的な言い方をせず、適当に相づちを打って繰り返しを促し、区切りのよいところで「〜ということでございますね」「〜と、おっしゃいますと」といったように要点を復唱する。

雑音・混線	● 「申し訳ございません。雑音が入りますため、別の電話に替わります。少々お待ちくださいませ」と言って保留にし、電話機を替える。 ● 「誠に申し訳ございませんが、お声がどうしても聞き取りにくくなっております。こちらからかけ直させていただいてよろしいでしょうか」と言って、かけ直す。 ● 急ぎの用件でなければ「後ほど、こちらからお電話させていただきたいと存じますが、いかがでしょうか」と言って、後でかけ直す。 ● 相手からかけ直してもらったときは、最初に「先ほどは申し訳ありませんでした。今度はよく聞こえます」と述べてから用件に入る。
長電話	何が言いたいのかわからない、延々と同じ話が繰り返される、という場合には、こちらが相手の言いたいことを引き出し、まとめる手助けをする。
複雑な内容	● 相手からの電話であれば、要点をメモし、復唱する。 ● こちらからかけるときは、事前に要点を箇条書きにし、要領よく伝える。 ● 電話ではポイントだけ押さえておき、後ほど文書を別に届けるという方法もある。 ● 地図や図表などは、事前にファックスで送っておいてから電話をかける。

電話を受けたときの基本表現

名乗る	● 外線 → 「○○社、××課でございます」 ● 内線 → 「○○課、××（自分の名前）です」
相手を待たせたとき	呼出音が3回以上鳴ったら → 「お待たせいたしました」 呼出音が4回以上鳴ったら → 「たいへんお待たせいたしました」
相手を確認する	「○○社の××様でいらっしゃいますね」 「恐れ入りますが、お名前をもう一度お願いいたします」
相手が名乗らないとき	「失礼ですが、どちら様でいらっしゃいますか」 「失礼ですが、○○社のどちら様でいらっしゃいますか」 「恐れ入りますが、どちらの○○様でいらっしゃいますか」
状況に応じたあいさつ	「いつもお世話になっております」 「いつもありがとうございます」 「おはようございます。先日はありがとうございました」
人から電話を引き継いだとき	「たいへんお待たせいたしました。わたくし、○○課の××（自分の名前）と申します」
復唱する	「繰り返させていただきます」 「確認させていただきます」
こちらにも用件があるとき	「いただいたお電話で申し訳ございませんが、こちらからもお話しさせていただいてよろしいでしょうか」
あいさつで締めくくる	「かしこまりました。わたくし、○○と申します」 「よろしくお願いいたします」 「お電話ありがとうございました」 「失礼いたします」 「ごめんくださいませ」

2 電話の取り次ぎ方

2級 上司が不在の場合や、面談中で電話に出られないときの取り次ぎ方がよく出題されている。上司の不在を告げるとき、取引先、上司の家族など相手によって敬語表現が変わることに注意する。

準1級 出題傾向は2級と同じだが、準1級では、上司が次の指示を出しやすいように工夫してメモを渡すなど、より細かい配慮が求められる。

電話の取り次ぎ方の基本 【2級】【準1級】

上司宛にかかってきた電話は、以下の手順で取り次ぎます。

①相手と用件を確認する	・取り次ぐべき電話かどうかを判断する。
②上司に替わることを相手に伝える	・相手を待たせるときは、必ずその旨を伝えてから保留ボタンを押す。
③上司に相手先と用件を伝える	・相手が同じ内容を繰り返さなくてもすむように、要領よく上司に伝える。

上司が電話に出られないとき 【2級】【準1級】

上司宛にかかってきた電話は、以下の手順で取り次ぎます。

◆上司が外出などで不在のとき

①相手に上司の不在を伝える。このとき、相手によって敬語表現が違ってくるので注意すること（下の例は上司が部長の場合）。

取引先など → 「佐藤（上司）はただいま席を外しております」
上司の家族 → 「部長さんはただいま席を外していらっしゃいます」
社内の人（常務など）→ 「部長はただいま席を外されています」
　　　　　　（課長など）→ 「部長はただいま席を外していらっしゃいます」

②代理の者でよいかどうかを聞く。

例「佐藤はただいま席を外しておりますので、この件を担当しております山口が承るということでもよろしいでしょうか」

③こちらからかけ直したほうがよい場合は、電話番号を聞く。

④伝言を受ける場合は、メモをとり復唱する。

⑤「わたくし、秘書の田中でございます」と、最後に自分の所属と名前を名乗る。

⑥上司が戻ったらメモを渡し、口頭でも報告する。

◆上司が面談中・会議中のとき

①面談中、会議中であることは言わずに、「佐藤（上司）は席を外しておりまして、○時に戻りますが、お急ぎでしょうか」と尋ねる。こちらからかけ直すときは連絡方法や相手の都合を聞くこと。

②至急の用件は、連絡方法を確認してメモで上司に取り次ぎ、指示を仰ぐ。

◆メモの書き方・渡し方

準1級レベルになると、上司が指示を出しやすいメモを書く機転が求められます。

例 上司が会議に出席している間に、取引先A社からこのあとに行われる打ち合わせの日時を明日の10時に変更してほしい、との連絡が入った。

×「A社から打ち合わせを明日10時に変更したい」と連絡が入ったことをメモで渡して伝える。

　→事実を伝えただけで、上司が仕事を進める手助けになっていない。

○明日の予定を確認しメモで伝える。また、「明日に変更する」「改めて連絡を入れる」など、上司が選びそうな対応を書いておく。

　→上司が指さすだけで指示ができる。

電話を取り次ぐときの基本表現

電話を取り次ぐときに気をつけなければならないのは、用件を正しく要領よく伝えることです。また、相手に何度も同じことを言わせないようなスムーズな対応が求められます。

以下は取り次ぎ時の基本的な表現です。これらをよく覚えておき、異なる場面においても適切な応対ができるように日ごろから心掛けておきます。

名指し人や 担当者と替わる	「△△様でいらっしゃいますね。ただいま○○に替わりますので、少々お待ちくださいませ」 「○○（名指し人）でございますね。少々お待ちください」 「恐れ入ります。ただいま担当と替わりますので、少々お待ちくださいませ」
名指し人が 離席中	「○○はただいま席を外しております」 「あいにく、○○は席を外しております（このあとは下記の①〜④に続く）」 ①すぐ呼んで参りますので、少々お待ちくださいませ ②戻り次第、こちらからお電話いたしましょうか ③失礼ですが、ご用件をうかがってもよろしいでしょうか ④わたくし、××と申しますが、差し支えなければご用件を承りましょうか
名指し人が 電話中	「あいにく、○○はほかの電話に出ております（以下①〜③に続く）」 ①このままお待ちいただけますでしょうか ②終わり次第、こちらからお電話差し上げるようにいたしましょうか ③終わり次第ご用件を申し伝えますので、承りましょうか 「申し訳ありませんが、電話が長引いておりますので、こちらから改めてお電話させていただきます」
名指し人が 不在	「○○はあいにく外出しております。○時には戻る予定になっておりますが、戻り次第お電話差し上げましょうか」 「本日は休暇をとっております。明日は出社予定でございます。秘書の○○と申しますが、ご用件承りましょうか」
伝言を受ける	「秘書の××と申しますが、お差し支えなければ、ご用件を承りましょうか」 「戻りましたらご用件を申し伝えますので、承りましょうか」
伝言を確認する	「かしこまりました。復唱させていただきます。〜でございますね。わたくし、秘書の××と申します。○○が戻りましたら、確かにただいまの件、申し伝えます」
家族からの電話を 上司に取り次ぐ	「常務、お宅からお電話です」
上司の席の内線 電話に出るとき	「はい、常務席でございます」 「はい、○○常務席でございます」

3 電話のかけ方

出題傾向		
2級	電話をかける前の準備や、かけるときのマナー、基本表現などを中心に出題される。少しレベルの高い内容ではあるが、上司の代理で電話をかけるときの注意点も押さえておくとよい。	
準1級	2級の範囲に加えて、上司の代理で電話をする、謝罪の電話をするといった、より重要度の高い電話業務についても出題される。話し方、聞き方、言葉遣いなど、トータルな技能が求められる。	

電話をかけるときの手順

　こちらから電話をするときは、次のような手順でかけます。

①準備	・用件のポイント、電話番号、所属、名前をメモしておく。こちらの社名、氏名、日時もメモしておくと、留守番電話の備えになる。 ・カレンダーや必要な資料は手元に置いておく。
②先方が出たら名乗る	・こちらから名乗り、あいさつする。
③相手を指名する	・用件と相手の所属、名前を言って呼び出してもらう。
④相手を確認し、用件に入る	・間違いなく本人かどうか確認する。 ・長くなりそうなときは「〜の件でお話しさせていただきたいのですが、ただいまお時間はよろしいでしょうか」と、相手の都合を確かめる。
⑤あいさつして切る	・原則として電話をかけたほうから切る。 ・相手が得意先や上位の人なら、相手が切ってから切る。

◆電話をかけるときの注意点

● 「〜の件で2点ほどご相談があります。1つ目は〜、2つ目は〜」というように箇条的に話すと、相手は理解しやすく、メモをとる助けにもなる。

● 相手が不在のときは、できるだけ後でかけ直すようにする。

● 途中で電話が切れたら、原則としてかけたほうからかけ直す。かけ直したとき、相手が出たら「ただいまは失礼いたしました」と一言わびる。

先方が出たとき	「こちらは△△社の□□と申します」 「わたくし、△△社の××と申します」
相手を指名する	「恐れ入りますが、●●課の○○様をお願いいたします」 「恐れ入りますが、●●課の○○様はいらっしゃいますか」
相手を確認する	「○○様でしょうか」 「○○様でいらっしゃいますね」
相手を 呼び出したとき	「お忙しいところ、お呼び立ていたしまして申し訳ございません」
状況に応じた あいさつ	「いつもお世話になっております」 「先ほどはお問い合わせいただきまして、ありがとうございます」 「先日は、ご足労いただきまして、ありがとうございました」
用件に入るとき	「早速でございますが」 「お忙しいところ恐れ入りますが」 「先ほどお電話いただきました件でございますが」 「お願いいたしました〜の件でございますが」
長くなりそうな とき	「〜の件で打ち合わせをさせていただきたいのですが、ただいまお時間はよろしいでしょうか」
相手が不在	「恐れ入りますが、伝言をお願いできませんでしょうか」 「明日、○時にこちらから改めてお電話させていただきますので、よろしくお伝えくださいませ」 「△△社の××がお電話申し上げたことだけ、お伝えいただけませんでしょうか」
伝言を頼むとき	「ありがとうございます。お手数ですが、よろしくお願いいたします。○○様によろしくお伝えくださいませ」 「詳しくは後ほど改めてお電話差し上げます。わたくし××と申します。お名前をお聞きしてもよろしいですか」（あるいは「失礼ですがどなた様でしょうか」）
あいさつで 締めくくる	「ありがとうございました」 「今後ともよろしくお願いいたします」 「ご連絡をお待ちいたしております」 「失礼いたします」 「ごめんくださいませ」
訪問すべきところ を電話ですます	「本来ならうかがってお願いしなければならないところを、たいへん失礼ですが」 「こちらからうかがうのが本来ですが」
アポをとる	「○月○日午後○時ではいかがでしょうか」 「何時がよろしいでしょうか」 「□□が戻りましたら都合を聞きまして、改めてお返事させていただきます」
上司の代理で かけたとき	「お呼び立ていたしまして申し訳ございません」 「□□が直接お電話すべきところでございますが」

上司の代理の電話

準1級

　秘書は上司の指示で、取引先の役員など地位の高い人に電話をかけることがあります。こうしたときは、次の手順に従ってください。

①まず相手先の秘書に電話をかける。
②相手が在席中かどうかを聞く。
③相手が出る前に（電話を取り次いでもらっている間に）こちらも上司に電話を回す。

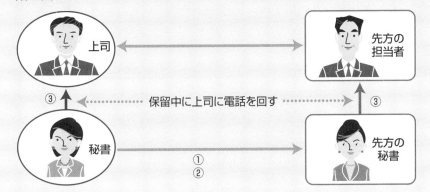

◆謝罪の電話

　仕事上のミスがあって、取引先などに謝罪する場合は、直接出向くのが本来です。ただ後日、担当者や相応の地位の人が謝罪に行くとしても、とり急ぎおわびの気持ちを伝えるという意味で、ミスが判明した時点ですみやかに謝罪の電話を入れておいたほうがいいケースもあります。

　そうした場合に、秘書が先方に謝罪の電話をかけることもあります。このときは以下の点に注意してください。

●「改めておわびにうかがわせていただきますが、取り急ぎおわび申し上げたいと存じまして、ご連絡差し上げた次第でございます」というように切り出す。
●こちら側に非があることを意識し、言葉遣いに注意して、気持ちを込めて話す。
●相手が不機嫌になったり怒り出したりしても、相手の話を冷静に受けとめ、人間関係をつなぐことを心得て穏やかに話を進める。
●謝罪の電話はとりあえずの処置なので、電話で何もかも話そうとせず、「詳しいことは、お会いしたときにご説明させていただきます」とする。

1 慶事に関する業務

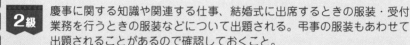

出題傾向		
	2級	慶事に関する知識や関連する仕事、結婚式に出席するときの服装・受付業務を行うときの服装などについて出題される。弔事の服装もあわせて出題されることがあるので確認しておくこと。
	準1級	上記のほか、慶弔業務を担当するときの心構え、社内の慶弔規定の確認、慶弔記録の残し方などについて出題される。

慶事の種類　

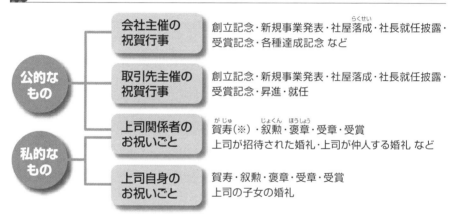

公的なもの

　会社主催の祝賀行事　　創立記念・新規事業発表・社屋落成（らくせい）・社長就任披露・受賞記念・各種達成記念 など

　取引先主催の祝賀行事　　創立記念・新規事業発表・社屋落成・社長就任披露・受賞記念・昇進・就任

私的なもの

　上司関係者のお祝いごと　　賀寿（がじゅ）（※）・叙勲（じょくん）・褒章（ほうしょう）・受章・受賞　上司が招待された婚礼・上司が仲人する婚礼 など

　上司自身のお祝いごと　　賀寿・叙勲・褒章・受章・受賞　上司の子女の婚礼

※賀寿とは、長寿の祝いのことをいう。
　還暦＝満60歳（61歳）、古稀（こき）＝70歳、喜寿（きじゅ）＝77歳、傘寿（さんじゅ）＝80歳、米寿（べいじゅ）＝88歳、卒寿（そつじゅ）＝90歳、白寿（はくじゅ）＝99歳

慶事にともなう業務　**準1級**

◆**上司が招待されたときの対応**

●招待状への返信

●お祝い品の相談・手配

●欠席する場合の祝電・祝い金の郵送

●祝賀原稿の作成

●祝い金の用意など、直前の準備と確認

◆祝賀行事の流れと運営

①準備委員会の設置	……式次第、日時、招待客の人数、予算を決定
②会場の設定	……会場設営の打ち合わせ
③出席者リストの作成	……招待状の発送、出欠の確認
④記念品、返礼の選定	……特注品、名入りの品は早めに準備
⑤当日は受付、裏方役	……会にふさわしい服装を整える
⑥終了後の作業	……精算、礼状の発送など
⑦上司に報告	……文書にまとめ、記録として残す
⑧関係者に礼を言う	……場合によっては、お礼の品を送ることも考慮

◆慶事での服装

●招待された場合の服装（礼装・正装）

洋装なら、昼はアフタヌーンドレス、夜はイブニングドレス。結婚式での和装は未婚なら振袖、既婚なら色留袖か黒留袖。

●受付などスタッフとして参加する場合の服装

準礼服か、多少あらたまったスーツ。アクセサリーはあまり派手にしない（胸にコサージュをつけて祝意を表す）。

慶弔業務を担当するときの心構え

慶弔業務の心構えとして次の6点を忘れないようにしましょう。

- ●上司からの指示を重視し、自分勝手な判断で行動しない。
- ●社内で定められた慶弔規定（過去の記録など）に従って対処する。
- ●弔事の場合は、特に確実な情報をもとにして処理する。
- ●必要な連絡先、また慶弔事が休日にあたった場合の連絡先の確認。
- ●発表の時期や内容など、社外への対応に十分な配慮を払う。
- ●参考になる資料を、普段から手元に用意しておく。

慶弔記録を残す

慶弔業務は必ず記録を残しましょう。記録があれば、次に担当するとき、あるいはほかの人が担当するときの参考になります。

- ●慶弔記録をどの部門に集約するか決める（総務部、秘書室など）。
- ●必要事項が漏れなく記載できるフォーマットを作る。
- ●他部門からも記録を見ることができるよう、パソコンなどに入力しておく。

2 弔事に関する業務

出題傾向		
	2級	弔事に関する一般的な知識やしきたり、マナー、弔問時の服装など。訃報に接したときの対応のしかたもよく出題される。また、上司の代理で葬儀や告別式に参列するときの心得に注意する。
	準1級	上記のほか、霊前での作法やお悔やみのあいさつなどが試験範囲に含まれる。

■ 弔事と秘書の仕事

　取引先などの訃報に接したら、以下の要点を確認したうえで上司に報告し、指示に従って対応します。また、新聞の訃報欄には毎日必ず目を通しましょう。

◆訃報の確認事項
- ●逝去の日時と死因
- ●通夜・葬儀の日時、形式（宗教）、場所
- ●喪主の氏名、住所、電話番号

◆訃報への対応

弔　　　電	通夜・告別式のどちらにも出られない場合に打つ。誰の名前で出すかなどを確認。会社名・役職名も忘れずに。できるだけ連名にはしないこと。
参　列　者	上司が直接参列するか、代理人が参列するかを決める。
参　列　日	通夜、葬儀・告別式のどちらに参列するかを決める。
香　　　典	金額は社内の前例、上司と相談して決める。上書きは相手の宗教を確認して、適切に用意する。
供物・供花	辞退される場合もあるので、必ず先方または担当葬儀社に確認する。地域や宗教により習慣が違うので注意する。届ける場合は通夜に間に合うように手配する。

仏式弔事の流れと心得　2級 準1級

　仏式弔事は次のような流れで進められます。通夜に参列した場合、葬儀や告別式にも参列するのが本来ですが、通夜のみの参列となる場合、香典は通夜で渡します。また、上司の代理で秘書が出席する場合、会葬者の芳名帳には上司の名前の下に代理であることがわかるように（代）と書きます。

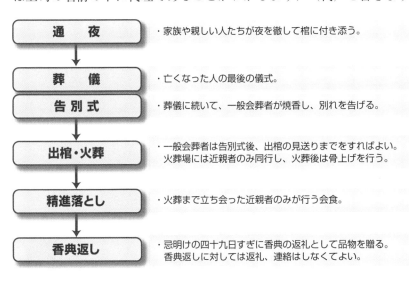

通　夜	・家族や親しい人たちが夜を徹して棺に付き添う。
葬　儀	・亡くなった人の最後の儀式。
告別式	・葬儀に続いて、一般会葬者が焼香し、別れを告げる。
出棺・火葬	・一般会葬者は告別式後、出棺の見送りまでをすればよい。 　火葬場には近親者のみ同行し、火葬後は骨上げを行う。
精進落とし	・火葬まで立ち会った近親者のみが行う会食。
香典返し	・忌明けの四十九日すぎに香典の返礼として品物を贈る。 　香典返しに対しては返礼、連絡はしなくてよい。

◆服装のマナー

　急な知らせで職場から通夜に直行する場合は、アクセサリーを外し、化粧はなるべく地味にします。

	男　性	女　性
通夜	黒系統の地味なスーツ。 ネクタイと靴は黒にする。	無地のワンピース。 黒かグレーのスーツ。
葬儀・告別式	正式にはモーニング。または黒系統の地味なスーツ。ネクタイと靴は黒にする。	黒のスーツか喪服。アクセサリーは一連の真珠のネックレス、結婚指輪以外は身につけない。

◆香典を渡す

　香典を渡すときは、「ご愁傷さまでした」「御霊前にお供えください」などの言葉を添えて記帳します。また、表書きは宗教によって次のように使い分けます。「御霊前」はすべての宗教に共通して使えます。

●仏教……御霊前・御香典・御香料

●キリスト教……御霊前・御花料

●神道……御霊前・御榊料（おんさかきりょう）・御玉串料（おんたまぐしりょう）

●不明・無宗教……御霊前

◆拝礼のマナー

告別式では、宗教により拝礼のしかたが異なります。

●焼香のしかた（仏式）

①家族に一礼し焼香台に進む

②親指、人差し指、中指の３本で香をつまみ、目の高さに押しいただき、瞑目。

③香を香炉の火の上に落とし、遺影に合掌。

④遺族に会釈して席に戻る。

●玉串奉奠（たまぐしほうてん）（神式）

①神官から玉串を受け取る。右手で玉串の根本を持ち、左手を葉に添える。

②時計回りに回し、根本を自分へ向ける。

③左右の手を持ち替えて、右手で葉の部分を持ち、時計回りに回し、根本を神前へ向けて供える。

④音をたてず、二礼二拍手一礼する。

●献花（キリスト教式）

①右手に花がくるように持ち、献花台に進んで一礼する。

②時計回りに回し、茎を神前へ向けて献花台へ置く。

③黙祷をする。

◆弔事に関する用語

享年	死亡したときの年齢のこと。
法要	日を決めて故人をしのぶ行事。法事。
初七日	逝去から７日目に行われる法事。
七七忌（しちしちき）（四十九日）	逝去から49日目に行われる法事。この日までは御霊前がすべての宗派で使える。
忌明け（きあ）	七七忌が過ぎること。
一周忌	逝去から１年後の命日に行われる法事。
密葬	遺族、親族などの身内のみで行われる葬儀。

3　贈答のしきたり

第1章　秘書の資質

第2章　職務知識

第3章　一般知識

第4章　マナー・接遇

第5章　技能

第6章　面接

| | 2級 | 贈答の趣旨、贈答品の選び方、上書きの種類と書き方、名前の書き方、現金の包み方など、贈答のマナー全般が出題される。慶弔事のマナーとあわせて出題されることもある。 |
| 出題傾向 | 準1級 | 上記に加えて、贈答品の返礼やお礼状の常識、ちょっとした依頼のお礼として金銭を包む場合の常識などが問われる。 |

贈答・見舞いの種類と上書き

趣　旨	贈答品の選び方・贈る時期など	上書き
結婚	品物は先方の希望を聞いて決める。吉日に持参する。	御祝　寿　祝御結婚
褒章受賞	褒章とは社会・文化的な功績によって政府から記章を授与されること。その他の賞金や商品を授与される「受賞」とは区別される。上司と相談して品物を選び、早めに自宅に届ける。	祝紫綬褒章 御受賞御祝
賀寿	相手の趣味に配慮し、お祝いの日に届ける。賀寿については176ページ参照。	寿　祝御長寿　祝還暦
栄転昇進	職務上の地位や役職が上がることをお祝いする。祝いの席に持参するか、自宅に郵送。調度品、時計、酒など。	御祝　御栄転御祝 祝御栄転　御昇進御祝
記念式落成式	落成式は、建築工事が完了した際に行われる式典。得意先には現金を包むことが多い。その他には絵画、陶磁器、調度品、酒、時計など。	御祝　創立○年御祝 落成式御祝
中元	7月初旬～15日。店から発送するときはあいさつ状を同封、またはあいさつ状が品より先に届くようにする。	御中元 暑中御見舞（遅れた場合）
歳暮	12月初旬から20日頃まで。お中元より予算は高めにするのが一般的。あいさつ状に関しては同上。	御歳暮 寒中御見舞（遅れた場合）
年賀	元日から7日（地域によっては15日）まで。年始回りの際に持参。タオルやお菓子など。	御年賀
病気見舞	現金が喜ばれる。品物なら果物、缶詰、切花、カステラなど。	御見舞　祈御全快
災害見舞	現金がよい。またはすぐに役立つものを贈るか、手伝いを申し出る。	御見舞　近火見舞

◆上書きの書き方

- ●のし紙の上部に「御祝」など贈答の趣旨の用語を書き、下部にそれよりやや小さい字で、贈り主の社名や個人名を書く。
- ●連名の場合は、最上位の人を右端に、以下順に左に書いていく。
- ●4名以上の連名の場合は、代表者名を書いて「他一同」とし、別紙に書き出して袋に入れる。
- ●宛名（相手の名前）を書く場合は、上部左上に「○○様」とする。
  ※下部に贈り主の名前を連名で記す場合、左から右へと職位の高い順に書いていく。

●会社から御祝を贈る

※役職名を入れる場合は①のように極小文字にして名前の上に、または②のように会社名との間にバランスよく書く。

●宛名を書き、贈り主を連名で記す

※宛名を記すときの連名は、上位者を左から順に書く（宛名を入れない場合はこの逆）。

●薄謝

※薄謝とは、進呈する謝礼をへりくだるときに使う。

●御見舞

※病気、災害、事故などの見舞い。水引はつけず白封筒。

●御榊料

※のし袋は弔事のもの。御榊料は神式弔事の上書き。

第1章 秘書の資質

第2章 職務知識

第3章 一般知識

第4章 マナー・接遇

第5章 技能

第6章 面接

◆返礼の常識

　上司や会社宛に贈り物があったときは、秘書が返礼を手配します。すぐに電話やハガキ、手紙などでお礼の気持ちを伝えましょう。

　なお、季節贈答品（中元、歳暮、年賀、お年玉）、会社名や団体名のもの、依頼に対するお礼、餞別、災害見舞いには返礼は不要ですが、礼状を出すようにします。

◆現金を包む場合

　何か頼みごとをしたお礼として、現金を包むことがあります。表書きは表に掲げたもののほかに、御車代、松一葉（少なくて申し訳ないの意味）などがあります。

　現金を贈るときは次のようにします。

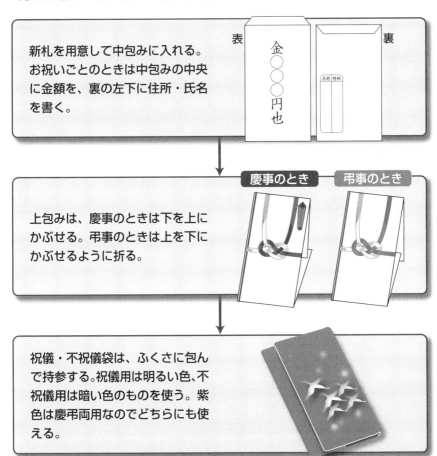

新札を用意して中包みに入れる。お祝いごとのときは中包みの中央に金額を、裏の左下に住所・氏名を書く。

表　金○○○円也

裏　氏名 住所

慶事のとき　弔事のとき

上包みは、慶事のときは下を上にかぶせる。弔事のときは上を下にかぶせるように折る。

祝儀・不祝儀袋は、ふくさに包んで持参する。祝儀用は明るい色、不祝儀用は暗い色のものを使う。紫色は慶弔両用なのでどちらにも使える。

4 パーティーの知識

   パーティーの名称とそれぞれがどのような形式で行われるか、出席するときの服装（格式に合った服装）、会場でのマナーなど、パーティーに関する基本的な知識について出題される。それほど難しい問題は出題されないため、基本をしっかり心得ておけばよい。

パーティーのマナー

◆パーティーの種類

ディナー・パーティー	●晩餐会、正餐会、夕食会ともいう。 ●最も正式なパーティーで、通常フルコースの料理が出る。
ランチョン・パーティー	●座食形式の午餐会（ごさんかい）で、ディナー・パーティーの次に格式が高い。
カクテル・パーティー	●午後6時～7時からはじめ、1～2時間で終わる立食形式のパーティー。開会中ならいつ参加してもよく、帰りも自由。 ●軽い食事とカクテルなどが出る。互いに紹介しあい楽しむのが目的。

◆パーティーの服装

　パーティーの種類によって正式な服装は違ってきます。わからない場合は直接主催者に問い合わせてみましょう。

	正式な服装	略式の服装
男性	タキシードに黒の蝶ネクタイ	ダークスーツ
女性	イブニングドレスなど	スーツかワンピース

◆出席するときのマナー

●コートや大きなバッグはクロークに預ける。会場には必要な物のみを持ち込む。
●胸章を渡されたら、会場内では必ずつけておく。
●時間に遅れたとき、途中で帰るときは、主催者に伝えなくてもよいが、その場の雰囲気を壊さないように配慮する。
●立食パーティーでは、できるだけ多くの人と話をするように心掛ける。

第5章

技能

この分野では、「職務知識」の分野で学んだ秘書業務のアウトラインを、実務にうつす際に必要となるさまざまな技能について学習します。

会議の準備や手伝い、文書の作成や取り扱い、資料整理、スケジュールの作成や管理、環境の整備といったノウハウは、会社によって細かな違いがありますが、ベーシックなスキルは共通しています。

基本をマスターしておけば、秘書業務のみならずオフィスワーク全般に役立つはずです。本書で学んだことを実務に応用し、仕事を効率化する方法を考えながら学習していくと、早く身につくでしょう。

会議の基礎知識

2級 会議については毎回出題されている。株式会社の重要会議にはどんなものがあるか、また、形式別分類による会議の名称と特徴、会議に関する用語の意味も理解しておく。

準1級 会議に関する用語の意味は選択問題の形式で、上司主催の会議の準備や全体の流れについては、記述問題の形式で出題されることが多い。

▓ 会議の目的と種類　

　株式会社の重要な会議として、**株主総会**、**取締役会**、**常務会**があげられます。うち株主総会と取締役会は、会社法により開催が義務づけられています（公開会社の場合）。また、ほかにさまざまな目的で開催される会議があります。

◆株式会社の重要な会議

名称	目的
株主総会	株主が会社の運営に関する基本要項を決める会議で、代表取締役名で株主を招集する。年1回開催することが義務づけられている。決議内容は、取締役や監査役の選任、定款の改廃、決算の承認など。
取締役会	株主総会で選出された取締役が経営方針を決定する会議で、取締役以上で組織される。ただし、日本の企業では社内出身の取締役が多いため、重要事項は実質的には常務会で決定されることが多い。
常務会	社長・副社長・専務取締役・常務取締役などで構成される。事実上、経営の最高意思決定をするための会議。役員会、重役会、経営会議など、会議の名称はさまざま。

◆さまざまな目的で開催される会議

名称	目的
問題解決会議	業務上の問題を解決し、意思決定するための会議。各種委員会、分科会などが代表例。
連絡会議	情報の伝達や相互連絡のための会議。説明会議ともいう。
アイデア会議	多くのアイデアを集めることを目的とした会議。通常、この会議の席上では集まったアイデアの採択はしない。
研究会議	情報交換や研究発表を目的とした会議。
教育訓練会議	相互啓発や教育訓練のための会議。課題が与えられ、討議を行い、仕事の場で活用する。

会議の形式

会議を形式別に分類すると次のようになります。

円卓会議	自由な雰囲気で話し合う会議（参加者が向かい合えれば円卓でなくても可）。フリーディスカッション、フリートークに使われる。
パネル・ディスカッション	パネラーといわれる異なった意見の何人かが前に出て発表した後、参加者からの質問や意見を受け付け、それに応える形で進める。
シンポジウム	数人の専門家がそれぞれの立場から講演をし、それをもとに聴衆と専門家が討論する会議。学術的なテーマで行われることが多い。
バズ・セッション	小グループに分かれて話し合い、各グループの代表が要旨を全員に発表する会議（6人×6グループくらいで話し合う様子を蜂がブンブンいうイメージにたとえてこの名で呼ばれている）。
フォーラム	公共の問題について、フォーラムメンバーの意見と討議を聞いた後、参加者全員による質疑応答・意見交換を行う公開討論会・座談会。

会議に関する用語

ブレーンストーミング	互いに人の意見を批判しないで、自由にアイデアを出し合う会議。商品名やキャッチフレーズを決めるときなど、たくさんのアイデアがほしいときに使われる。
議案	会議に提出されて審議される議題。
提案	会議に議案を提出すること。
採択	いくつかの議案のなかから審議する議案を取り上げること。
採決（表決）	審議した人が議案の可否を決定すること。
動議	会議開催中に、予定していた議案以外の事項について議題を提出すること。また、その議題のことを指す。
定足数	会議成立や採決などに必要な最少限度の会議出席者数。
一事不再議の原則	会議で決定した議題を、その会期中は提出できないということ。
答申	上位者・上位機関から尋ねられたことに対する答え。
諮問	上位者・上位機関が下位者・下位機関に尋ねること。
諮問委員会	諮問された議題について検討し、答申を行う機関。
分科会	全体会議の下に設置された専門分野の小会議。小委員会ともいう。
招集	会議を開くために関係者を集めること。国会を開催する場合は「召集」と書く。
キャスティングボート	採決のとき賛否同数だった場合、議長が投ずる票のこと。
コンベンション	多くの議題を持ち、2日以上にわたって行われる大規模な会議。

2 会議に関する秘書の業務 （会議の準備）

準備の前に確認しておくこと

　会議の準備をする前に、秘書は以下の点を把握しておく必要があります。

●**日時と参加者**……あるいは会議名（定例会議は会議名がわかれば、日時・参加者がわかる）。

●**上司の立場**………参加者として出席するのか、主催者か。

●**会議場所**…………社外で開催される会議なのか、社内会議なのか。

●**定例会議か臨時会議か**

　なお、秘書が会議の内容や目的を知ろうとするのは、越権行為にあたることもあるので注意が必要です。

上司参加の会議

　上司が出席する会議では、秘書は出席するまでの準備をします。

①**会議の通知を受け取ったら、上司が出席するかどうかを確認する。**

②**出席する場合は、開催日時、場所を確認してスケジュール帳に記入。**

③**出欠の返事を出す。**

④**会費や持参する資料を用意する。**

　●初参加の会議では会議の性格・出席者・議題などを調べ、上司に報告。

⑤**会場の所在地、交通手段、所要時間を調べ、切符や車などの手配をする。**

　●所在地がわかりにくい場合は、所在地近辺の地図を用意する。

　●車を利用する場合は運転手にも事前に場所を確認しておく。

⑥**開催前日には、翌日会議があることを上司に伝える。また早朝に行われるときは特に時間も確認する。**

⑦当日は時刻に間に合うように交通手段を手配、同行者の有無を知らせ、持参する資料などを上司に手渡す。

上司が主催する会議　2級 準1級

　上司が主催する会議では、秘書は上司の指示のもと、開催計画の段階から次のように準備を進めます。

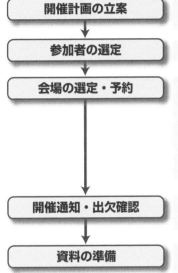

開催計画の立案
・下記の「会議準備の確認事項」をフォーマットとし、会議手配の抜けがないように確認しつつ指示を受ける。

参加者の選定
・上司の指示に従って選定し、リストを作成する。

会場の選定・予約
●会場選定のポイント
・社内会議か社外会議か。
・出席者にとって、立地や交通の便がよいか。
・出席人数に見合った広さがあるか。
・会場使用料は予算内で収まるか。
・室内環境（静かさ、明るさ、空調など）。
・設備（マイク、白板、OHP、プロジェクターなど）。

開催通知・出欠確認
・案内状を送付する。
・出欠を確認し、出席者リストを作る。

資料の準備
・前日までに用意する（事前配付することもあるので指示を受ける）。
・必要部数だけでなく、予備も用意する。
・事前配付の場合「秘」扱いであれば、①封筒に入れて渡すか、②出席者の秘書に直接渡す。
・出席者の名札、卓上のネームプレートを準備する（社内会議の場合は、序列で自然に席次が決まるので不要）。

◆会議準備の確認事項

　会議の準備では、事前に以下のことを上司に確認します。

●開催日時と所要時間　　　　●当日の担当者（事務局）
●会場　　　　　　　　　　　●掲示する会合名（会議の正式名称）
●出席者数　　　　　　　　　●食事・茶菓の接待
●用意する資料　　　　　　　●会議中の電話の取り扱い
●準備する備品　　　　　　　●議事録について

189

案内状の作成

　会議開催の案内状は、文書、メール、電話、口頭による方法があり、状況に応じて使い分けるようにします。

● **社内会議**………社内メール、電話、簡単な文書で通知する。
● **社外会議**………メール、文書で通知。案内状は開催日の2〜4週間前までに出席者に届くように手配する。
● **定例会議（毎月第1月曜日など定期的に開く会議）**………会議の席上で次回の開催日時や議題などを決めるため、日時の変更などがない限り、改めて案内状を出すことはないが、議題などをメールで知らせることがある。

案内状の例

　社外会議の場合は、①〜⑦の要素に加えて、交通案内図を添えて発送します。

⑦出欠連絡をとる必要がある場合はその方法と締切日

会場の設営

　会場の設営は、会議の目的、参加人数、会場面積などを考慮して決めます。

第1章　秘書の資質

第2章　職務知識

第3章　一般知識

第4章　マナー・接遇

第5章　技能

第6章　面接

円卓式

意見交換しやすく、ブレーンストーミングなどに適している。出席者は20人くらいまで。

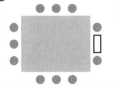

ロの字型

多人数の会議に適している。

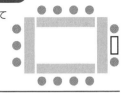

コの字型・V字型

白板・スライド・OHP、プレゼンテーション用ソフトなどを使用するときは、前方が見やすいコの字、V字型が適している。

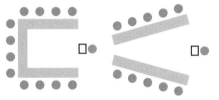

教室型

株主総会のように出席人数が多い場合や、情報伝達を目的とする連絡会議に用いる。

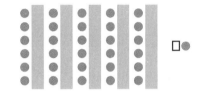

◆出席者の席の決め方

社外会議の場合は机の上に置くネームプレートを用意します。

議長・司会者	会議の進行役なので、参加者全員が見える位置にする。
記録係	発言者と発言内容を記録する関係で、参加者全員が見通せる位置にする。普通は前の端の席。
オブザーバー	正式なメンバーではなく議決権もないので、普通は後ろの席にする。経験者の意見が必要なときにアドバイスをもらう。
社外からの出席者	上司の承認を得てふさわしい席にする。

会議と日程調整　　準1級

◆上司が参加する会議

受け取った通知状の開催日時が、ほかの会議と重なっていたら、上司がどちらの用件を選ぶのか判断しやすいよう、双方の会議に出席するメンバー、代理になれそうな人の予定などを調べておきます。

◆上司が主催する会議

会議の日時を決めるときは、秘書が出席予定者に連絡して都合を聞き、日程調整を行います。メンバーのなかの上位役職者（決定権を持っている人は誰か）を考え、意思決定に重要な役割を果たす人の都合から優先して、日程を決定します。

1 ビジネス文書

ビジネス文書の種類と特徴

　ビジネス文書は、**社内文書**と**社外文書**に分けられ、さらに社外文書のなかには**社交文書**が含まれています。社交文書は社外との付き合いのための文書で、秘書が代理で書くことの多い文書です。

◆社内文書（各部署や支店間など社内でやりとりする文書）

通知文	仕事に関する事実の通知、連絡、案内をする文書。
通達文	会社や団体の最高責任者からの命令・指示を知らせる文書。
稟議書	作成した案を上司や関係者に回し、決裁を受けるための文書。
報告書	調査報告書、出張報告書など、事実や経過を報告する文書。
議事録	会議の経過や決定事項を記録した文書。
届出文書	会社に届け出る文書。休暇届、遅刻・早退届、始末書など。
回覧文書	複数の人に連絡事項を伝達する文書。
メモ	電話の伝言メモなど、忘れないよう書き留めたもの。

◆社外文書（取引先や顧客などに宛てた商取引に関する文書）

通知状	会議の開催など、一定の事項を相手に知らせる文書。
照会状	不明な点を問い合わせるための文書。また、その返事の文書を回答状という。
依頼状	取引条件の変更など、こちら側の要望を伝えてお願いする文書。
承諾状	新規取引の承諾など、依頼された件の承諾を知らせる文書。
注文書	仕入商品を注文するときの文書。
請求書	代金の支払いを請求する文書。
督促状	送金、納品など、約束したことの実行を促す文書。
送り状	文書を社外に送るとき、何を送ったかを示すためにつける文書。送付状ともいう。

◆社交文書（取引先や顧客、上司の関係者との付き合いのための文書）

慶弔状	冠婚葬祭の文書。お祝い状やお悔やみ状など全般を指す。多くは電報で送る。
祝い状	相手の栄転、開店などにお祝いの気持ちを表す文書。
招待状	会合やパーティーなどに招待するときに出す文書。
案内状	会合やパーティーなどの開催を知らせる文書。
あいさつ状	就任・転任・新築落成・事業所移転などを通知する文書。
礼状	相手の計らいに対して礼を述べる文書。
断り状	相手の申し出や依頼を断る文書。
見舞い状	病気や災害などを見舞い、相手の安否を気遣う文書。
悔やみ状	通夜や葬儀に参列できない場合に、お悔やみを述べる文書。

文書作成時の注意点

いずれの文書を作成する場合も、次の点に注意します。

● 正確・簡潔・明瞭・礼儀を心掛ける。
● 1つの文書に1つの用件のみとするのが原則。
● 発信日付は、西暦か元号を入れて年月日を書くのが一般的。
● わかりやすい表題(タイトル)をつける。
● 基本は横書きだが、社交文書は縦書きにすることもある。
● 後で特定・検索が必要な文書には、文書番号をつける。
● 数字の表記を使い分ける。

　● アラビア数字は番号、金額、数量など、漢数字は固有名詞（ **例** 四日市）、
　　概数（ **例** 数十人）、慣用表現（ **例** 第三者）などに使う。桁数の多い数
　　字は組み合わせて使う（ **例** 5億人、120万人）。

社内文書と社外文書の相違点

	社内文書	社外文書
相　手	社内の人	社外の人
敬　語	丁寧にしすぎない	礼を失しない程度（過剰な敬語表現は避ける）
文　体	です、ます	ございます
略語の使用	社内で慣例化している略語・略称を用いる。	社内でのみ通用する略語・略称は避ける（取引先でも慣例化している場合は臨機応変に）。
責任の捉え方	文書に関して、社内での自分の立場と責任を自覚する。	会社を代表する役職者しか発信できない文書であることを自覚する。

第1章 秘書の資質　第2章 職務知識　第3章 一般知識　第4章 マナー・接遇　第5章 技能　第6章 面接

2 社内文書の種類と基本構成

社内文書の形式とポイント

　社内文書では、時候のあいさつなど、儀礼的なことは省略され、用件を的確・迅速に伝えることが重視されます。

　社内文書を構成する要素には、次の①〜⑪の項目があります。

社内文書の例

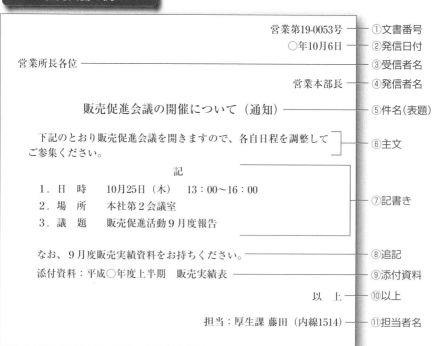

営業第19-0053号	①文書番号
○年10月6日	②発信日付
営業所長各位	③受信者名
営業本部長	④発信者名
販売促進会議の開催について（通知）	⑤件名（表題）
下記のとおり販売促進会議を開きますので、各自日程を調整してご参集ください。	⑥主文
記 1．日　時　　10月25日（木）　13：00〜16：00 2．場　所　　本社第2会議室 3．議　題　　販売促進活動9月度報告	⑦記書き
なお、9月度販売実績資料をお持ちください。	⑧追記
添付資料：平成○年度上半期　販売実績表	⑨添付資料
以　上	⑩以上
担当：厚生課 藤田（内線1514）	⑪担当者名

◆社内文書を構成する基本的な事項

① **文書番号**……日付の上につける。正式な文書であることを示すもの。

> **例** 秘発X8-0025号…秘書課が20X8年に発信した25番目の文書

② **発信日付**……西暦、元号は社内文書規程に従うが、役所宛の文書は元号に。

③ **受信者名**……文書の宛名。社内にその役職者が1人の場合は職名のみ。

> **例** 営業部長殿（1人の場合）、営業部長各位（複数の場合）

④ **発信者名**……個人名は書かず職名だけにする(基本的に課長以上の役職名)。

⑤ **件名（表題）**……文書の内容を簡潔、的確に表示する。件名の末尾に「通知」「指示」「報告」など、文書の性質を知らせる言葉を添えると、わかりやすい。

⑥ **主文**……社内文書では、頭語や時候のあいさつなどは省略し、敬語も最小限にとどめて簡潔に。⑦の記書きに続く場合は「下記のとおり」と入れる。

⑦ **記書き**……主文は簡潔にし「記書き」に詳細を箇条書きでわかりやすく示す。

⑧ **追記（追って書き）**……特に念を押したいことがあれば「追記」「注」などとして別に書く。「なお」と書き出すこともある。

⑨ **添付資料**……添付する資料や図があるときは、その名称と数を書く。

> **例** 下半期販売計画表　1通／顧客アンケート集計表　1通

⑩ **以上**……本文の終わりを「以上」で示す。これより下には、担当者名以外何も書かない。

⑪ **担当者名**……発信者が役職者であるので、問い合わせ先を示す。

◆文章チェックのポイント

● **表記の不統一**……同じ言葉を漢字やひらがなで表記していないか。

● **誤字・脱字**

● **項目番号や図表番号の抜け・重複**

● **発信者名（上司の氏名）**……秘書（清書担当者）の氏名は不要。

● **文章内容のチェック（5W3H）**

WHEN：いつ行うか

WHERE：どこで行うか

WHO：誰がそれを行うか

WHAT：文書の主題は何か、何を言いたいか

WHY：その行動の理由、その状況をもたらした原因、理由

HOW：方法・手順はどのようなものか

HOW MUCH：費用はいくらかかるか、金額はいくらか

HOW MANY：数量はどれだけか

3 社外文書の種類と基本構成

出題傾向		
	2級	社外文書の形式と、文書を構成する基本的な事項、慣用語句を整理し、よく覚えておくこと。試験では選択問題のほか、カッコ内に適切な言葉を入れるなどの記述問題も出題される。
	準1級	出題傾向については2級とほぼ同じ。末文のさまざまな種類や、あいさつの慣用表現などについても確認しておく。

社外文書の形式とポイント　2級 準1級

社外文書は、会社を代表して書く文書です。注意深く作成しましょう。

社外文書の例

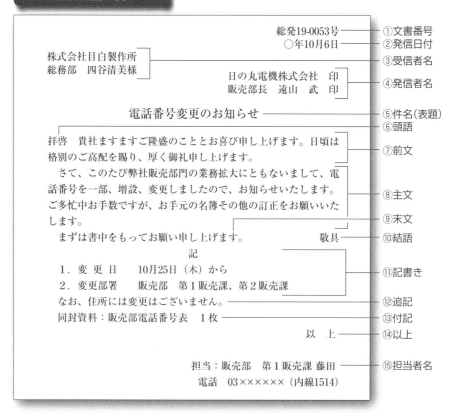

```
                                    総発19-0053号 ──── ①文書番号
                                    ○年10月6日 ───── ②発信日付
  株式会社日白製作所                                ③受信者名
  総務部　四谷清美様
                          日の丸電機株式会社　印
                          販売部長　遠山　武 印 ── ④発信者名

          電話番号変更のお知らせ ─────────── ⑤件名(表題)
  拝啓　貴社ますますご隆盛のこととお喜び申し上げます。日頃は ── ⑥頭語
  格別のご高配を賜り、厚く御礼申し上げます。              ⑦前文
    さて、このたび弊社販売部門の業務拡大にともないまして、電
  話番号を一部、増設、変更しましたので、お知らせいたします。 ── ⑧主文
  ご多忙中お手数ですが、お手元の名簿その他の訂正をお願いいた
  します。                                   ⑨末文
    まずは書中をもってお願い申し上げます。          敬具 ── ⑩結語
                    記
  1．変 更 日　　10月25日（木）から                 ⑪記書き
  2．変更部署　　販売部　第1販売課、第2販売課
  なお、住所には変更はございません。 ───────────── ⑫追記
  同封資料：販売部電話番号表　1枚 ──────────── ⑬付記
                              以　上 ─── ⑭以上

          担当：販売部　第1販売課 藤田 ──────── ⑮担当者名
          電話　03×××××（内線1514）
```

◆社外文書を構成する基本的な事項

①**文書番号**……社交文書や私信にはつけない。

②**発信日付**……文書を発信した年月日。西暦か元号かは社外文書規程による。

③**受信者名**……会社名は(株)のように省略しないで「○○株式会社」と書く。

　　敬称　個人……様・殿（特に先生と呼ばれている人は「先生」とする）

　　　　　職名……殿（最近は職名でも「様」を用いることが多い）

　　　　　複数に宛てた場合……各位

　　　　　会社・団体・部署……御中

④**発信者名**……課長以上で受信者と同格の役職名を書くのが基本。社印と役職者の印を押す。社内文書と同じく、上司の原稿を清書した場合は、発信者名は上司の氏名のみとする。秘書名や「代理」などと書く必要はない。

⑤**件名（表題）**……内容を簡潔に表すものにする。社交文書には不要。

⑥**頭語**……前文につける言葉。「拝啓」「謹啓」など。

⑦**前文**……用件に入る前のあいさつ。時候のあいさつの後、受信者の安否を尋ねたり、健康を祝う言葉が続く。定型的な表現があるので覚える。

⑧**主文**……用件の中心部分。行頭から1文字空けて「さて」「早速ながら」「ところで」などの言葉で書き出す。

⑨**末文**……行頭から1文字空けて「まずは」「取り急ぎ」「略儀ながら」などの言葉で書き出す。

⑩**結語**……頭語と対応する決まった言葉を使う。「敬具」「謹白」など。

⑪**記書き**……用件のうち、箇条書きにできる部分をまとめて列記する。

⑫**追記**……念を押したいことを「なお」「追って」と書き出す。

⑬**付記**……同封物があれば、資料・書類名と数を列記する。

⑭**以上**……「記」から「以上」までが記書きとなるので、文書の最後に必ず入れる。

⑮**担当者名**……会議の通知などのように、多くの問い合わせが予想される場合、また発信者と異なる場合に明記し、電話・内線番号も記す。

社外文書の慣用表現　

　社内文書ではすぐに用件に入りますが、社外文書では、「頭語」と「結語」、「時候のあいさつ」が必要となります。これらは慣用表現の使い方を覚えてしまえば、効率よく作成できます。

　次ページの慣用表現の例をよく覚え、199ページの「ビジネス文書の慣用表現」もあわせて学習してください。

◆頭語と結語

　前文のはじめにつける頭語と末文の終わりにつける結語は、文書の内容によって使い分けます。また、頭語が「拝啓」なら結語は必ず「敬具」というように、ペアで使うので組み合わせを覚えておきましょう。

用　　　　途	頭　　　語	結　　　語
一般の往信の場合	拝啓	敬具
特に改まった場合	謹啓	敬白
急用の場合	急啓	敬具
返信の場合	拝復	敬具
前文省略の場合	前略／冠省	草々／不一
事務的に扱う場合	（省略する）	以上

◆時候のあいさつ

　伝統的な手紙の前文では、頭語に続いて時候のあいさつを記しますが、商取引などの事務的な文書では省略されることも多くなっています。

例　春暖の候、貴社ますますご発展のこととお喜び申し上げます。（春暖＝3月）

例　時下ますますご清栄のこととお喜び申し上げます。
　　　（時下＝このごろという意味。季節に関係なくいつでも使える）

	月	～の候			少し柔らかい表現
春	2月（立春以降）	余寒	残寒		暦の上ではもう春ですが
	3月	早春	春暖		日増しに暖かくなりますが
	4月	陽春	晩春		よい季節となりましたが　　うららかな春日和
夏	5月	新緑	薫風		すがすがしい緑の季節になりましたが
	6月	梅雨	麦秋		うっとうしい季節となりましたが
					紫陽花が鮮やかに咲く頃となりました
	7月	盛夏	猛暑		日ごとに暑さがつのる毎日ですが
	8月（立秋まで）	晩夏			暑さひとしお厳しい毎日
秋	8月（立秋以降）	残暑			残暑厳しい折　酷暑も峠を過ぎ
	9月	新秋	初秋	清秋	初秋の空もさわやかな季節
	10月	秋色	紅葉		秋たけなわの頃となりました
冬	11月	晩秋	暮秋	向寒	朝夕めっきり冷え込むようになりましたが
	12月	初冬	寒冷	師走	年末ご多忙の折から
	1月	初春	新春	厳寒	新春のお喜びを申し上げます
	2月（節分まで）	厳寒	厳冬	晩冬	寒さまだ厳しい昨今でございますが

※通常、節分は2月3日、立春は2月4日。

4 ビジネス文書の慣用表現

第1章 秘書の資質
第2章 職務知識
第3章 一般知識
第4章 マナー・接遇
第5章 技能
第6章 面接

2級	自他の呼称の使い分け、前文・末文のあいさつ表現、本文の慣用語句を整理して覚えておく。カタカナを漢字に直したり、穴埋め式の記述式問題が出題されることもある。
準1級	上級秘書には、電話帳に掲載してある慶弔電報の文例を参考に電文を作るといったことも求められる。基本の文例を確認しておく。

自分側と相手側の呼び方

　ビジネス文書では、相手側に関する事柄は敬い、自分側のことはへりくだって表現します。

言葉	自分側	相手側
自分	小生（男性のみ）　私	○○様　貴殿　尊台　あなた様
会社	当社　小社　弊社	貴社　御社
場所	当地　当市	貴地　御地　貴市
住宅	拙宅　小宅　私方	貴宅　貴家　貴邸
宴会	小会　小宴	ご盛会　ご盛宴
文書	手紙　書面　書状	お手紙　ご書面　貴信　貴簡　ご芳書
品物	寸志　粗品	ご厚志　佳品
名前	氏名　名	お名前　ご氏名　尊名　ご芳名
家族	家族一同	ご家族様　ご一同様
父	父　老父	お父上様　厳父　ご尊父（様）
母	母　老母	お母上様　母君　ご母堂（様）
夫	夫　主人　宅　彼	ご主人様　旦那様
妻	妻　家内　○○（名前）	奥様　ご令室　令夫人様　奥方様
息子	息子　せがれ　愚息　長男（次男）	ご令息　ご子息様
娘	娘　長女（次女）	お嬢様　ご息女　ご長女様
意見	私見　愚見　愚案	ご意見　ご高説　貴見　貴意
気持ち	薄志　微志	ご厚情　ご高配　ご厚志
受け取る	拝受　入手　受領	お納め　ご受納　ご査収　ご笑納
会う	伺う　参上　お目にかかる	お会いいただく
見る	拝見　拝読	ご覧になる
訪問	参上　ご訪問　お邪魔する	ご来訪　ご来社　お立ち寄り　お越し

前文のあいさつ表現

　前文の時候のあいさつ（198ページ）の後には、相手の安否を尋ねるあいさつが続きます。以下はよく使われる表現です。

●会社・団体宛
- 貴社ますます（ご発展／ご隆盛／ご清栄）のこととお喜び申し上げます。

●個人宛
- ○○様におかれましてはますます（ご健勝／ご活躍）のこととお喜び申し上げます。

●相手が病気・災害などにあったとき（頭語・季節のあいさつは省略）
- 承ればご療養中とのこと、お加減はいかがでしょうか。
- 思いがけないご災難の報に接し、本当に驚いております。

●自分の安否を述べるとき
- おかげさまで当方一同無事で暮らしておりますので、ご休心下さい。

●得意先・顧客宛（安否のあいさつの後に続けてお礼を述べることもある）
- 平素は格別のご厚情を賜り、厚く御礼を申し上げます。
- 日頃は並々ならぬご愛顧にあずかり、誠にありがとうございます。

主文に使われる慣用表現

　主文（本文）で使われる慣用表現には以下のようなものがあります。

語　句	意味・用途	使い方例
さて	主文の書き出し	さて、当社ではこのたび〜
なにとぞ	頼み事をする	何卒奮ってご参加下さいますよう〜
ぜひとも 切に ひとえに まげて 伏して	頼み事を強調する	ぜひともご出席いただきたく〜 〜ますよう、切にお願いいたします。 ひとえにお願い申し上げます。 まげてお引き受けいただきますよう〜 伏してお願い申し上げます。
かたがた	〜とともに 〜のついでに	ご挨拶かたがたお知らせ申し上げます。 ご報告かたがたお願いいたします。
くださる 賜る	先方に何かをしてもらう	ご来社くださるようお願い申し上げます。 ご協力賜りますようお願い申し上げます。

末文の締めくくり方

末文では、主文の内容をまとめて締めくくります。

●用件をまとめる末文

- まずは（ご依頼／お願い／ご照会／ご案内）まで申し上げます。
- 取り急ぎ（ご依頼／お願い／ご照会／ご案内）まで申し上げます。
- 略儀ながら（書中をもって／書面にて）（御礼／お詫び／お祝い）申し上げます。
- （ご検討・ご高配）のほど、よろしくお願いいたします。

●今後の交際を願うあいさつ(あいさつ状などで用件をまとめる前につける)

- 今後ともよろしくお願いいたします。
- それでは、今後ともよろしく（ご指導／ご鞭撻／ご教示／ご支援）くださいますようお願い申し上げます。
- 今後も一層の（ご厚情／ご愛顧）を賜りますよう謹んでお願い申し上げます。

その他の慣用表現

その他の慣用表現のうち、よく出題されるものを取り上げました。漢字とともによく意味をつかんでおきましょう。

語　句	意　味
ご査収ください	調べて受け取ってください。
ご引見ください	会って（面会して）ください。
ご放念ください	どうかこちらのことは気にかけないでください。
ご自愛ください	お体をいたわってください。
ご笑納ください	つまらないものですが、笑って納めてください。
ご恵贈いただいた	相手が贈ってくれたことに対する尊敬の表現 例 お祝い品をご恵贈賜り〜
旧に倍する（倍旧の〜）	これまで以上に 例 何卒倍旧のご支援を賜りますよう〜
お繰り合わせの上	予定を調整して 例 ご多忙のところ恐縮ですが、お繰り合わせの上ご出席賜りますよう〜

5 社交文書の作成

社交文書の形式と特徴　

　社交文書は、私信に近い性格を持つことから、特にしきたりやマナーが重視されます。以下のように縦書きで書くことが多くなります。

社交文書の例（縦書き）　お歳暮の礼状

拝啓　向寒の候、ますますご清栄のこととお喜び申し上げます。

平素は格別のご高配を賜り厚く御礼申し上げます。

このたびは大変結構なお歳暮をご恵贈賜り、誠に有難うございました。いつもお世話になりながらお心にかけていただき、大変恐縮いたしております。ご芳情のほど衷心より厚く御礼申し上げます。

引続きご指導ご鞭撻のほど、よろしくお願い申し上げます。

末筆ではございますが、○○様の一層のご健勝をお祈り申し上げます。

まずは、略儀ながら書中にて御礼申し上げます。

　　　　　　　　　　　　　　　　敬　　具

○年十二月十五日

品川産業株式会社
代表取締役　峰村史郎様

　　　　　　　神田商事株式会社
　　　　　　　代表取締役　鈴木貴久

受信者名・発信者名	日付・発信者名・受信者名の順で、最後に書く。
前　文	頭語、時候のあいさつ、会社の発展を祝うあいさつや相手の安否を気遣うあいさつを書く（例外＝見舞い状、悔やみ状）。
本　文	「弊社」など身内をさす言葉は、へりくだる意味で行末に下げる。
末　文	末文で手紙を締めくくり、結語をつける。

●礼状や見舞い状、季節のあいさつ状など、社交文書はタイミングよく送る。
●文書番号はつけない。
●件名は、案内状や会社の移転通知など商用に近いもの以外は省略されることが多い。
●ビジネスでは縦書きにすることは少なく、個人的な礼状や見舞い状は縦書きにすることがある。
●相手との親密度に応じた文章表現にする。
●毛筆で書くような格式を重んじた手紙では句読点はつけない。

返信用ハガキの書き方

出欠を問う返信ハガキは、出欠席を示すだけではなく、ひと言添えます。

●ご出席・ご欠席の「ご」は、２本線で消し、「出席」の下に「〜させていただきます」と書き添える（会費制であれば「〜いたします」）。
●お祝いごとであれば、何かお祝いの言葉を書き添える。
●「ご芳名」や「ご住所」は、「名」「住所」となるように２本線で消す。
●宛名の「○○宛」や「○○行」の「宛」や「行」は「御中」や「様」に訂正する。

203

紹介状とは、知人を紹介する文書で、秘書が代筆することもあります。一般的には、次のことに注意して作成するようにします。

●紹介先に迷惑をかけることもあるので、軽々しく書かない。
●知人や目下の人宛には、名刺に紹介の短文を書き添えて押印することもある。
●目上の人には体裁の整った手紙で書く。紹介状は封をしないで紹介者が先方に持参するのが一般的。
●紹介者がうかがうことを、あらかじめ電話などでお願いしておく。

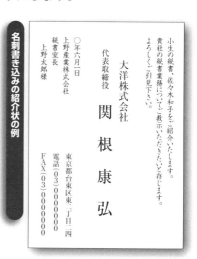

名刺書き込みの紹介状の例

小生の秘書、佐々木和子をご紹介いたします。
貴社の秘書業務についてご教示いただきたいと存じます。
よろしくご引見下さい。

　　　　　　　　　　　大洋株式会社
　　　　　　　　代表取締役
　　　　　　　　　　　関　根　康　弘

○年六月一日
上野産業株式会社
秘書室長
上野太郎様

東京都台東区東二丁目一四
電話（03）0000000
FAX（03）0000000

慶弔電報の申し込み方　　

●宛名につける敬称は、申し込んだとおりにつけられる。
●慶弔扱いの電報は通常扱いの1.5倍の料金になる。
●電報の宛名は料金には含まれない。
●日時を指定し、3〜10日前に申し込むと安くなる。

◆慶弔電報の電文例

結婚	華燭のご盛典を祝しますとともに、お二人の新しい門出にあたり、ご多幸とご健康をお祈りいたします。
賀寿	めでたく米寿をお迎えの由、心からお祝い申し上げますとともに、ますますのご健勝を祈念いたします。
見舞い	＜病気＞ご病気の具合はいかがですか。遠く離れているため、ただ心配するばかりです。一日も早いご回復をお祈りいたします。
	＜災害＞ニュースで知り、驚いております。私どもにお手伝いできることがございましたら、なんなりとお申し付けください。心よりお見舞い申し上げますとともに、一日も早いご再建をお祈りいたします。
お悔やみ	ご尊父様のご逝去を悼み、謹んでお悔やみ申し上げます。

いろいろな社交文書

以下は、社交文書のいくつかの文例です。頭語、前文、主文、末文、結語の組み合わせで構成されます。前文や末文は慣用句を組み合わせて作ることができます。

| 祝い状 | 昇進、賀寿などを祝う文書。例文は取引先の社長就任を祝う文書 |

謹啓　梅雨の候、貴殿にはますますご清栄のこととお喜び申し上げます。日ごろはなにかとお心にかけていただき、恐縮に存じます。

さて、このたびの代表取締役社長ご就任、誠に喜ばしい限りと存じ、心よりお祝い申し上げます。

長年のご精進が実を結び、今回の佳き日をお迎えになられたことと存じます。景気の動向は厳しい今日ではありますが、貴殿の卓抜なる指導力が遺憾なく発揮され、貴社の今後ますますのご発展を心より期待いたしますとともに、くれぐれもご健康にはご留意され、ご活躍くださいますようお祈り申し上げます。

敬白

○年六月二十日

品川産業株式会社
代表取締役　峰村史郎様

神田商事株式会社
代表取締役　鈴木貴久

・真心を込めて丁寧な言葉遣いで書く。
・代筆する場合は、相手との関係をよくわきまえる。
・自社に関することは、極力書かない。

| 悔やみ状 | 通夜や告別式に参列できない場合に出す文書 |

貴社代表取締役○○様にはご療養中のところ、薬石の効なくご逝去されました由、社員一同謹んでご冥福をお祈り申し上げます。

お見舞いに参上しようと思っていた矢先の訃報で、誠に心残りでございます。ご親族様一同のご落胆はいかばかりかとお察し申し上げます。御霊前にお供えください。別封は些少でございますが、御霊前にお供えください。

ますようお願い申し上げますが、書中にて失礼ながら謹んでお悔やみ申し上げます。

合掌

○年十二月二十日

品川産業株式会社
代表取締役副社長　佐野圭介様

神田商事株式会社
代表取締役　鈴木貴久

・頭語、結語、前文は省略する。
・「重ね重ね」「またまた」「追って」などの忌み言葉に注意する。
・真心を込めて、丁寧な言葉遣いで書く。

このたびはご入院されたとのこと、その後お加減はいかがでしょうか。軽症で後遺症の心配もないとうかがい、なによりと存じますが、しばらくの間はご無理をなさらぬようにご自愛ください。

後日、ご連絡の上、改めてお見舞いにうかがいたいと存じます。

まずは取り急ぎ書面をもってお見舞い申し上げます。

○年十二月二十日

　　　　　　　神田商事株式会社
　　　　　　　代表取締役　鈴木貴久

品川産業株式会社
代表取締役　峰村史郎様

・頭語は省略するが、落ち着いてからであれば改まったものを使う。
・前文、結語は省略する。
・「ますます」「くれぐれも」「次々」などの重ね言葉は使わない。

拝啓　酷暑も峠を過ぎ、貴社ますますのご発展のこととお喜び申し上げます。

このたび業務運営の刷新を図るため、○月○日付で弊社では別紙のとおり組織の一部を変更いたしました。

皆様方には名簿の変更などのお手間をおかけすることになり、誠に恐縮ですが、これを機に皆様のご期待にお応えできるよういっそうの努力をいたす所存ですので、何卒倍旧のご支援を賜りますようお願い申し上げます。

敬具

○年八月二十日

　　　　　　　神田商事株式会社
　　　　　　　代表取締役　鈴木貴久

・儀礼的なものなので、なれなれしい表現は避け、格式を重んじた言い方にする。
・一般的には、印刷した文書を封筒に入れ、毛筆で表書きをする。

206

礼状

相手の厚意に対して感謝を表す文書。例文は、式典参加へのお礼

謹啓　新緑の候、貴社ますますご発展のこととお喜び申し上げます。日頃は格別のご厚情を賜り、厚く御礼申し上げます。

さて、このたびの弊社新社屋落成式典に際しましては、ご多用中にもかかわらずご来臨いただき、誠にありがとうございました。その上、ご丁重なご祝辞まで頂戴いたしましたことを、社員一同深く御礼申し上げます。

新社屋での業務もいよいよ始まることとなりましたが、皆様のご支援とご期待にお応えできますよう、社業に精励いたす所存であります。今後とも一層のご愛顧を賜りますよう謹んでお願い申し上げます。

まずは略儀ながら書面にて御礼申し上げます。

敬　白

○年五月二十日

神田商事株式会社
代表取締役　鈴木貴久

品川産業株式会社
代表取締役　峰村史郎様

・相手の好意に対する感謝の意を素直に表す。
・送るときはタイミングを外してはならない。

断り状

相手の申し出を断る文書。例文は、寄付金依頼への断り状

拝復　盛夏の候、ますますご健勝のこととお喜び申し上げます。また、日頃のご無沙汰をおわび申し上げます。

さて、○○会への寄付金のご依頼の件ですが、先日ご書面を拝見いたしました。つきましては誠に恐縮ですが、今回はご容赦願いたいと存じます。悪しからずご了承ください。また、今後とも変わりないお付き合いをお願い申し上げます。

まずは略儀ながら書中をもっておわび申し上げます。

敬　具

○年七月二十日

神田商事株式会社
代表取締役　鈴木貴久

品川産業株式会社
代表取締役　峰村史郎様

・申し出に対する回答であるので、頭語は「拝復」「復啓」とする。
・やむを得ず断らなければならない旨を伝え、お詫びをする。
・あいまいな断り方はしない。

6 メモの活用

2級 メモの種類や口述筆記の要領のほか、簡単なメモを作成する記述式問題が出題される。①メモを渡す相手の名前、②誰から、③用件、④日時、⑤作成者の名前を必ず入れることを忘れないように。

準1級 2級のみの出題範囲になる。

メモの種類と書き方

秘書が書くメモには、以下の3種類があります。

自分のためのメモ	**仕事のことを書きとめておくためのメモ（ノート）** ●自分なりの記号や略号をうまく活用する。 ●上司の指示や、電話のメモなど、仕事のことは何でも書きとめておき、情報の取りこぼしやミスを防ぐ。 ●重要なことは復唱して確認する。
伝言のためのメモ	**上司やほかの社員に伝言をするためのメモ** ●返事をするのに必要なことを記入した、わかりやすいものにする。 ●返事が必要なときは、確認も忘れない。机に置いたままにせず、ひと声かける。 ●外出中の人には携帯電話やパソコンにメールで入れておくこともある。
相互確認のためのメモ	**情報を共有するためのメモ（上司と秘書など秘書室内）** ●運転手に上司のスケジュールを知らせるときなどに使う。 ●正確・簡潔に書く。

◆上司の指示をメモする手順

①5W3Hを押さえる（195ページ参照）。

②一言一句メモするのではなく、簡潔にポイントをメモする。

③書き終わったら復唱する。特に日時・場所・人名・数量などに注意。

◆メモを作成する問題のポイント

作成の際は、①メモを渡す相手の名前、②メモを届けた日時、③メモを書いた人の名前、を忘れずに入れます。

例 上司の○○常務から△△部長に書類を届けるよう指示されたが、△△部長は席を外していた。

> △△部長
>
> ○○常務からの書類をお届けいたします。
> お留守のようでしたので机の上に置いて参ります。
> よろしくお願いいたします。　　　　　　以上
> 　　　　　　　　　　　　○月○日　14:35
> 　　　　　　　　　　　　　　　秘書　○○

7 グラフの作成

第1章　秘書の資質

第2章　職務知識

第3章　一般知識

第4章　マナー・接遇

第5章　技能

第6章　面接

2級　グラフを作成する際のチェックポイント、各種グラフをどう使い分けるかなどが問われる。また、円グラフまたは帯グラフを作成する記述式問題もよく出題される。

準1級　出題範囲や出題傾向はほぼ2級と同じ。グラフはいくつかのポイントに分けて採点されるので、完璧にできていなくても点数が取りやすい科目である。

グラフの特徴と使い分け

　試験ではグラフの種類を指定せず「表の数字をもとにしてグラフを作成しなさい」という形で出題されるので、グラフの種類と特徴をよく理解し、どのグラフが適切であるかを判断する必要があります。

種　類	特　徴	利　用　例
線グラフ （折れ線グラフ）	推移・連続した動きを示す 時間の推移のなかでの数量の動きを表す	月別売上高の推移 商品輸入高の推移
棒グラフ	数量の比較を示す 数量の大小を比較する	年齢別平均貯蓄額 各部署の社員数
円グラフ	内訳構成比率を示す 円全体を100%として、数量の内訳構成比を表す	製品別売上高の比率 意見調査
帯グラフ	構成比の比較を示す 数量の内訳構成比を示すデータが複数ある場合に、それらを並べて比較する	年度別商品売上高構成比 意識調査における各世代の内訳比較

グラフ作成のチェックポイント

　検定試験の採点でチェックされるのは、次のポイントです。グラフを作り終えたら、必ず以下の6つのポイントを見直すようにしましょう。

●グラフの表題（タイトル）を記入する。

●出典（調査年月・調査機関・資料名）を記す。

例　出典：20X1年度『住宅に関する意識調査』○○生活研究所

●脚注があれば記す。
> **例** ※IMF為替レート（１ドル＝102.71円）で換算。

●単位・数字を正しく記入する。
●縦軸・横軸の基底はゼロからはじめる。
●2種類以上を比較する場合は凡例を示す。

◆線グラフ（折れ線グラフ）の作成
●線は実線、または点線で書く。
●下が空きすぎるときは中断記号を
　用いる。

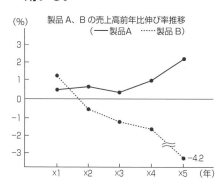

◆棒グラフの作成
●棒の幅はすべて均一にする。
●目盛りの数は10個以内が見やす
　い。

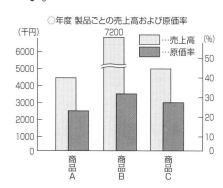

◆円グラフの作成
●項目ごとに百分率（％）を計算す
　る。
●比率の大きな項目から順に、時計
　回りに区切り、「その他」は最後
　にするものが多い。

◆帯グラフの作成
帯グラフは全体を100％として、
その構成比を表すデータが複数ある
場合に、それぞれデータを比較する
ために用いる。

1 文書の受信・発信

第1章 秘書の資質

第2章 職務知識

第3章 一般知識

第4章 マナー・接遇

第5章 技能

第6章 面接

| 出題傾向 | **2級** | 文書の受信では、開封してよいものとしてはならないもの、上司が出張中の受信文書の扱い、また開封した文書をどのような状態で渡すかがポイント。文書の発信では特に「秘」文書の発信方法に注意する。 |
| | **準1級** | 準1級では、上司が判断をしやすいよう、文書内容について事前に情報を補っておくなど、先を読んだ行動をすることが求められる。 |

文書の受信事務

　上司宛の郵便物や文書は、秘書が「開封せずに渡すもの」と「開封して渡すもの」に大別されます。その処理のしかたは次のとおりです。

	文書の種類	文書の扱い方・渡し方
開封不可	親展・書留・私信・「秘」扱い文書・公私信不明文書	・そのまま上司に渡す。 ・上司のデスクトレイに入れておく。
開封してよい文書	公信	・文書の内容を確認する。 　＊同封物があるときはそれを照合し確認する。 　＊①緊急文書、②重要文書、③上司に見てもらいたいもの、に分け、①〜③の順に重ねる。 　＊招待状などは重要部分にはアンダーラインを引く。 ・封筒と文書をクリップで留めて渡す。 　＊こちらから出した手紙の返信には、出した文書の控えを添えておく。 ・上司宛になっていても、担当者が別にいる場合は、担当者に先に回すこともある。
	速達	・開封してすぐに渡す（上司在席の場合）。
	招待状	・スケジュールを確認し、当日の予定を添えて渡す。
	あいさつ状	・住所変更などがある場合は名簿を訂正してから渡す。
	ダイレクトメール	・資料として保管するもの以外は処分する。

※不在の場合は、速達、公信（重要度順）、私信、DMの順で重ねて渡す。

◆重要文書の受け渡し

　社内の他部門に重要文書を渡すときは、文書受渡簿に受信日、内容を記録し、渡したときには受領印をもらうようにします。

◆個人情報を含む文書の処理

　個人情報を含む文書や「秘」扱いの文書を処理する場合は、不用意に捨てると人の目にふれる可能性がありますので、廃棄（分別リサイクル）ではなく、破棄（シュレッダーで断裁）するようにします。

文書の発信事務 2級 準1級

　上司が発信する文書は、次のように取り扱います。
- ●**重要な文書を郵送する場合は「書留」扱いにする。**
- ●**料金計算に間違いがないように切手を貼る。**
- ●**重要な書類を送ったときは、送り先と送付日、郵便の種類を記録する。**
- ●**メール、ファックスなどの利用も考える。**

宛名の書き方・封印のしかた

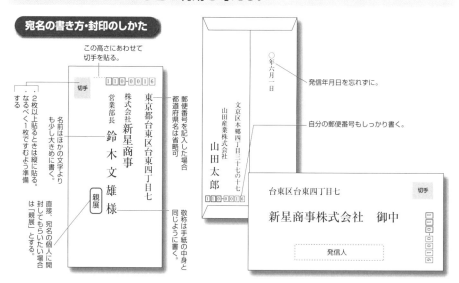

上司の判断を助ける文書の扱い方 準1級

　予定が重なった場合、そのどちらを選ぶかを決めるのは上司です。秘書はその判断を助けるよう手伝います。

　たとえば、パーティーへの招待であれば、自社からはほかに誰が出席するのか、代理でもかまわないのか、代理となる人のスケジュールはどうなっているか、などがわかると判断しやすくなります。文書を渡す前に、こうした情報を調べてメモにまとめ、招待状といっしょに渡すようにします。

2 郵便物に関する知識

第1章　秘書の資質
第2章　職務知識
第3章　一般知識
第4章　マナー・接遇
第5章　技能
第6章　面接

<table>
<tr><td>出題傾向</td><td>2級</td><td>郵便物に関する知識は毎回出題される重要な分野である。通常郵便物の料金を問う問題や、郵便物を送る場合にどの郵送方法が適切かを問う問題などがよく出題されている。</td></tr>
<tr><td></td><td>準1級</td><td>文書発信事務の一環として、郵便物に関する基本的な知識と、適切な郵送方法の選び方のほか、コスト意識が求められる。</td></tr>
</table>

通常郵便物の基礎知識　

通常郵便物には、以下の4種類があります。

第一種郵便物	封書。中身が見えないようにして送れるもの。
第二種郵便物	はがき……官製 → 通常はがき（63円）と往復はがき（126円）がある。大きさ、紙質を心得れば、自分で作ることもできる。
第三種郵便物	認可を受けた定期刊行物（新聞・雑誌）
第四種郵便物	通信教育教材、点字郵便物、植物種子、学術刊行物など

　はがきは、宛名を書く表面にも通信文を書くことができ、裏面に薄い紙や写真などを貼ることもできます。

◆第一種郵便物の料金

内　容	重　量	料　金
定形郵便物（※）	25g以内	84円
	50g以内	94円
定形外郵便物 （規格内の場合）	50g以内	120円
	100g以内	140円
	150g以内	210円
	250g以内	250円
	500g以内	390円
	1kg以内	580円
郵便書簡（ミニレター）	25g以内	63円

※ 定形郵便物……長さ14〜23.5cm×幅9〜12cm／厚さ1cm／重さ50g以内の郵便物。

◆慶弔切手

　慶事・弔事の案内状や招待状、またそれらの返事には慶弔用の切手を貼ります。業者に作業を頼む場合もそのように指示をします。なお、慶弔切手は誰でもわかる慶事・弔事のみに用います。年賀状には干支の切手を使います。

◆郵便物の大量発送

　大量の郵便物を発送するときは、次のような制度が利用できます。

料金別納	同じ郵便物（または小包）を10通以上送るときに使う。 切手を貼らずに料金を別納する。
料金後納	1か月分の料金を後納。月に50通以上（小包は10個以上）のとき。ただし、1か月間に送る郵便物・荷物の料金の2倍以上に相当する額の担保を提供する。
料金受取人払	アンケート調査の回答を返信してもらうときなど、回収率が低いと思われるときに使う。受取人が料金（通常料金＋手数料）を支払う。

　なお、パーティーや会合の案内状・招待状などの社交文書を発送するときは、たとえ大量であっても手を抜かず切手を貼りましょう。料金別納や後納で発送するのは失礼にあたるので気をつけましょう。

特殊取扱郵便物の種類

　特殊取扱郵便物にはどんな種類があるかを把握し、発信する文書の性格や状況によって適切な郵送方法を選択できるようにしておきましょう。

種類	区　分	段　　　階
速　達	郵便物 （手紙・はがき）	・ほかの郵便物に優先して配達されるので、急ぎの場合に用いる。 ・縦長の郵便物・荷物は表面の右上部、横長の場合は右側部に赤線を引く。
	荷物 （ゆうパック・ ゆうメール等）	
書　留	現金書留	・50万円以内の現金郵送に用いる（50万円まで損害を要償できる）。 ・現金封筒に入れ封筒のふた3か所に押印する。 ・手紙の同封、現金を香典袋や祝儀袋に入れて送ることも可。
	一般書留	・商品券・手形・小切手など現金以外の重要物の送付に使う。 ・500万円まで損害を要償できる。
	簡易書留	・郵便局の窓口で受け付けたときと配達したときに記録される。 ・重要書類や原稿などを確実に送りたいときに用いる。

◆書留郵便の使い方

　書留は、郵便物を窓口に差し出したときと配達したときに記録が残り、配達の過程で紛失したり棄損したりした場合は、その損害の一部または全額が賠償されるという制度です。書留には**現金書留**、**一般書留**、**簡易書留**があり、郵送するものによって使い分けます。

● **現金書留・一般書留**……中身そのものに価値があり、金額が明らかなものを送る。賠償額によって郵便料金が決まる。→ 現金書留（現金）、一般書留（手形・小切手・商品券など）

● **簡易書留**……相手に届いたときに価値が生じるもの。→ 原稿、重要文書など

◆一般書留にしたときのみ利用できる特殊取り扱い

引受時刻証明	・郵便物や荷物の引受時刻を公に証明するもの。
配達証明	・配達した事実を公に証明するもの。
内容証明	・どのような内容の文書なのかを謄本によって証明するもの。 ・法律上の権利に関する証拠資料として使われる。
代金引換	・郵便物を受取人に渡すとき、差出人が指定した金額を受取人からもらい、差出人にその代金を送るもの。 ・引換金額は200万円以下。30万円以下であれば簡易書留や普通扱いでも可。

特殊取扱（オプションサービス）の料金

　郵便物を**特殊取扱**にするときは、通常郵便物または小包郵便物の料金に下表の料金を加算します。

例 第一種定形郵便物（25g）を速達にする → 84円＋260円＝344円

種　類	区　分	段　　　階	料　金
速　達	郵便物 （手紙・はがき）	250gまで	260円
		1kgまで	350円
		4kgまで	600円
	荷物 （ゆうメール）	1kgまで	330円
書　留	現金書留	損害要償額1万円まで	435円
		損害要償額1万円からさらに5千円ごとに	10円増
	一般書留	損害要償額10万円まで	435円
		損害要償額10万円からさらに5万円ごとに	21円増
	簡易書留	損害要償額5万円	320円

（2021年10月1日以降の料金）

小包には**ゆうパック**と、書籍などを送る**ゆうメール**があります。

●ゆうパック

- 料金は、小包の３辺計のサイズ（60〜170サイズ）と、差出地の都道府県と届け先の都道府県の距離で定められた**地帯区分**によって決まる。
- 小包の中には内容に関する簡単な添え状以外の手紙は入れられない。

●ゆうメール

- 料金は全国同一で、重量によって異なる（ゆうパックより割安）。
- 書籍・雑誌や、CD・DVDなどの記録媒体以外は何も入れてはならない。
- 内容物が確認できるように半開封にしておく。または包装の外部を一部透明にするか、窓口で中を示してから封をする。

●宅配便

- 料金は各運送会社によって、距離と重量、大きさなどにより決められている。
- 手紙（信書）は同封してはならない。

さまざまな郵便・宅配サービス

前述のほかにもさまざまな郵便サービス、宅配サービスがあります。何がビジネスに役立つか、用途によって使い分けられるようにしましょう。

- **●新特急郵便**……午前中に集荷し、届け先に引受当日に配達する。サービス地域は東京都区内・大阪市内・名古屋市内・札幌市内・福岡市内。
- **●レターパック**……専用の封筒を購入すれば、全国一律の料金で荷物・信書を送れる。ポストに投函でき、確実に荷物が届いたか確認できる追跡サービスもある。
- **●メール便**……各宅配業者が行っている郵送サービス。全国へ文書、カタログ、チラシなどが発送できる。
- **●バイク便**……首都圏を中心とした宅配業者によるサービス。サービス地域であれば集荷してから短時間で相手先に届く。年中無休、24時間営業しているところが多い。

3 「秘」扱い文書

2級 準1級
「秘」扱い文書の社内での取り扱い方、保管のしかた、社外発送時に注意すべきことなどが出題される。社内秘と社外秘の違い、コピーのとり方、廃棄する場合やミスコピーした場合の文書裁断機（シュレッダー）の使い方などもよく理解しておく。

「秘」扱い文書の社内での取り扱い方

秘書は、重要な情報を取り扱います。秘書は、秘密の文書を扱う信頼できる人という意味があるくらい、守秘義務は大切です。

「秘」扱い文書（機密文書）は、関係者以外の目にふれないよう配慮しなければなりませんが、不自然な態度は周囲に不快感を与えてしまうので、自然な態度を心掛けます。

文書の作成・修正中	「秘」扱い文書をパソコン画面で作成したり、修正しているときは人目にふれないようにし、席を離れるときは画面に文書を表示したままにしない。
机上で扱うとき	「秘」扱い文書を扱っていることを悟られないようにし、関係者以外の人が来たら、さりげなく裏返すなどの配慮をする。
席を離れるとき	引き出しにしまうか、ファイルに戻す。
渡す相手が不在のとき	「親展」と書いた封筒に入れて封をする。秘書に預けるか本人に手渡すよう出直す。
他部署に渡すとき	文書受渡簿に記入し、渡すときに受領印をもらう。
貸し出すとき	必要に応じて上司の許可を得る。
持ち歩くとき	ファイルに挟む、封筒を裏返して持つなどの工夫をして「秘」文書であることがわからないようにする。
コピーをとるとき	人のいない場所・時間を選んで必要な枚数だけコピーする。コピー枚数を記録しておき、ミスコピーは確実に処理する。原本の置き忘れに注意。
配付するとき	文書に番号をつけ、配付先の番号と名前を控えておく。回収するときに番号と名前をチェックする。

◆社外秘と社内秘

社外秘	社外に公表してはならない文書。 すべての文書は社外秘と心得ること。
社内秘	社内でも関係者以外には秘密にしなければならない文書。機密文書。社外秘より慎重に扱う。

「秘」扱い文書の保管

「秘」扱い文書の保管にあたっては、次の点に気をつけるようにしましょう。

●ファイルの保管
一般の文書とは別にし、鍵のかかる保管庫などにしまう。鍵は上司だけが持つ場合と、上司と秘書が1本ずつ持つ場合がある。

●火災への配慮
「秘」扱い文書と重要文書（権利書や契約書など）は耐火金庫や耐火キャビネットなどに保管して火災から守る配慮をする。

●枚数の管理
コピーをする場合は必要な枚数のみとする。枚数は必ず記録し、余分な控えをとってはならない。

●廃棄の方法
「秘」扱い文書を廃棄するときやミスコピーをしたときは、文書裁断機（シュレッダー）にかける。

社外に発送するとき

「秘」扱い文書を社外に発送する手順は、以下のとおりです。

① 二重封筒にする。中の封筒に「秘」印を押し、それを外から透けて見えない封筒に入れて封をする。

② 外側の封筒には「親展」と書き、封じ目に〆印をつけるか封印を押す。

③ 発信の際は、一般書留または簡易書留にする。

④ 特に重要なものに関しては、発送後、受信者に「秘」扱い文書を送ったことを電話連絡しておく。

⑤ 必ず受発信簿に記録しておく。

1 ファイリングの基礎知識

出題傾向		
2級	秘書検定ではバーチカル・ファイリングを中心に出題される。バーチカル・ファイリングの手順と特徴を把握し、ファイル用具の名称と使い方を正確に覚えておくこと。	
準1級	出題傾向は2級と同じだが、1／6カットシステムや保管のしかたなど、細かな点もよく確認しておくこと。	

■ ファイリングの原則と整理のポイント　2級 準1級

　ファイリングとは、さまざまな文書をすぐ取り出せるよう系統立てて整理しておくことです。書類整理はしまうときが重要であり、誰にでもわかるよう整理しておかなければなりません。その原則は次のとおりです。

●**不要なものは捨て、文書量を減らす。**
●**必要なときにすぐ取り出せるようにしまう。**
●**使用頻度の高いものを、手元の取り出しやすいところに置く。**

　ファイリングの用具には次のようなものがあります。

◆文書をとめておく用具

クリップ （ゼムピン）	数枚の紙を仮にまとめておくもの。斜めにしてとめると紙が開きやすく外れにくい。横書き文書は左肩をとめる。
ステープラー （ホチキス※）	数枚の紙を綴じるときに使う。 横書き文書は左肩、縦書き文書は右肩を斜めにとめる。
リムーバー	ステープラーの針を外すもの。ステープラーの後ろについている。リムーバーだけ独立した形のものもある。
パンチ	紙に綴じ穴をあけるもの。日本のものは穴と穴の距離が80mm。
ファスナー	穴をあけた文書を綴じるもの。

※ホチキスは商品名なので、ステープラーという。

◆文書を保管しておく容器

デスクトレイ	文書を入れる箱。「未処理のもの」と「処理済みのもの」を入れるよう2段になっているか、2つに分かれている。	
書庫 （保管庫）	ファイルを立てて保管する戸棚のようなもの。	

ファイル	なかに綴じ具がついている書類挟み。パンチで穴をあけて綴じるものと、穴をあけずレバーで挟むものがある。	
フラットファイル	柔らかい紙やビニール素材のもので、背の角ばらないもの。	
フォルダー	同類の文書をまとめて挟んでおく紙挟み。	

バーチカル・ファイリングとは

2級 準1級

「バーチカル」とは、「垂直に」「立てかける」という意味で、文書を綴じないでフォルダーに挟み、キャビネット内(引き出し)に立てかける方法です。

◆バーチカル・ファイリングの方法

①書類を要・不要に分ける。

②書類を整理する基準に従ってまとめ、フォルダー(紙挟み)に入れて見出しのラベルをつける。

③フォルダーの並べ方の基準(224ページ)に従い、キャビネット内にガイド(見出し)を立てて、大分類、中分類に区切る。

④フォルダーをガイドに従ってキャビネット内の所定位置に垂直に並べていく。

⑤必要なときには、ガイドやラベルを手がかりにフォルダーを探す。

◆バーチカル・ファイリングの特徴

・書類を綴じる手間が省ける。

・書類に穴をあけずにすむ。

・新たな文書を加えるとき、必要な文書を取り出すとき、不要な文書を処分するときに、文書の出し入れがスムーズにできる。

・綴じ具がないのでフォルダーが薄くてすむ。

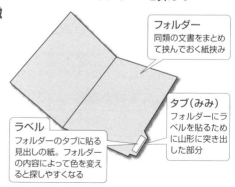

フォルダー
同類の文書をまとめて挟んでおく紙挟み

タブ(みみ)
フォルダーにラベルを貼るために山形に突き出した部分

ラベル
フォルダーのタブに貼る見出しの紙。フォルダーの内容によって色を変えると探しやすくなる

1／6カットシステム

　キャビネット内に書類を整理するために、フォルダーやガイドの大きさと形は標準化されており、試験では**1／6カットシステム**が基本として出題されます。

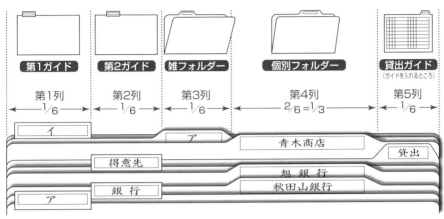

第1ガイド	第2ガイド	雑フォルダー	個別フォルダー	貸出ガイド（ガイドを入れるところ）
第1列 1／6	第2列 1／6	第3列 1／6	第4列 2／6＝1／3	第5列 1／6

イ
ア
青木商店
貸出
得意先
旭　銀　行
銀　行
秋田山銀行
ア

◆必要な書類を探すには

・ガイドを手がかりにフォルダーの場所の見当をつける。
・目的の書類が入ったフォルダーをラベルによって見つける。

◆書類を貸し出すとき

・貸し出した文書の代わりに、フォルダー内に貸出ガイドを差しておく。
・フォルダー内の書類を全部貸し出すときは、持ち出しフォルダー（マチつきのフォルダー）に入れて貸し出す。空になったフォルダーは元の位置に戻し、貸出ガイドを差しておく。

◆書類のまとめ方

　フォルダーに入れる書類は原則として綴じないで整理します。

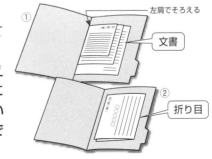

①大きさの異なる書類は左肩でそろえる。フォルダーはタブを右または下にして開き、新しい書類を上に乗せていく（日付が必ず文書の右上にくるので探しやすい）。

②フォルダーからはみ出す書類は、書類の裏面が中になるよう折って入れる。

左肩でそろえる
文書
折り目

③横長の文書は、フォルダーの折り目が
　上になるように入れる。
④フォルダーに入れる書類は70枚くら
　いを目安にする。これより増えた場合
　はファイルを2つに分ける。

③ 横長の文書

④ 70枚ぐらいを
　目安に！

◆バーチカル・ファイリングの用具

第1ガイド	大分類するためのガイド。
第2ガイド	第1ガイドの内容を、さらに中分類するためのガイド。
個別フォルダー	細分類した書類を入れるフォルダー。1件につき5〜6枚の書類がまとまったときに、1つのフォルダーを作る。
雑フォルダー	枚数の少ない書類を一時的に雑居させておくためのフォルダー。 1件につき5〜6枚になったら個別フォルダーを作って独立させる。
持ち出しフォルダー	フォルダー内の書類を全部貸し出すときに用いるマチつきのフォルダー。貸出フォルダーともいう。
貸出ガイド	フォルダーの書類を貸し出したとき、貸出中だとわかるようにフォルダー内に差しておくガイド。貸出先・貸出日・返却予定日・書類名を記入する。
バーチカルファイリング・キャビネット	分類した書類をまとめて保管しておく書類収納引き出し。引き出しのサイズはA4用で、2段、4段のものなどがある。横型のものはラテラル・キャビネットともいう。

2 フォルダーの整理法

出題傾向

2級　フォルダーの整理法・並べ方とともに、キャビネット全体を使った書類の管理方法を理解しているかどうかが問われる。保管と移し換え、置き換えと保存といった、用語の意味を正確につかんでおくこと。

準1級　出題傾向は2級と同じだが、細かな点もよく確認しておくこと。

さまざまな整理法　

　フォルダーの整理法には、相手先別、主題別、タイトル別、一件別、形式別などの分類方法があります。

●**相手先別整理法**……「相手は誰か」で分ける方法
- 取引先ごとにフォルダーを作る分類法で、通信文書や関連する文書の整理に適している。
- 取引先から受け取った文書と、こちらから相手に発信した文書を同じフォルダーに収納する。
- フォルダーのタイトルは相手先の名前・組織名になる。

●**主題別整理法**……「なかに何が入っているか」で分ける方法
文書のテーマごとに分類する。パンフレットやカタログの整理に用いる。
例　「コピー機」「プリンター」など、機器別に整理

●**タイトル別整理法**
伝票や報告書など、帳票化された文書を、その表題ごとに分類する方法。
例　「注文伝票」「見積書」「請求書」など

●**件別整理法**
特定の取引・行事・業務などに関する文書を一連の流れがわかるようにまとめてファイルする方法。
例　「○○プロジェクト」「新入社員研修」など

●**形式別整理法**
書類が少ない場合に、通知状・あいさつ状など、文書の形式をタイトルにして分類する方法。
例　「お礼状分類」「案内状文例」など

フォルダーの並べ方

　フォルダーの引き出し内の並べ方は、探すときを基準に決めます。五十音順（アルファベット順）、地域別、記号順、番号順などがあります。

　下の図は、相手先別に分類したフォルダーを、五十音順に並べたもの（a）と、地域別に並べたもの（b）です。

（a）カナ式相手先別整理

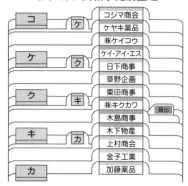

（b）地域式相手先別整理

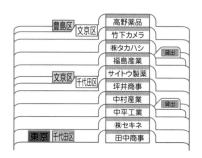

ハンギング方式によるファイリング

　カタログやパンフレットなどのように垂直に立てておくのが難しいものは、ハンギング方式の用具を使ってファイリングします。

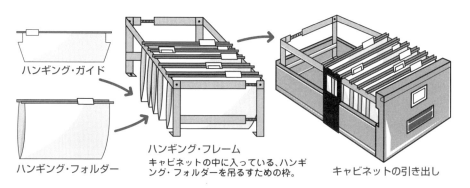

ハンギング・ガイド

ハンギング・フォルダー

ハンギング・フレーム
キャビネットの中に入っている、ハンギング・フォルダーを吊るすための枠。

キャビネットの引き出し

文書の保管と保存

　書類は日々増えていきますが、大部分のものは時間がたつにつれて価値が

なくなっていきます。そこで、利用頻度が低くなった書類は徐々に別の場所に移し、保存期間が過ぎたものは廃棄します。

古くなって利用頻度の減った書類を、同一事務所内のほかの場所に移すことを**「移し換え」**といいます。また、事務所内で書類を移し換えて活用できるようにしておくことを**「保管」**といいます。

さらに古くなった書類は、書庫室などに移します。これを**「置き換え」**といい、書庫室などに書類をしまっておくことは**「保存」**と呼びます。

重要書類に関しては、保存年限が定められています。①会社法やその他の法律で保存年限が定められた書類、②その他の重要書類（会社によって永久保存、5年保存、3年保存などの規定がある）がその対象です。

◆保管・保存に関する用語

保管	書類を身近に置いて、いつでも利用できる状態にしておくこと。
保存	古くなって利用頻度が低くなった書類を、規定に従って書庫室や倉庫にしまっておくこと。
保存年限	会社法などの法律で保存年限が定められている書類がある。その他の年限書類は会社によって保存期間を定めている。
廃棄	不要な書類などを捨てること。
破棄	文書を裁断機にかけるなどして、再生不能にして捨てること。

◆上下の移し換え法

キャビネットには、使いやすい上段に本年度の書類、下段に前年度の書類を入れます。書類が古くなって上段から下段に移し換えるときは以下のようにします。

①**前年度の書類を整理し、保存するものと廃棄するものを分ける。**
- 廃棄する書類 → 文書裁断機（シュレッダー）にかけるか、焼却する。
- 保存する書類 → フォルダーごと取り出し、文書保存箱に入れてほかの場所に置き換える。

②**本年度分の書類を整理し、継続保管するものと廃棄するものに分ける。保管する書類はフォルダーごと下段に移し換える。**

③**上段に新規の書類のフォルダーやガイドを入れる。**

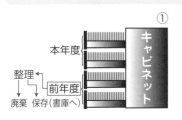
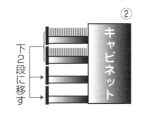

1 名刺の整理

出題傾向

2級 2級・準1級とも出題傾向は同じ。最近ではパソコンで顧客データ管理をする会社が増えているが、検定では名刺整理簿と名刺整理箱が問われる。また、整理簿と整理箱の長所と短所や使い分け、名刺の分類方法、整理方法や手順などについて出題される。名刺による「人の情報管理」の方法、情報検索の方法も知識として理解しておきたい。

名刺の整理用具 　2級 準1級

　上司が多くの人に会って交換した名刺は、整理・保管し、必要なときはすぐに取り出せるようにしておかなければなりません。これは「人に関する情報管理」という秘書の重要な仕事の1つです。

　名刺の整理用具には、**名刺整理簿**や**名刺整理箱**が使われています。一般に秘書の仕事には名刺整理箱のほうが便利です。

	名刺整理簿（名刺ホルダー）	名刺整理箱
特　徴	帳簿式のもので、アルバムに写真を貼りつけるようにするもの。	細長い箱に名刺をカード式に整理していくもの。
使い方	五十音順に、適当なスペースをとりながら名刺を並べていく。	分類ごとにガイドを立てて使用する。
長　所	一覧できる。 少量の名刺の整理に便利。 持ち運びがしやすい。 1冊ごとで業種別に分けやすい。	大量の名刺を収納でき管理しやすい。 追加・差し替え・破棄が簡単。
短　所	大量の名刺は整理しにくい。 ホルダーの中がいっぱいになると、差し替えが面倒。	一覧できない。 持ち運びしにくい。 棚に並べることができない。

名刺整理簿

名刺整理箱

◆名刺の分類

名刺は個人名と会社名、どちらで探すことが多いかによって分類方法を選ぶようにします。

個人名	弁護士など個人の名刺は五十音順に分ける。ただし親戚、友人、接待用の店、よく会う人などは別に区分しておくほうが使いやすい。
会社名	業種別にガイドを立てて、さらに会社ごとに五十音順に分けると使いやすい。

名刺の整理のしかた

上司が出会った人たちの大切な情報が含まれているので上手に整理することが必要です。以下のポイントに気をつけましょう。

●上司から名刺を預かったら、裏に日付、紹介者、用件、特徴などをメモする。
→来客の目の前でメモしてはいけない。

●その名刺を、分類すべき場所のガイドのすぐ後ろに差し入れる。
→いったん箱から出した名刺も、戻すときはガイドのすぐ後ろに入れる。

●住所・電話番号・役職などの変更があったら名刺を訂正し、訂正年月日を記入する。

●同一人物の名刺が2枚あり、役職・電話番号などが異なる場合は、新しいほうの裏に必要事項を書き写して、古い名刺は破棄する。

●時期を決めて、古い名刺やほとんど使われない名刺を抜き取って破棄する。ガイドから遠い名刺ほど破棄の対象になる。上司の了解が必要な場合もあるので注意する。

●賀詞交換会やパーティーで多くの人と名刺交換したときは、のちに面会に来る場合に備えて、念のため、別に束ねてとっておく。

上記のように、名刺の裏にメモをするのは、かなり以前に一度だけ来たことがあるお客様が再訪した、といった場合に有効です。

最近ではパソコンで名刺を管理する会社が増えています。顧客情報を管理できるソフトであれば、慶弔記録や役員の変更なども一覧できます。

また、名刺管理ソフトを使えば、スキャナーで名刺の情報を読み取って会社名、個人名、五十音順で整理でき、多様にデータが使えるので便利です。

いろいろな資料の 整理・情報収集

パンフレット・カタログ類、雑誌、図書、写真、デジタルデータなどの整理、保管、保存の方法について出題される。情報収集に関しては、社内資料はどの部門に行けば必要な資料が入手できるかが問われる。社外の情報収集については、特定のテーマについて調べる際に、どの資料にあたればよいかがポイントになる。

雑誌・カタログ類の整理

◆雑誌類の整理方法

管理のしかた	・雑誌の種類・号数などに漏れがないかどうか確認する。 ・図書台帳には登録せず、受入日を控えておき、表紙に社印を押す。 ・上司の部屋や応接室には、常に最新号を出しておく（新聞も同様）。
保管のしかた	・自社刊行物以外の雑誌の保存期間 　→ 一般誌……前年度分のみ。専門誌……長くて5年分。 ・雑誌によっては必要な号だけを残し、残りは捨ててもよい。 ・厚い雑誌 → 目次だけファイルし、残りは捨てる方法もある。 ・専門雑誌 → 特に必要な記事については文献カードを作る。 ・パソコンで保管している雑誌を管理できるようにする。
合本のしかた	・長期保存する雑誌は半年分か1年分を合本にして保存する。 ・合本の背には雑誌名・発行年月日・号数を記入する。 ・合本には総目次を別にコピーし、冒頭に入れておくと便利。

◆カタログ類（商品・製品目録）の整理方法

整理のしかた	・商品・製品別にバーチカル・ファイリングで整理するのが基本。 　→ 薄いものは内容別に分け、ハンギング・フォルダーへ。
保存のしかた	・新しいものを入手したら古いカタログは捨てる。 ・自社のカタログ類は古くなっても保存しておく。 ・年に一度はチェックして、不要なものは破棄する。

◆雑誌・カタログに関する用語

雑誌の種類	週刊誌……週に1回発行されるもの。 月刊誌……月に1回発行されるもの。 隔月刊誌……1か月おきに発行される。バイマンスリーともいう。 旬刊誌……10日ごとに発行されるもの。 季刊誌……年に4回発行されるもの。 フリーペーパー……広告収入を元に制作され、無料で配布される雑誌。
総目次	その年度または半年分の目次をまとめたもの。

落　丁	書籍や雑誌のページが抜け落ちていること。
タブロイド判	判型の一種。普通の新聞の半ページの大きさ。
四つ切り判	印画紙のサイズ。10×12インチ（254mm×305mm）
総合カタログ	その会社が扱っている全商品の目録（案内書）。
パンフレット	数ページから数十ページの小冊子形式の宣伝用印刷物。
リーフレット	1枚ものの宣伝用印刷物。主として店頭に置かれる。

図書の整理

図書（書籍）の整理は、次の4つがポイントです。

●**上司が関心を持っている分野の新刊書の情報収集を心掛ける。**

　→ 新聞や雑誌の書籍広告・書評欄、出版社発行の新刊案内を参考にする。

●**図書を購入したら、表題紙に社印を押して、図書台帳に登録する。**

●**テーマごとに分類して目録や索引を作る。**

●**保管している図書をパソコンで管理する。**

デジタルデータ（テキスト・写真）などの整理

◆デジタルデータの整理方法

整理	・記憶したデータはラベルに記入してジャケットに貼る。
取り扱い	・直射日光や高温にさらさない。 ・折り曲げたり落としたりしない。
保管	・フォルダー式やバインダー式の収納具、キャビネット式の収納ケースに保管。

◆外部記憶装置の種類

光ディスク	レーザー光の照射により情報を読み出すディスクの総称。CD-ROMのように読み出し専用のものと、CD-Rのように書き込み可能なものがある。
DVD	デジタル・バーサタイル・ディスクの略。光ディスクの一種で、音楽用CDと同じ大きさのものでCD約14枚分のデータを記憶できる。
USBメモリ	USBポートを用いてデータを転送する。小型外部記憶装置として普及している。記憶容量は数MBから数GB。

◆写真の整理方法

●**プリントしたものはアルバムに台紙を張って整理する。**

●**アルバムや台紙の余白に、保存しているデータの名前・番号、撮影日、撮影場所、テーマを記入（フィルム写真の場合はネガフィルム番号を記入）する。**

●**上司の出張やプロジェクトごとにまとめておくこともある。**

社内の情報・資料を収集する

　上司が仕事で必要とする資料や情報を収集するときに、どの部門に行けば必要なものがそろうのか、各部門の業務内容を理解しておかねばなりません。以下は資料と担当部門の一例です。

必要な資料	担当部門
株主総会に提出した営業報告書 社員就業規則 当社の株主ベスト10の推移	総務部門
社員の平均勤続年数 来年度の雇用対策 給与・採用・健康保険・保養所	人事部門
労働組合との折衝経緯	労務部門
当社借入金の金利の推移	財務部門
労働分配率 資本回転率 労働者1人あたりの付加価値額 労働生産性 当社の過去5年間の成長率	経理部門
製品の市場ニーズ	企画部門
製品の市場占有率 代理店別販売実績表 支店別販売月報	営業部門

社外の情報を収集する

　他社の所在地や統計データなど、自社以外で仕事に関わる情報を得たいときは、下表のような資料が役立ちます。なかにはインターネットで探せるものも多いので、検索やブックマークなど活用のしかたを心得ましょう。

資　料　名	利　用　方　法
時刻表	列車・航空便・ホテルなどの情報が掲載されている。
タウンページ	職業別電話帳。店・業者・団体の連絡先などを調べる。
紳士録・人事興信録	著名人の名前・職業・経歴などを調べる。
会社名鑑	大企業の概要・役員名などを調べる。
会社四季報	上場企業の株価・業績・所在地・役員名などを調べる。
六法全書	法律の条文を調べる。
職員録	官公庁の組織・役職名を調べる。

政府刊行物	官公庁がまとめている白書・統計類のこと。公的な機関による統計・調査や時流の分析、政府の政策などを調べたいときに利用する。
総合年鑑	前年度の出来事や時事用語などを確認したいとき。
専門書	会社の業務に関する専門事典や名簿、上司が関心を持っている分野の基本図書など。
ぽすたるガイド	全国の郵便番号、郵便制度・料金などを調べる。
ザ・デンポウ	電報の書類、例文などを調べる。
新聞	訃報欄には毎日目を通すようにし、弔事の情報を得る。

新聞・雑誌のスクラップ　準1級

　自社の会社の業種に関することは、人事、訃報はもちろん、経済記事など必要なものはスクラップします。また、日ごろ上司が興味を持っている情報も収集しておきます。

　スクラップをするにあたっては、白紙に貼り付けて、バーチカル・ファイリング方式で整理するのが一般的です。スクラップブックに貼る方法もありますが、主題別に分類・再構成するときに不便です。

◆スクラップの手順

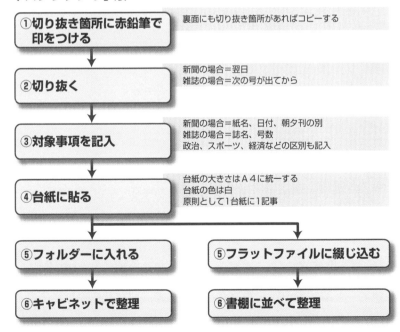

①切り抜き箇所に赤鉛筆で印をつける　　裏面にも切り抜き箇所があればコピーする

②切り抜く　　新聞の場合＝翌日　雑誌の場合＝次の号が出てから

③対象事項を記入　　新聞の場合＝紙名、日付、朝夕刊の別　雑誌の場合＝誌名、号数　政治、スポーツ、経済などの区別も記入

④台紙に貼る　　台紙の大きさはＡ４に統一する　台紙の色は白　原則として1台紙に1記事

⑤フォルダーに入れる　　⑤フラットファイルに綴じ込む

⑥キャビネットで整理　　⑥書棚に並べて整理

予定表の種類と特徴

年間・月間予定表　**2級** **準1級**

　予定表には年間・月間・週間・日々などの種類があり、上司の仕事内容にあったものを使います。手元に置ける紙ベースの予定表と、パソコンを併用すると便利です。

●**年間予定表……年間の予定を一覧表にしたもの。**

　会社の行事（入社式・株主総会など）、業界の定例行事を記入する。

●**月間予定表……1か月の予定を一覧表にしたもの。**

- 1か月の会議・面会・訪問・出張・宴会などの予定を年間予定表よりも具体的に記入する。
- 予定の時間までわかっている場合には、それも記入しておく。
- 詳細は週間予定表に記入する。

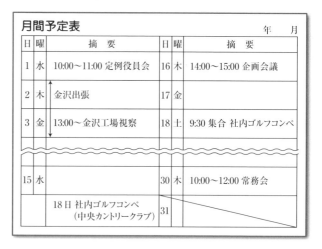

月間予定表					年　　　月
日	曜	摘　　要	日	曜	摘　　要
1	水	10:00〜11:00 定例役員会	16	木	14:00〜15:00 企画会議
2	木	金沢出張	17	金	
3	金	13:00〜金沢工場視察	18	土	9:30 集合 社内ゴルフコンペ
15	水		30	木	10:00〜12:00 常務会
		18日 社内ゴルフコンペ（中央カントリークラブ）	31		

週間・日々予定表　**2級** **準1級**

●**週間予定表……1週間の予定を表にまとめたもの。秘書が日常業務のなかで最も頼りにする予定表。**

- 予定は時分単位で正確・詳細に記入する。
- 会合の場所も記入しておく。
- 土曜・日曜の欄も設けておく。
- 私的な予定は、記号化して書き込むようにする。
- 備考欄には以下のようなことを記入する（日々予定表も同様）。
  ① 未確定の予定
  ② 外出・出張時の出発時刻
  ③ 会議に持参する資料
  ④ 社外の会議・会合の場合は、会場の電話番号、同席者

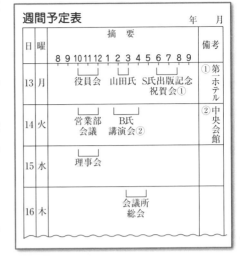

週間予定表

●日々予定表……その日の上司の行動予定を時分単位で記入するもの。
- 時間は午前8時～午後8時・9時ごろまで書き込めるように。
- 行動予定とあわせて、備考欄に必要な情報を書き込んでおく。
- 退社前に翌日の予定の確認をするが、できれば当日朝にも確認を。
- 変更があったら消して訂正する。いつ、どのような経緯で訂正があったか備考欄に書いておく。

日々予定表

◆予定表の配付
- 月間・週間予定表は、社内で上司の行動を知る必要のある関係先に配付しておく。その際、予定の変更などの詳細は秘書に電話などで連絡してもらうという形にする。
- 会社によっては、各役員の週間予定表を本部に配付するところもある。

　他部門から問い合わせがあった場合、上司の予定が空いているかどうかは伝えるが「どこで」「何の予定」があるかはむやみに伝えてはいけません。特にプライベートなことについては上司を尊重する姿勢が重要です。

2 上司のスケジュール管理

2級 スケジュール作成・管理のポイント、予定表への記入のしかた、予定変更になった場合の調整のしかたなどについて出題される。スケジュールについての最終決定は常に上司が行うということを忘れない。

準1級 出題傾向は2級と同じだが、準1級では、先を読んで予定を組むこと、予定変更があった場合の臨機応変な対応などが求められる。

スケジュール作成・管理のポイント　**2級 準1級**

　上司のスケジュール作成時の心構えとして、以下の点に留意しましょう。何よりも優先されるのは上司の意向だということを忘れないでください。

●常に上司と相談
決定権を持つのは上司。ダブルブッキングに気をつける。

●社内の会議や行事を優先
出席義務のある社内会議や行事を優先する。

●アポイントメント（面会約束）をとる
ビジネスでは、できるだけアポイントをとってから人に会う。

●社外会議は上司に出欠を確認
案内状が届いた時点で出欠を確かめ、出席する場合は予定に組み込む。

●デスクワークの時間を確保
日常業務を効率よくこなすため、できるだけ決まった時間帯にまとめて確保する。

●出張は別に旅程表を作成
旅程表はスケジュール表とは別に作る。

●交通所要時間は最長を想定
毎月末、5、10日、または1日の時間帯など、交通事情を考えて、余裕のあるスケジュールにする。

●出先で決めた予定を常時確認
上司が単独で決めた予定がないか、定期的に確認する。ただし、上司が単独で決めた予定を何より優先するとは限らない。その日時にほかの予定が重なっていたら、上司に伝えて指示を受ける。

上司の予定の先を読む

　準1級では、先にあげたポイントに加えて、下記のように上司の予定の先を読んでスケジュールを組むことも要求されます。

●過密スケジュールに注意
　出張や大きな会議、行事の前後の予定は過密にならないよう調整する。

●各部署との連携を密にする
　上司の関係する会議や出張、行事の予定を、社内と社外の担当部署から早めに入手する。

●取引先には早めに返事を
　取引先からのアポイントの申し入れで、いくつかの時間を預かったら、できるだけ早く先方に返事をするのがマナー。

◆予定表への記入のしかた
- 予定表に記入することは、会議・面談・訪問・会合・出張・講演・その他の仕事・式典・上司の私的な予定など。
- よく使う用語は記号にすると便利。**例** 会議＝◎　訪問＝□
- 上司が不在中にとりあえず受けた予定は「仮」と書いて記入しておき、後で上司の確認を得る。
- 配付用の予定表には上司の私的な予定の詳細は記さず、秘書のスケジュール帳に書いておく。
- 雑談などで察知した上司の私的な予定は、上司から指示されるまで特に確認せず、秘書のスケジュール帳に控えておく。

スケジュールの変更

　上司のスケジュールは、たびたび変更になるため、秘書には臨機応変な対応が求められます。スケジュールが変更になったときは、次のような手順で調整します。

こちらからキャンセルする場合

①先方にキャンセルを伝え、事情を話してわびる。
②相手の予定が空いている日を尋ね、改めて日時を設定する。
③上司に再予約の確認をとる。
④上司が了承したら予定表に記入。

①上司と相談する。
②先方と予定を打ち合わせる。
③上司の了承を得る。
④新しい予定を予定表に記入する。

◆スケジュール調整の注意点

- 会議や来客との面談が長引いているときは、次の予定をメモで知らせるなど、できる限り予定どおり進行できるよう配慮する。
- 社内の行事などが変更になった場合は、秘書の予定表を書き換えてから上司に伝え、上司の予定表を改める。
- 予定の変更はできるだけ早く関係先に連絡し、調整する。
- 予定が重なったら上司に相談し、どちらを優先するか決めてもらう。
- 予定表はいつも手元に置いておき、予定が変更になったら、変更前の予定もわかるように2本線を引いて消す。当日分は赤字で訂正する。
- スケジュールが変更になったとき、関係各所への連絡などの業務が発生する。予定変更後のこうした処理を忘れずに行う。

  例 会議が中止→ほかの出席者への連絡、会議室のキャンセル、会議室の再手配

代案を用意する

2級 準1級

準1級では、スケジュールの変更に応じた代案を出す能力も問われます。

たとえば、上司の出張中に取引先の家族が亡くなった場合「できるだけ早く上司と連絡をとる」「通夜・葬儀の時間と場所を聞いておく」といったことのほか、状況に応じて次のような案を用意しておく必要があります。

①上司がすぐ帰って通夜に出席
②明日帰って葬儀に出席
→ ①、②とも交通手段の空き状況を確認する。

③帰らず後日あいさつに行く
→ 代理出席できる人を予想し、その人のスケジュールを確認しておく。

秘書は、常にスケジュール変更の可能性を考え、できる限りの準備をしておかなくてはなりません。上司が選んだ方法の次の段階まで手配しておくためには、秘書の仕事は無駄になることも多いと心得ておきましょう。

3 上司の出張にともなう秘書業務

2級 ①出張準備…出張前に上司に確認しておくことは何か、交通手段・宿泊先を選定する際に考慮すべきことは何か。

準1級 ②出張中…上司が帰ってからでも間に合うような問題で連絡しない。

③出張後…秘書は礼状の代筆や出張報告書作成の手伝いをするが、礼状の発信者・報告書の作成者は上司自身である。

出張準備に関する仕事

 2級 **準1級**

```
┌─────────────────────┐
│   旅程の立案          │
│（上司のチェック・修正）│
└─────────────────────┘
```

上司に次の点を確認する。
①目的地、②日時、③出張期間、④同行者の有無、⑤希望交通機関・宿泊先、⑥資料の有無
・出張先の関連部署と打ち合わせ
・主目的の行動予定を中心に旅程の概略を作る
・到着時刻、交通機関、宿泊先などの素案を出す
・全体としてスケジュールに余裕を持たせる

```
┌─────────────────────┐
│   交通手段の手配      │
└─────────────────────┘
```

・上司の希望、所要時間、会社の旅費規程による予算、乗り換え数、乗り換え時間、余裕のある到着時間などを考慮して選定する
・予約・乗車券の購入

```
┌─────────────────────┐
│   宿泊先の手配        │
└─────────────────────┘
```

・社内の旅費規程、上司の希望、上司にふさわしいホテル・旅館かどうか、などを考慮して選定する
・料金、日数、同行者氏名、到着日時を確認し、宿泊先または旅行代理店に予約（現地に支店があればお願いするとよい）

```
┌─────────────────────┐
│   旅程表の作成        │
└─────────────────────┘
```

（次ページ参照）

```
┌─────────────────────┐
│   出発の準備          │
└─────────────────────┘
```

・旅費を概算し仮払いを受ける
・携行品を用意する（次ページ参照）

◆出張前までにしておくこと

- 上司に急ぎの決裁書類を処理してもらう。
- 出張中の代理者の有無を確認する。
- 留守中の業務の指示を仰ぐ。
- 上司との連絡のとり方を打ち合わせる。

出張の携行品

国内出張

①乗車券・搭乗券
②旅程表
③名刺
④出張旅費
⑤出張業務に必要な書類・資料
⑥訪問先住所・電話番号・案内図
⑦クレジットカード
⑧身分証明書・健康保険証など
⑨筆記用具・旅行用品・土産品など

海外出張

①パスポート・ビザ
②外貨・トラベラーズチェック
③航空券
④旅程表
⑤地図
⑥常用の薬など
　※基本的には国内の場合と変わらないが、出入国に関する知識と手続きが必要になる。また海外旅行保険への加入や各種予防接種もすませておく。

◆旅程表の作成

　旅程表とは、出張期間中の行動予定を時間の流れに沿って記入し、一覧できるようにした予定表です。旅程表を作成したら、上司の了解をとり、コピーして出張先、社内関係者、留守宅に届け、秘書も1部持つようにします。

月日	予　　定			備　　考
11／9（火）	14:15 ｜ 15:45 18:30	JAL515	羽田発 札幌（千歳空港）着（出迎えあり） 北海道造船（株）佐藤社長と会食 （於・札幌ホテル） 　　　　　　　　同ホテル泊	 TEL011-234-5678
11／10（水）	10:00 ｜ 15:00	ホテルへ 出迎え	技術開発研究会 （於・科学技術会館）	 TEL011-222-5678

旅程表に記入すること

- ●乗り物の発着時刻、便名、号車名、座席番号
- ●訪問先名、電話番号（必要なら住所と地図も添える）
- ●出席する会合、会議
- ●面会者の氏名、所属、連絡先
- ●宿泊先、電話番号、住所、地図

出張中の仕事　

上司の出張中、秘書は次のような業務を行います。
●指示されたことの処理
- ●出張前に上司に指示されたことを優先的に行う。
●留守中の記録
- ●留守中の出来事の経過がわかるようにメモをとる。
- ●来客と電話はそれぞれ一覧表を作り、日時・会社名・個人名・用件・秘書や代理面談者の対応のしかたなどをまとめておき、上司から定期連絡があったときに必要な指示を受ける。
●受信文書の整理・保管
- ●私信・機密文書・公信に大別して整理。あきらかに不要なものは廃棄。

- 受信日付印を押し、一般文書は開封して、緊急・重要度順に重ねておく。
- 代行者に回せるものは回送するか、コピーを回す。

●普段やり残していることの処理
- 名刺や文書の整理、ファイリングなど普段手が回らない仕事をかたづける。

●緊急事態への対応
- 秘書が判断できないことは、上司の代理者から指示を受ける。
- 緊急事態が起きた場合は、出張先に連絡して指示を仰ぐ。

●長期不在中の到来物の処理
- 取り急ぎ秘書名で受領通知を出すことがある。上司が帰ったらすぐ礼状が出せるようにしておく。

出張後の仕事

　上司が出張から戻ったら、関連部署に連絡するほか、次のような仕事を行います。

●上司へ留守中の報告
- 出張中の出来事は要領よくメモして渡す。
- 出張準備に不手際がなかったか尋ね、今後の参考にする。

●旅費の精算
- 社内の旅費規程に従い、出張に要した費用を計算する。
- 出張時に使った現金やカードの支払いをまとめ、精算表を作る。
- 領収書を添付して経理課に回す。

●出張携行品の整理
- ファイルから持ち出した資料などがあればファイルに戻す。

●出張報告書作成の手伝い
- 上司の報告書を清書する、上司の報告をメモして作成するなど。

●礼状の発送（タイミングが大事）
- 上司が出張先で世話になった人や会社に礼状を書き、すぐに発送する。

●資料整理と記録
- 新しい名刺があれば整理し、必要なものは名簿に記載する。
- 上司が持ち帰った資料を整理し、出張計画書・旅程表・精算表・出張報告書・礼状のコピーなど、出張関係一連の文書をファイルする。

1 室内環境の整備

第1章　秘書の資質
第2章　職務知識
第3章　一般知識
第4章　マナー・接遇
第5章　技能
第6章　面接

<table>
<tr><td>出題傾向</td><td>2級</td><td>オフィス環境を快適に保つために、照明・防音・色彩・空調に関して配慮すべきことが問われる。特に防音対策についてはよく出題される。色彩調整は部屋の用途によって異なるので注意したい。</td></tr>
<tr><td></td><td>準1級</td><td>なぜ秘書が上司の執務室や応接室の環境整備に配慮しなければならないのか、その理由についても確認しておく。</td></tr>
</table>

室内環境の整備　　2級　準1級

　室内環境を整えるのも秘書の仕事です。その目的は次のとおりです。
- ●上司が快適に仕事ができるようにする。
- ●上司の地位にふさわしい部屋の品格を保つ。
- ●来客にきちんとした印象を与える（上司の部屋の印象は会社全体の印象につながる）。

　具体的には、次のようなことに配慮して室内を整えます。
- ●室内の清掃と整理整頓
- ●上司や秘書が働きやすいレイアウト
- ●ファイルや図書類の整理・保管
- ●照明、防音、色彩、空調などの調整
- ●備品・用品の点検と補充
- ●インテリアの整備、観葉植物などの手入れ

◆採光と照明

　照明とは人工の光線をいい、採光とは自然の光線を取り入れることです。ベネシャンブラインドなどにより自然光を上手に取り入れるとともに、照明にも配慮しましょう。

◆照明方法

直接照明	目的物を直接照らす
間接照明	反射光線にして照らす
半間接照明	大部分を反射光線にする

◆空気調整

　上司が部屋に入ったときに適温となるように、事前にすませておきます。また、執務室のレイアウトでは、エアコンの冷風・温風は、直接身体にあてないよう配慮します。

◆防音対策

室内の音は40〜50ホン程度がよいとされています。静かな環境を保つには以下のような点に配慮します。

- ドアが急に閉まって大きな音を立てないよう、ドアチェック（ドアの閉まるスピードを一定に保つ器具。ドアクローザーともいう）をつける。
- 電話のベル音を小さく調整する。
- 椅子がきしまないよう調節する。
- 室内の音の反響は、カーペットを敷いたり、壁や天井に防音材を張って防ぐ。
- 外の騒音は、二重窓、二重カーテン、厚手のカーテンで防ぐ。
- 無意識になりがちな自分の話し声、笑い声に注意する。

◆色彩調整

色による生理的・心理的影響を仕事に活用させるため色彩調整を行います。

応接室	暖色……一般的には茶系統のやわらかい雰囲気が出る色が使われる。
役員室・会議室	中間色……緑やベージュなどの落ち着きのある色。

◆オフィスレイアウト

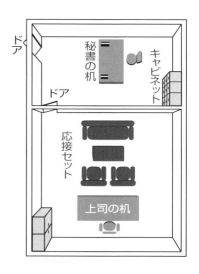

●上司の机

ドアから直接見えないように配置。仕事に集中できるよう、秘書の机と向かい合わせない。また、部屋の動線も考える。

●秘書の机

上司とお客様の部屋からの出入りが見える位置に置く。

●キャビネット

動線を考えて置く。上司がよく使うなら上司の近くに。

●応接セット

客用ソファは上司の机から離しておく。

242

2 オフィス機器と事務用品

出題傾向

2級　2級・準1級とも出題傾向は同じ。事務用品については、事務机の使い方や、備品と消耗品の違いを押さえておくとともに、事務用品を切らさないためのチェックポイントも覚えておく。オフィス機器は、略称だけ

準1級　でなく正式名称（パソコン＝パーソナル・コンピュータ）と使用法を理解しておく。事務用品・オフィス機器とも見慣れたものでも知識を再確認しておくこと。

事務机の種類と使い方　

　一般的に上司は**両袖机**、秘書は**片袖机**を使用することが多いようです。秘書は常に上司の机の整理整頓に気を配り、事務用品が不足しないよう補充するなどの配慮が必要です。

上司の机

電話番号簿
電話機
PC
メモ
トレー

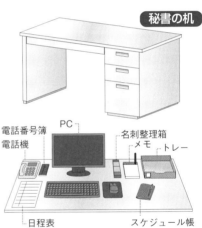

秘書の机

電話番号簿
電話機
PC
名刺整理箱
メモ
トレー
日程表
スケジュール帳

事務用品の基礎知識　

　事務用品には**備品**と**消耗品**があります。備品とは使っても減らないもの、消耗品は使うとなくなり、補充が必要なものをいいます。秘書は日ごろから、消耗品を切らさないよう補充したり、備品が故障・破損したら補修の手配をするなどの配慮をします。

備　品	事務机、椅子、複写機、キャビネット、保管庫、金庫など。
消耗品	鉛筆・ボールペンなどの筆記具、のり、ステープラー、認印、朱肉、メモ用紙、帳票類など。

オフィス機器

オフィスでよく使われる機器には次のようなものがあります。

●複合機

文書・書類などを複写するコピー機機能のほかにファックス、プリンターの機能を併せ持っている機器。

●パソコン（パーソナル・コンピュータ）

文書作成、表計算、グラフ・表作成、データベース作成・検索、通信などに用いる。

●ファックス

電話回線を利用して文字や図を遠く離れた相手に複写させる機器。送った側には原本が残る。電話が通じるところなら世界中どこにでも送ることができる。

●PCプロジェクター

パソコンを液晶プロジェクターにつないで、パソコン画面をスクリーンに投影する。コードでの接続がいらないワイヤレスの製品もある。OHPに代わって普及している。

●書類裁断機（「シュレッダー」は商品名）

保存期間をすぎた文書やミス文書などを破棄するとき、機密を守るため文書を細かく裁断する機械。

●名刺読み取り機

小型のスキャナーで名刺の情報を読み取り、住所や氏名などのデータを管理するのに用いる。

第6章

面接

面接では、その人が秘書として、適切で感じのよい対応ができるかどうかが判断されます。

「あいさつ」「報告」「状況対応」といった課題に対する受け答えのほか、姿勢やふるまい方、言葉遣い、話し方、身だしなみなどを含めた全体の印象も審査対象になります。

自分の全体像を客観的にとらえるのは難しいもの。誰かに立ち会ってもらってシミュレーションを重ねておくとよいでしょう。

面接試験とは何か

　準1級の検定では、筆記試験合格者に対して面接試験が行われます。面接試験では、筆記試験の内容を実務のなかで実際に活用できるかが問われます。審査はロールプレイング形式で行われ、試験内容は簡単な自己紹介をする「あいさつ」、事前に渡された課題を上司に報告するという設定の「報告」、パネルに書かれた指示に従う「状況対応」の3つです。

ロールプレイングとは

　ロールプレイングという審査形式では、あいさつや業務報告、指示された内容に対応して動くなどの課題を、実際に審査員の前で行います。課題は特別に難しくありませんし、出題される内容は、すでに筆記試験で問われたことばかりです。面接試験では、頭で理解できていることが身について行動できるか、また、その人の格調の高さ、かもしだす雰囲気が審査されます。

…とのことでございます。

秘書としての全体像

　面接試験では、秘書としてのトータルな姿が判断されます。服装、アクセサリー、言葉遣い、立ち居振る舞いなどにも気を遣い、ビジネスの場で信頼を得られる印象が重要です。

あいさつの重要性

　あいさつを構成する要素には、声のトーンや大きさ、話し方、雰囲気、表情、手や身体の印象、おじぎなどがあります。あいさつで合否が決まるといわれるほど重要なので、自分の声をテープにとったり、鏡の前で練習するなどして、前述の要素に気を配るようにしましょう。

2 面接試験の手順

　面接試験は、3人1組で行われ、10分ほどで終了します。試験は次のような手順で進められます。

①受　付 →
- ・受験票を提出。説明書、面接番号シールを受け取る。
- ・控え室に入り、指示された席に座る。
- ・面接番号シールを左胸に貼る（シールははがれやすいので、名前を呼ばれる少し前に貼る）。

②課題の配付 →
- ・試験直前に50字程度の「報告」の課題が渡される（受験者3人の課題はそれぞれ異なる）。
- ・指定の場所にて2分間で課題を覚える（メモはできない）。

③入　室 →
- ・係員が試験室に案内し、ドアを開けてくれる。
- ・「失礼いたします」と軽く会釈して入室する。
- ・部屋の奥（審査員に近いほう）から、受験番号順に座る。

④あいさつ →
- ・受験番号を呼ばれたら返事をして「あいさつ」と書かれた審査員の前に進む。
- ・受験番号と名前を言う。

⑤報　告 →
- ・「報告」と書かれた審査員の前に進む。
- ・先に覚えておいた課題を、秘書が上司に報告するという設定で報告する。

⑥状況対応 →
- ・「状況対応」と書かれた審査員の前に進む。
- ・指示の書かれたパネルに従って、状況に応じた対応をする（指示はパネルで2問）。

⑦退　室 →
- ・試験が終わったら、審査員からアドバイスシートをもらう。
- ・おじぎをして荷物を持って退室する。

第1章　秘書の資質
第2章　職務知識
第3章　一般知識
第4章　マナー・接遇
第5章　技能
第6章　面接

1 面接試験の チェックポイント

　秘書には、来る人を受け入れる温かい印象が求められます。面接ではそうした資質が審査されます。具体的には、審査員は次のような点をチェックしています。

| ①入退室のしかた | → | ・入室は251ページ、
　退室は255ページを参照。 |

| ②歩き方 | → | ・姿勢よく、歩幅が大きくなりすぎないよう注意して歩く。
・呼ばれて審査員のほうに歩くときは、椅子から立ち上がった後、審査員のほうを向き、一瞬両足をそろえると印象がよい。 |

| ③着席のしかた | → | ・審査員に会釈するような気持ちで足を止め、椅子の前に立ち、片足を引き、ゆっくり腰を下ろす（ドスンと座らないため）。
・背もたれに寄りかからず、手はひざの上、足はひざの内側をつけ、まっすぐ下ろす（ひざの角度は90度）。 |

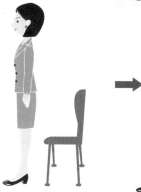  

④**おじぎのしかた** →

・おじぎは「失礼します」など、言葉を添えるのが基本。
・あごを引き、姿勢を正して、腰から折るように前傾する。
・入室の際は会釈（10〜15度前傾、視線は足元から2m先）。
・退室の際は敬礼（30度前傾、視線は足元から1.5m先）。

⑤**立っているときの姿勢** →

・呼ばれて立つときは、返事をしてから立ち上がる。
・椅子から立つ前に軽く片足を引き、その状態で立ち上がる（スマートに立ち上がれる）。
・立ち姿は、おなかを引っ込め、背筋を伸ばし、両腕は自然に身体につけ、指先に意識を集中させる。
・手は前または横に添える。両足はひざ、かかとをあわせ、つま先もそろえる。

OK
⑦
・ひざ
・かかと
・つま先
　をあわせる

NG
⑦
・猫背
・だらっとしている
・ひざ
・かかと
・つま先
　が離れている

⑥**聞くとき、話すときの表情** →

・立って話すときや、話を聞くときは、上記の姿勢で、前傾する。相手の顔全体を見るような感じで会話をする。
・話すときの動作は、オーバーアクションになりすぎないよう、落ち着きのある、また親しみを感じられる柔らかな印象が重要。

⑦**視線の位置** →

・話すときは視線は柔らかく、相手の顔全体を見るようにする。

第1章　秘書の資質
第2章　職務知識
第3章　一般知識
第4章　マナー・接遇
第5章　技能
第6章　面接

| ⑧身のこなし | → | ・おじぎのしかた、立ち方、歩き方、各チェックポイントに注意し、硬くならないよう自然に行う。 |

| ⑨身だしなみ | → | ・スーツが基本（リクルート用ではなくビジネス的な明るい印象のもの）。
・髪型は顔全体が見えるようすっきりまとめる（前髪が落ちてこないようにすれば結ばなくてもよい）。
・腕時計は必携（カジュアルすぎないもの）。
・アクセサリーをつけすぎない。ビジネス的な印象を示すためにスカーフなどは避けたほうがよい。 |

OK
・前髪をスッキリと
・スーツは明るい印象のものを
・腕時計をつける

NG
・うっとうしい髪型
・ビジネス的な印象に、スカーフはむかない
・えり元が大きく開いたものは避ける
・ミニスカートは避けたい

| ⑩適切な言葉遣いと話し方 | → | ・落ち着いたハキハキとした話し方で、しっかり発声する。声は小さすぎたり、大きすぎたりしないこと。
・明るく落ち着いた話し方は特に重要。
・上下関係、社内外をわきまえて言葉を選ぶ。
・丁寧に話そうとするあまり二重敬語にならないよう注意。 |

OK ハキハキ

NG おど おど

2 面接当日のポイント

　面接当日の流れは以下のとおりです。実際に試験会場をイメージして、声を出し、動きを含めて練習してみてください。（財）実務技能検定協会が発売しているビデオ教材*を参考にするのもよいでしょう。

　また、当日は余裕をもって試験会場に着けるように場所や所要時間を確認しておきましょう。試験に必要な受験票（丁寧に記入し、必ず写真を貼る）や筆記用具などの準備はもちろんですが、ストッキングの替えなど、持ち物をそろえましょう。

　　　　　　　　　　　　　　　　　　* 『準1級面接合格マニュアル』ビデオとDVDで発売されている

Process1　試験会場に着いたらまず「受付」

・コートを脱ぎ、服装を整えてから、受験票を出します。その際は以下のようにあいさつをします。
　　「おはようございます。面接番号○○番の××と申します」
　　「こんにちは。面接番号○○番の××でございます」
　　「よろしくお願いいたします」
・胸に貼る番号シールと、試験の受け方の説明書を受け取ります。

Process2　試験会場に入室する

・係員が試験室に案内し、ドアを開けてくれます。入室時は、「失礼いたします」と軽く会釈するようにします。会釈をするときは、足元がそろっていること、おじぎの角度と速度（ゆっくりすぎたり、早すぎたりしないよう）に注意します。荷物を置いて椅子に進みます。

・審査員から声がかかることがありますので、その際は身体と顔を審査員のほうに向けて明るくさわやかに返事をしましょう。

・受験者3名が席に着くと、審査員が「みなさん、こんにちは。さっそく面接試験をはじめます。では1番の方どうぞ」と声をかけます。

あいさつ担当 審査員	報告担当 審査員	状況対応担当 審査員

審　査　員　席

あいさつ試験　　報告試験　　状況対応試験

受験者
A

受験者
B

受験者
C

出入り口

Process3 あいさつ

・試験の順番になると、審査員から声がかかります。呼ばれたら、あいさつ担当の審査員に顔を向けて返事をして、立ち上がり、身体を審査員全体に向け、正しい姿勢を作ります。

　　審査員　　「○○番の方どうぞ」
　　　　　　　　または
　　　　　　　　「○○番の方、お進みください」
　　受験者　　「はい」

・歩幅が大きくなりすぎないように気をつけ、「あいさつ」担当の審査員の前、1.5mほどの場所まで歩き、無言で会釈をします。次にあいさつをします。

　「面接番号○○番の××と申します。よろしくお願いいたします」

あわせて丁寧におじぎをしましょう（頭を下げたところで一瞬止めて、ゆっくり上げる）。

　　審査員　　「それでは、次の〈報告〉にお進みください」
　　受験者　　「はい。ありがとうございました」

・柔らかな視線で審査員を見つめ、会釈をして移動します。<u>あいさつは「あいさつ」を担当する審査員だけにします。</u>

Process4 報 告

① 「報告」の留意点

「報告」の試験では渡された課題を丸暗記するのではなく、自分の言葉にして覚えておきましょう。「報告」の注意点は以下のとおりです。

・報告の前と後には会釈をする。

・座っている上司（審査員）を見下ろすような姿勢にならないよう適度な距離をとる。「失礼いたします」、と一礼する。

・「ご報告申し上げたいことがございますが、ただいまよろしいでしょうか」などの言葉をはじめにつける。

・余計な内容は省いて、正確かつ簡潔に報告。

・まず何について報告するかを告げ、その後詳しい内容を述べる。

> ご報告申し上げたいことがございますが…

② 報告課題の例

課題：新型デジタルカメラが開発された。従来の製品に比べてコンパクトであるが、10気圧の防水機能を搭載しており、水中での撮影に便利である。

●話しはじめる前に会釈をします。

受験者 「ご報告申し上げたいことがございますが、ただいまよろしいでしょうか」

審査員 「どうぞお願いします」

受験者 「このたび開発された新型デジタルカメラについてご報告申し上げます。この製品は、従来の製品に比べてコンパクトながら、10気圧の防水機能を搭載しており、水中での撮影に便利である、とのことでございます。ご報告は以上でございます」（下線のところから、おじぎをする）

審査員 「はい。では、次へお進みください」

受験者 「はい」

・柔らかく審査員を見て、会釈をします。移動するときは、進む方向に向き直って歩きます。カニのように横歩きして隣に移動するような動作は禁物です。

第1章 秘書の資質

第2章 職務知識

第3章 一般知識

第4章 マナー・接遇

第5章 技 能

第6章 面 接

①「状況対応」の注意点

「状況対応」の試験では、上司を訪ねてきたお客様に対する対応のしかたをロールプレイします。指示はパネルに書かれており、設問は2問です。接遇用語の使い方、対応するときの姿勢やおじぎ、話し方に注意してください。受験者が「状況対応」の審査員の前に行き「よろしくお願いします」と、会釈をすると試験がスタートします。

> **審査員**　「**私をお客様だと思って、こちらを適切な言葉に直して応対してください**」
> （1枚目のパネルが提示されます）
> **受験者**　「**はい**」

・パネルの指示をよく読み、内容が理解できたら、審査員を見て軽くうなずきます。すると、審査員はパネルから受験者の視線が離れるよう、パネルを少し引いて見えないようにします。

②状況対応のパネル例

設問1：前傾姿勢で言う。
　　　　すまないが、もう一度来てもらえないか。

> **受験者**　「**恐れ入りますが、あらためてお越しいただけませんでしょうか**」
> **審査員**　「**はい。次の問題はこちらです**」

・新たなパネルが提示されます。指示が理解できたら、うなずいて審査員に合図します。

設問2：おはよう。お辞儀をする。
　　　　前傾姿勢で言う。今日は朝の早い時間に来てくれてありがとう。

> **受験者**　「**おはようございます。早朝からお越しいただきまして、ありがとうございます**」
> **審査員**　「**はい。本日の面接試験はこれで終了です。お疲れさまでした。こちらが本日のロールプレイングのアドバイスシートです。今後の参考になさってください**」
> **受験者**　「**ありがとうございました**」

・「状況対応」の審査員に一礼します。

最近の「状況対応」の問題

　最近の傾向として、出題内容がやさしくなっている反面、きちんとした前傾姿勢やおじぎなどがより求められています。

「すまないがその椅子に座って待ってもらえるか」と言って、〈椅子を手で指す〉しぐさをしなさい。	▶	受験者「恐れ入りますが、そちらにお掛けになってお待ちいただけますでしょうか？」
封筒の中身を確認してもらえないか、と前傾姿勢で言う。	▶	受験者「恐れ入りますが、封筒のなかをご確認いただけませんでしょうか？」
山田さんから連絡があり、15分ほど遅れるが、待ってもらえるか、と言い、おじぎをする。	▶	受験者「山田から15分ほど遅れると連絡がございました。お待ちいただけますでしょうか？」
どこの佐藤さんか、と前傾姿勢で、丁寧に聞きなさい。	▶	受験者「失礼ですが、どちらの佐藤様でいらっしゃいますか？」

Process6　退　室

・小さく3歩斜め後ろに下がって、審査員全員のほうを向いてあいさつし、丁寧におじぎをします。

　　　受験者　「ありがとうございました」
　　　審査員　「お疲れ様でした」

・ドアの前まで進み、ドアを開ける前にもう一度審査員のほうを向き、あいさつをします。次の人がすでに動きはじめていたら無言で一礼します。

　　　受験者　「失礼いたします」

■著者紹介■

山田敏世 （やまだ としよ）

産業能率短期大学、専修大学卒業。総合商社の常務付秘書、専門学校の秘書科講師を経て、平成3年にクロスポイントを設立。企業研修、秘書検定講座、ビジネス講座の講師など稼働中。秘書検定準1級面接試験委員、ビジネス実務マナー検定試験委員、サービス接遇検定運営委員を経て、現在、産業能率大学教授、実務技能検定協会評議員、秘書・サービス教育学会監事。

秘書検定準1・2級　合格教本

2021年10月5日　改訂第3版第1刷発行

著　　者　　山　田　敏　世
発　行　者　　富　永　靖　弘
印　刷　所　　株式会社新藤慶昌堂

発行所　東京都台東区　株式　新星出版社
　　　　台東2丁目24　会社
　　　　〒110-0016　☎03(3831)0743

Ⓒ Toshiyo Yamada　　　　　Printed in Japan

ISBN978-4-405-03238-5